강성규가 들려주는
안전보건
이야기

강성규가 들려주는

안전보건
이야기

강성규 지음

이담
Books

머리말

오랜 기간은 아니지만 지난 3년간 산업안전보건연구원장으로 재임하면서 월간지 『안전보건연구동향』의 연구원장 칼럼에 게재하였던 글들을 다시 모았다. 흩어진 글들을 모아 한 권으로 묶어서 근로자의 건강보호와 사고예방에 관심을 가진 사람들에게 작은 도움을 줄 수 있을 것으로 기대하며 이 책자를 만들었다.

양적인 경제성장만으로 선진사회를 이룰 수는 없다. 인간의 가치를 우선하고 건강하고 안전한 삶을 영위할 수 있는 여건을 만들어야 진정한 의미의 선진국가가 될 수 있다. 근로자의 생명과 건강, 이제는 선진국의 필수불가결한 요소가 됐다.

옥편을 찾아봐야 알 만한 어려운 한자어가 아직도 현장에는 널리 쓰이고 있다. 이 글을 시작할 때 산재예방을 위해서는 근로자들이 이해하는 쉬운 용어를 사용하는 일부터 해야겠다고 생각했다. 그간 여러 분야에서 산재예방을 위해 노력했지만 아직도 남아 있는 제도적인 허점, 현상에 대한 오해, 소외층에 대한 무관심 등을 생각하며 글쓰기를 계속했다.

23년 전 산업보건을 시작하면서 자기 권리를 알지도 못하고 알아도 찾을 수 없는 사람들, 자신을 보호할 수 없는 근로자들도 사고나 직업병이 없는 환경에서 일하는 건강한 사회라면 좋겠다고 생각하며 많은 산업현장을 찾아다녔다. 36개월간 칼럼을 쓰면서 업무 중 사고나 질병이 생길 위험에 처해도 묵묵히 자기 일을 할 수밖에 없는 근로자들이 안전하고 쾌적한 환경에서 일하게 할 수 있는 여건을 만드는 방법은 무엇인가 고민했다.

가능하면 칼럼에 썼던 글을 그냥 썼지만 집필 당시와 달라진 사항에 대해서는 수정을 하거나 별도의 주석을 달았다. 통계 부분은 시간 경과에 따라 변화된 수치를 수정하고 읽기 쉽게 재구성하였기 때문에 체제와 내용을 일부 수정했다. 용어 부분에서는 칼럼에 없는 몇 가지를 추가하였다.

그동안 산재예방의 길을 함께 걸어온 안전보건공단의 직원 모두에게 감사의 마음을 전한다. 이 글의 의견과 주장은 순전히 저자의 생각이지만, 대부분의 생각들은 저자가 지난 20년간 안전보건공단에서 근무하지 않았다면 미처 깨우치지 못했을 것이다. 집필과정에서 원고를 읽어 보고 매끄럽지 못한 문장과 오류를 지적해 주던 정책연구실

동료를 비롯한 연구원 직원들에게 감사한다.

의사로서 임상의학을 전공하고도 생소한 산업의학을 선택한 것에 대해 따뜻하게 격려해 주신 부모님께 감사한다.

어떤 글은 평소에 생각하고 있어 두어 시간 내로 쉽게 써 내려간 것도 있지만 어떤 것은 일주일을 두고두고 생각하며 썼다. 매월 마지막 주말만 되면 가족과 함께할 시간을 제쳐두고 노트북을 끌어안고 늦은 밤까지 원고 쓰는 일을 반복해도 불평하지 않고 생각을 가다듬을 수 있게 옆에서 격려해 준 아내와 두 딸에게 감사한다.

2012년 2월

강성규

추천사

　그동안 연구원에서 발간하는 『안전보건연구동향』은 안전보건의 중요한 현안들을 깊이 있게 분석하여 개선방안을 제시함으로써 안전보건 관계자들에게 많은 도움을 주고 있습니다.

　특히, 첫 장에 나오는 연구원장의 칼럼은 현장에서 느끼던 고민을 새로운 시각으로 쉽고 명쾌하게 작성하여 항상 더 많은 관심을 받고 있습니다. 때마침 이 칼럼들을 한 권으로 묶어 발간한다는 소식을 들었습니다.

　이 책을 여러 사람들이 읽고 많이 회자되었으면 합니다.

　이 책자의 저자인 강성규 박사는 누구보다 현장을 가까이해 온 사람입니다. 지난 36개월간 연구원장으로 재직하면서 매월 새로운 주제로 칼럼을 써 내려간 정성과 노력에 박수를 보냅니다.

　자칫 소홀할 수 있는 용어설명부터 법적 제도, 현장의 감독 및 기술지원 방향, 산재통계, 사회적 이슈가 됐던 직업병 그리고 세계 각국의 산업안전보건 추세까지 강성규 박사의 해박한 지식과 경륜이 묻어나는 내용들을 담고 있습니다.

　사회적 약자에 대한 어려움을 해소하기 위해 노력하며 고민하던 것을 쉬운 글로 잘 표현했습니다.

　이 책은 산업안전보건전문가는 물론, 행정가, 현장의 근로자 그리고 사업주 및 관리자들 모두에게 산업사고와 직업병을 예방하는 데 도움이 될 것입니다.

　근로자의 안전과 건강을 위해 노력하고 계신 모든 분들께 추천합니다.

2012년 2월

안전보건공단 이사장

백헌기

::목 차::

PART 1

소통을 위한 용어

1. 전도—무슨 말인가?

　　고등학교 때인 1970년대 중반의 일이다. 기차를 타려고 하는데 어떤 노인이 오더니 기차표를 내밀며 물었다. "학생, 이 기차표 밑에 쓰여 있는 '도중하차전도무효'에서 '전도'가 무슨 뜻인지 아는가?" 한 번도 생각해 보지 않았던 것이고 언뜻 무엇을 의미하는지도 알 수 없었다. 과학시간에 배운 전도(傳導)는 전기가 이동하는 것이므로 '중간에 내려서 다른 사람에게 넘겨주면 안 된다'는 뜻인가라고 생각하고 있었다. 머뭇거리고 답하지 않으니 그 노인이 혀를 차면서 이래서 한자교육을 시키지 않는 것이 문제라고 하면서 사라졌다.

　　나중에야 그 뜻은 '도중에 내리면 나머지 구간(前途)은 무효이다'라는 것을 알았다. 작년에 일본의 지방을 여행하면서 기차표를 샀다. 과거 우리가 사용하던 조그마한 직사각형의 표였다. 그 표 밑에는 30년 전에 봤던 도중하차전도무효(途中下車前途無效)가 똑같이 표시

돼 있었다.

　과거에 사업장이나 건설현장에는 산업재해에서 많이 발생하는 '3대 다발재해(추락, 협착, 전도)를 예방하자'라고 현수막을 내걸었다. 산업안전 관련자를 제외한 얼마만큼의 국민들이 저 단어의 뜻을 이해하고 있을까 궁금했다. 공식적인 설문조사를 해 보지는 못했지만 주변 사람들에게 물어보았다. 사람에 따라서 전기가 이동하는 것, 교리를 전파하는 것, 앞길 또는 미래 등을 즉각 떠올렸다.

　전도(顚倒)가 넘어짐이라는 것을 얼른 연상해 내는 사람은 없었다. 협착을 제대로 이해하지 못하는 사람도 많았다. 특히 한글전용세대인 젊은 층에서는 단어의 뜻을 제대로 이해하지 못하고 있었다. 다만 추락은 일반적으로 많이 사용하기 때문에 대부분의 사람들이 추락은 공사현장에서 떨어짐이란 것을 알고 있었다.

우리말 단어의 기원

　어떤 언어이건 한 단어가 한 의미를 가지는 것은 아니지만 너무 많은 동음이의어는 생활에 혼란을 준다. 표준국어사전에는 전도라는 단어가 19개가 나오고, 아래훈글에서 전도를 한자로 바꾸려면 17개의 단어가 나온다. 한자로 쓰면 글자가 다르고 중국어로 사용하면 성조 차이로 발음이 달라 구별이 되지만 한글로 적어 놓으면 17개가 모두 같은 글자, 같은 발음이어서 평소에 들어 본 것이 아니면 무엇을 뜻하는지 알 수 없다.

　우리말의 많은 단어가 한자에서 기원한다. 근대화 이전에는 중국에서 만들어진 단어를 우리 식으로 발음했다. 중국어 기원의 단어는 오래전부터 사용해 온 일상용어에 많다. 근대화 이후에는 일본이 서양단어에 적합하게 새로 만든 단어를 빌려 한자는 그대로 적고 발음은 우리 식으로 하고 있다. 근대 학문이 일본을 통해 들어왔기 때문에 학술용어에 일본어 기원의 단어가 많다. 이러한 용어는 우리 생활에 배어 있지 않은 한자말이므로 일반인은 어려워한다.

물론 대중화된 단어도 많다. 근대화 이전에 동아시아에는 유럽에서 사용되던 person이나 society라는 개념이 없었다. 일본이 근대화과정에서 이를 개인(個人)과 사회(社會)라는 단어로 만들었다. 우리나라는 이 단어를 그대로 사용하고 있고 한자어권에서도 같은 단어로 사용하고 있다. 반면에 일부 단어는 한국은 일본 한자를 그대로 사용하는 반면에 중국은 다른 한자를 사용한다. automobile은 일본과 한국에서는 자동차라고 하지만 중국은 기차(汽車)라고 한다. 일본어에서 유래한 단어에는 어려운 것이 많다. 들어 보지 않은 사람에게는 그것이 무슨 뜻인지 상상하기 어려울 수도 있다. 또한 이미 같은 음의 한자어가 있을 경우 한글표기만으로는 일반인들이 혼동하기 쉽다.

전도는 일본에서 만든 한자어

전도는 일본에서 쓰는 한자단어를 그대로 한글로 쓰고 있다. 그러나 일본에서는 한자로 쓰기 때문에 다른 뜻의 단어와 구별되고 의미전달도 되는 것과는 달리 한국에서는 한글로 쓰기 때문에 다른 의미를 가진 낱말과 구별이 안 되고 의미전달도 되지 않는다. 일반인들은 자신이 알고 있던 의미로만 생각하고 다른 뜻을 미처 헤아리지 못하기 때문이다.

산업보건을 하는 필자에게도 전도는 오랫동안 매우 생소한 단어였다. 또한 전도에는 미끄러져 넘어짐(slip), 걸려 넘어짐(trip), 그냥 넘어짐(fall on same level)과 같은 서로 다른 형태가 있음에도 불구하고 하나로 통칭[1]하므로 이 단어로 사고의 유형을 짐작하는 것은 어렵다. 중국에서는 미끄러져 넘어짐은 滑倒(화다오, 활도)라고 하고, 걸려 넘어짐은 摔倒(솨이다오, 솔도) 또는 跌倒(띠에다오, 질도)라고 한다.

한국과 일본의 전도(顚倒)는 중국에서는 질도(跌倒)이다. 한자로 쓰는 중국인과 일본인은 글자만 봐도 쉽게 의미를 이해하지만 한국인은 전도가 무슨 뜻인가 모른다. 산업안전을 하는 사람은 매일 사용해 익숙할지 모르지만 근로자들은 무슨 뜻인지 모르기 때문에 전도라는 단어를 보고 예방을 해야겠다는 생각을 하지 못한다. 안전보건공단에서는 우선 전도를 넘어짐이라고 고쳐 쓰기로 했다.

산업안전보건과 직업안전건강

사물이나 어떠한 행위의 명칭은 사람들이 소통하고 같은 뜻으로 이해하기 위해 만든 것이다. 명칭만 보면 무엇을 뜻하는지 쉽게 알 수 있어야 한다. 그래서 새 단어는 기존에 통용되는 단어를 변형 또는 확장시켜 만들게 된다. 개념이 전혀 없는 경우에는 새로운 단어를 만들어 일반인들에게 친숙하게 홍보해야 한다.

우리가 사용하는, 일본에서 유래된 산업안전보건이란 용어도 국제적인 흐름에서 보면 직업안전보건(또는 건강)으로 표현해야 한

---

1) 넘어짐을 한자로 顚倒라고 쓰지만 이것은 걸려 넘어진다는 영어의 trip에 가깝고 미끄러져 넘어진다는 것은 轉倒가 더 적절하다.

다.[2] 산업안전보건은 industrial safety and health라고 할 수 있고, occupational safety and health는 직업안전보건이라 할 수 있다. 역사적으로 보면 industrial safety and health로 시작했으나 역할이 산업중심(특히 제조업)에서 벗어나 직장에서 일하는 근로자로 확대되면서 occupational safety and health로 바뀌게 됐다. 더 나아가서는 일과 건강이란 의미에서 health and safety at work라는 표현을 사용한다.

관련되는 분야가 많고 여러 사람이 다른 의견을 가지고 있는 큰 차원의 용어는 천천히 논의하더라도 근로자에게 강조하는 사고예방과 관련된 용어는 근로자들이 쉽게 이해하고 알아들을 수 있는 용어로 바꿔야 한다. 산업안전보건연구원에서는 2009년에 국어전문가를 포함한 전문가위원회를 구성하여 일본식 용어를 다듬었고 일부 용어를 일반사람들이 쉽게 이해하는 단어로 바꾸어 사용하고 있다.

이 글을 읽는 독자 중에도 낙하와 비래를 제대로 설명할 수 있는 사람이 얼마나 될까 궁금하다.

● 도중하차전도무효가 적힌 일본의 최근 기차표(필자가 이 글을 쓰기 전에 본 것은 다른 것으로 우하단에 인쇄되어 있었음)

---

2) 공단은 2006년에 직업건강팀을 만들었고 2011년에는 산업보건실을 직업건강실로 변경했다.

2. 산업안전과 보건
─용어의 유래는 무엇인가?

산업보건을 처음 접하는 사람들은 산업보건과 산업위생의 개념
에 대해 선뜻 이해되지 않는 듯하다. 특히 일본어를 할 줄 알거나 일
본의 '産業衛生'[3]을 접하고 난 후에는 혼선이 더 심해진다. 이 분야의
전문가들은 산업보건은 직업병을 예방하고 근로자의 건강을 보호하
는 분야로 이해하고, 산업위생은 근로자 건강보호를 위한 작업환경
개선의 공학 기술적인 면을 다루는 분야로 이해한다. 그래서 영어의
'occupational health'는 '산업보건'으로, 'occupational hygiene'은 '산
업위생'으로 번역한다.

---

3) 일본의 산업위생도 Industrial hygiene을 의미하지만, Industrial health를 의미하기도 한다. 일본의 産業衛生學會는 우리나라
   산업위생학회와는 달리 직업환경의학 · 산업위생 · 산업독성 전문가가 모두 참여한다. 말하자면 우리 개념의 산업보건학회
   라고 할 수 있다. 한국의 산업위생의 개념에 가까운 일본의 용어는 産業衛生工學이라고 볼 수 있다.

보건과 건강의 차이가 궁금해지는 이유는 영어의 'health'를 '건강' 또는 '보건'으로 번역하기 때문이다. 단어 뜻으로만 보면 '보건'은 '건강을 보호하는 것'이므로 건강보다는 포괄적인 개념이다. 위생에 대해서도 혼동이 생긴다. 환경오물관리를 뜻하는 'sanitation'도 '위생'으로 번역해서 그렇다. 'hygiene'도 '위생'이고, 'sanitation'도 '위생'이다. 일반적으로 hygiene은 청결, 개인위생이란 의미로 사용되고, sanitation은 오물관리 등 환경위생의 의미를 갖는다.

오늘날 서로 다른 의미로 사용되는 'hygiene, sanitation, health'란 단어는 각각 그리스어, 라틴어, 고대 영어의 '건강'이란 의미에서 출발했다.

hygiene은 그리스의 건강의 여신 Hygieia에서 유래했다. 그리스에서는 Hygieia를 의인화하여 hygieine techne(건강한 의술)나 hygies(healthy)와 같은 형용사로 사용했다. 아리스토텔레스가 이 형용사를 '건강'이라는 의미의 명사로 사용했다. 한편, hygies는 고대 인도유럽어에서는 '역동적인 삶을 가짐'이란 의미를 가졌다. 그리스어 hygiene은 대륙으로 퍼졌고, 지금도 독일어, 프랑스어, 스페인어, 이탈리아어에서는 hygiene을 사용한다. 영어의 hygiene은 1671년에 프랑스어 hygiene에서 유래됐다.

sanitation의 어원은 라틴어의 건강을 의미하는 sanitas이다. sanitas는 프랑스어의 sanitaire가 됐고, 1842년에 영어의 sanitary가 됐다. 1848년에 sanitary는 sanitation이 됐다. 라틴어에서 sanitas는 건강을 의미했지만, 영어에서는 오폐물 처리라는 의미로 쓰인다. 웹스터사전에 의하면 sanitation은 인간 배설물 같은 오폐물을 폐기하거나 처리하는 것을 말한다. 그렇지만 프랑스어의 sante처럼 남부유럽어는 sanitas에서 유래된 단어를 건강이라는 용어로 사용한다.

health는 완전함, 건강함을 의미하는 고대 영어 hælþ에서 유래한다. 1550년 이전, 또는 10세기 이전부터 나타났다고 한다. 이는 고대 인도유럽어의 완전함, 다치지 않은, 길조라는 의미에서 유래했다. 1948년에 세계보건기구에서 health는 육체적·정신적 및 사회적으로 완전한 상태라고 정의함으로써 health가 건강을 의미하는 말로 널리 쓰이게 됐다.

이 세 단어는 서로 다른 언어에서 모두 건강이란 의미로 출발했으나, 오늘날 영어에서는 각기 다른 뜻으로 사용된다. 그리스어나 라틴어에서 출발한 hygiene과 sanitation은 서유럽에서 비슷한 철자로 사용된다. 반면, 영어에서 출발한 health는 프랑스의 sante나 독일어의 Gesundheit처럼 서유럽국가에서도 서로 다른 철자로 사용된다. 각 단어는 근대에 들어 국가별로 의미가 바뀌었다. 아직도 국가에 따라서는 hygiene을 health보다 더 포괄적인 건강 또는 보건이라는 개념이라고 주장하는 전문가도 있다.[4]

위생(衛生), 건강(健康), 보건(保健)

국어사전에서 '건강'은 '정신적으로나 육체적으로 탈이 없이 튼튼한 상태'를 말한다. '보건'은 '건강을 온전하게 잘 지키는 것 또는 병

---

4) 국제산업보건학회(ICOH)의 그리스 국가총무는 그리스의 경우 hygiene이 health보다 더 폭 넓은 의미이므로 그리스에서는 occupational health가 아니라 occupational hygiene이 돼야 한다고 주장하고 있다.

을 예방하거나 치료 따위로 사람의 건강과 생명을 보호하고 증진하는 것'을 이른다. '위생'은 '건강에 유익하도록 조건을 갖추거나 대책을 세우는 일'을 말한다. 우리말로는 건강과 보건이 구분되는데 영어로는 health 하나만을 사용하므로 혼선이 생긴다.

health가 영어에서 시작된 단어이고 20세기 초까지는 hygiene이 건강을 보호하는 개념, 즉 보건이라는 개념으로 많이 사용됐으므로 독일이나 일본에서는 hygiene이나 衛生을 우리의 보건에 해당하는 단어로 사용하는 경우가 많다. 일본의 대학은 産業衛生學科 또는 公衆衛生學科라는 용어를 흔히 사용한다. 우리로 말하면 산업보건학과 또는 공중보건학과에 해당한다. 독일에서도 Department of Hygiene을 많이 사용한다. 웹스터사전에 의하면 'hygiene'은 '건강한 상태를 유지하는 것'으로 현대에 와서는 청결의 의미로 많이 사용된다고 한다. 질병을 예방하고 건강을 유지시키는 것과 관련된 분야를 말하기도 한다. 우리의 보건이라는 의미가 내포되었음을 알 수 있다.

동양에서는 위생(衛生)이란 단어가 가장 먼저 나타났다. '위생'은 말 그대로는 '생을 보위한다'는 뜻인데 『장자(莊子)』「잡편(雜篇)」의 경상초(庚桑楚)에 나온다. 노자는 '위생이란 본성을 잃지 않고 자기 분수를 지키는 것이며 자연스럽게 행동하고 마음에 거리낌이 없는 상태'라고 했다. 위생이란 단어는 생명을 보양하는 것이므로, 건강을 보호하는 보건이라는 개념에 적합하다.

근세 들어 유럽의 hygiene이 중국에 소개되면서 이에 대응하는 말로 위생(衛生)을 사용했다. 당시에 hygiene이 건강을 보호하는 포괄적인 개념으로 쓰였으므로 고서의 衛生으로 번역한 듯하다. 그래서 중국에서는 지금도 卫生(衛生)이란 단어를 많이 사용하며 우리나라의 보건부에 해당하는 부서를 卫生部(위생부, Ministry of Health)라고 한다. 한편, 건강(健康)은 5세기경 북위시대에 처음 사용됐다고 한다.[5] 영어의 health는 동양에 소개돼 건강으로 번역됐다.

보건(保健)은 근세에 들어서 나타난다. 과거의 기록에서는 찾아볼 수 없다. 중국에서는 保健이란 용어를 많이 사용하지 않고 일본에서 더 많이 사용한다. 이것으로 보아 일본에서 만든 단어가 아닌가 생각된다. 우리나라는 해방 전에는 일본의 영향을 받아 산업위생(hygiene)이란 말을 사용했으나, 해방 후 사회 전반에 걸쳐 미국의 영향을 받으면서 산업보건(health)이란 말을 사용하여 보건이란 용어가 더 많이 사용됐다.

이제는 대부분의 국가에서 용어의 정의가 비슷하게 이루어졌지만 아직도 나라나 문화에 따라 health, hygiene이나 보건, 건강, 위생이 의미하는 뉘앙스에 차이가 있을 수 있으므로 다른 나라의 용어를 볼 때 그 배경을 자세히 이해하지 않으면 엉뚱하게 해석하고 이해할 수 있다.

---

5) 건강을 요구하는 대가로 신에 대한 희생을 제시하는 것을 기술하는 문장에 사용됐다고 하나 원전을 확인하지는 못했다.

3. 재해, 사고, 손상

　재해, 사고, 손상(부상)이라는 용어를 흔히 쓰지만 가끔 그 의미에 혼선을 느낄 때가 있다. 재해와 사고, 그리고 사고와 손상이 어떻게 다른지, 직업적 사고와 업무상 사고는 어떻게 다른지 헷갈릴 때가 있다.

　국립국어원의 표준국어대사전에 의하면 재해는 '재앙으로 말미암아 받는 피해, 즉 지진, 태풍, 홍수, 가뭄, 해일, 화재, 전염병 따위에 의하여 받게 되는 피해'를 말한다. 산업재해는 '노동과정에서 작업환경 또는 작업행동 따위의 업무상의 사유로 발생하는 사고 때문에 근로자에게 생긴 신체상의 피해'를 말한다. 재해는 사고에 의해 다치거나 환경에 의해 질병에 걸린 것을 모두 포함한다.

　사고는 '뜻밖에 일어난 불행한 일'을 말한다. 사고는 반드시 사람의 피해를 동반하는 것이 아니므로 모두 재해에 포함된다고 볼 수는 없다. 그렇지만 통상 사고와 질병을 합쳐 재해라고 부른다. 영어로 사고는 accident라고 한다. 그러나 영국과 미국에서는 incident라고 한다. 영어권에서 accident는 예방이 불가능한 사고이지만 incident 는 예방이 가능한 사고이다. 산업사고는 예방이 가능한 것이므로 incident라고 쓰는 것이다.

손상은 다친 것을 의미한다. 사고가 나면 다칠 수도 있고 다치지 않을 수도 있다. 산업안전보건에서는 사람 손상 여부와 관련 없이 '사람이 다칠 수 있는 사고'를 예방해야 하지만, 산재보험에서는 '사람이 손상된 것'에 대해서만 보상을 한다. 현재의 산재통계는 사람이 다친 것을 기준으로 하기 때문에 업무상 사고가 아니라 업무상 손상이라고 하는 것이 더 적합하다. 그래서 미국은 산재통계에서 occupational injury(직업적 손상)라고 한다. 국제노동기구(ILO)나 유럽에서는 occupational accident(직업적 사고)라고 하는데, 이때 accident(사고)란 의미는 근로자의 손상을 동반한 사고만으로 정의했다. 우리나라에서도 업무상 사고는 업무상 손상이란 말과 같은 의미로 사용되고 있다.

업무상 사고와 질병

직업적 재해 중에서 산재보험의 대상이 되는 것을 업무상 재해라고 한다. 산재보험법에서 업무상 재해는 업무상의 사유에 따른 근로자의 부상·질병·장해 또는 사망을 말한다. 업무상 재해는 다시 업무상 사고와 질병으로 구분한다. 산업안전보건법에서 산업재해는 '근로자가 업무에 관계되는 건설물·설비·원재료·가스·증기·분진 등에 의하거나 작업 또는 그 밖의 업무로 인하여 사망 또는 부상하거나 질병에 걸리는 것'을 말한다.

간혹 occupational accident를 업무상 재해로 번역하여 혼선을 초래한다. 영어의 의미는 사고만을 말했는데 재해로 번역하면 질병을 포함한 개념으로 받아들이기 때문이다. 반대의 경우도 있다. 업무상 재해를 occupational accident로만 번역하는 것이다. 이 경우 외국에서는 업무상 사고만을 말하는 것으로 받아들인다.[6] 과거 한때 한국은 세계에서 산재사망사고가 가장 많은 국가로 소개됐다. ILO의 occupational fatal accidents 자료에 직업병을 모두 포함한 산재사망자 모두를 포함시켰기 때문이다.

그래서 occupational accidents는 업무상 사고로 번역하고 occupational accidents and diseases라고 할 때만 업무상 재해로 번역해야 한다. 업무상 재해를 영어 번역할 때는 occupational accidents (injuries) and diseases로 해야 한다.

업무상 사고의 분류

산재보험법에 의한 업무상 사고는 업무 중에 발생한 사고, 사업주가 제공한 시설물에 의한 사고, 사업주가 제공한 교통수단을 이용한 출퇴근 중에 발생한 사고, 행사 중에 발생한 사고, 휴게시간 중에 발생한 사고를 말한다.

업무상 사고는 발생원인과 기전에 따라 외상성 사고, 비외상성 사고, 교통사고로 구분할 수 있다.

---

6) 일본은 산재통계에서 accidents에 질병을 포함한다고 정의하고 있으나 국제기준에 부합하는 방법은 아니다.

외상성 사고는 작업장에서 넘어짐, 추락, 감김과 끼임, 충돌, 낙하와 비래, 절단, 감전, 파열, 화재, 폭발, 붕괴와 도괴, 광산사고를 말한다. 기존에 산재사고라고 하는 것이 대부분 여기에 속한다.

비외상성 사고는 빠짐과 익사, 동물상해, 화학물질 누출, 질식, 이상 온도 및 기압 접촉, 무리한 동작, 폭력행위, 체육행사 중 사고를 말한다.

교통사고는 운전 직업자의 업무 중 교통사고, 출퇴근 중의 교통사고, 출장 중의 교통사고가 있다. ILO에서는 통근 중 사고를 업무상 사고로 보상해 주도록 권고하고 있으나 영국처럼 출퇴근 중 교통사고를 산재로 인정하지 않는 국가도 있고 독일과 프랑스처럼 인정하더라도 업무상 사고와는 분리해서 통계를 발표하는 국가도 있다.

4. 벤젠으로 불리면 모두 벤젠일까?

　　지역의 특수성과 역사성 때문에 대한민국 국민 중에서 압구정동을 모르는 사람은 많지 않을 것이다. 지하철 역명도 압구정역이니 압구정역 주변은 압구정동이라고 생각한다. 그런데 압구정동과 대면하고 있는 신사동을 알고 있는 사람은 많지 않다. 그냥 압구정역 주변은 압구정동이라고 부른다.

　　압구정동과 신사동의 법정동 구분은 압구정로를 기준으로 남북으로 구분하여 북쪽이 압구정동, 남쪽이 신사동이다. 행정동은 동호대교 남쪽에서 논현로를 따라 동쪽은 압구정동, 서쪽은 신사동이다. 현대백화점 압구정본점은 법정동은 압구정동, 행정동은 신사동이다.

　　복잡하지만 지하철 압구정역 남서쪽은 법정동이나 행정동이나 모두 신사동이다. 그런데 그곳을 지칭하면서 신사동이라고 말하는 사람은 없다. 모두 압구정동이라고 이야기한다. 택시를 타도 이곳을 가고 싶으면 압구정동으로 가자고 해야지 신사동이라고 하면 엉뚱한 곳으로 데려다 준다. 압구정동이 신사동에서 분동되었지만 압구정동이 더 유명하니 신사동도 압구정동이라고 표현한다. 이 내용을 잘 이해하지 못하는 사람은 왜 신사동을 압구정동이라고 하느냐고 의아해하기도 한다.

벤젠에 대한 오해

지금은 덜하지만 10여 년 전에만 해도 벤젠을 사용한다는 근로자가 의외로 많았다. 벤젠은 발암물질로 관리하고 있는데 제한 없이 사용한다고 해서 깜짝 놀라 확인을 해 보면, 그 물질은 벤젠이 아니고 벤젠에서 유래된 톨루엔이나 크실렌인 경우가 대부분이었다. 심지어는 일반 다른 유기용제도 그냥 벤젠이라고 부르는 경우가 많았다. 일부 근로자는 벤젠과 그 물질의 차이를 알고 있었으나 그냥 과거에 유기용제는 벤젠이라고 부르던 것 때문에 벤젠이라고 하는 경우도 있었고, 일부 근로자는 벤젠과 다른 물질의 차이를 알지 못하고 그냥 벤젠이라고 불렀다.

벤젠이 유기용제의 대명사가 된 이유

근로자나 일반인들이 유기용제를 그냥 벤젠이라고 부르는 데는 두 가지 이유가 있었다.

하나는 벤젠이 과거에 접착제나 세척제로 많이 쓰였기 때문에 이런 용도의 화학물질을 부를 때 그냥 벤젠이라고 부르는 것이다. 벤젠의 유해성이 알려지면서 대부분 벤젠이 대체물질로 바뀌었음에도 불구하고 세척제나 접착제로 쓰는 유기용제에 대해서는 그냥 벤젠이라고 부르는 것이다. 즉, 벤젠이 세척용 화학물질의 대명사가 된 것이다.

다른 하나는 벤젠과 다른 물질을 하나의 물질로 생각한다는 점이다. 실제 화학물질 구성상으로는 벤젠이 톨루엔이나 크실렌과 크게 차이가 나지 않는다. 고리모양의 벤젠에 메틸기가 붙으면 톨루엔이 되고 크실렌이 되며 모두 석유정제 과정에서 나온다. 그래서 흔히 벤젠과 그 동족체라고 부른다. 화학적으로는 매우 가깝지만 건강에 미치는 영향은 크게 다르다. 벤젠은 백혈병을 유발하지만 톨루엔과 크실렌은 백혈병을 유발하지 않는다. 심지어 일부 산업보건 관련 서적에도 과거에 잘못 만들어진 자료를 참고하여 벤젠과 그 동족체가 백혈병을 일으킨다고 기술돼 있기도 하다.

벤젠과 유기용제를 혼동하는 임상의사

환자를 진료하는 임상의사는 대부분은 벤젠 등 화학물질에 대한 지식이 충분하지 않다. 그래서 백혈병을 진단하고 화학물질에 노출됐다고 하면 그 화학물질에 의해 백혈병이 생겼을 가능성이 있다고 진단서를 써 준다.

물론 벤젠이나 동족체가 모두 석유정제 과정에서 나오기 때문에 석유로부터 추출된 화학물질은 아주 정제를 잘하지 않으면 벤젠이 함유돼 있을 가능성이 있다. 과거에는 꽤 높은 농도의 벤젠이 불순물로 포함돼 있는 화학물질도 있었다. 실제로 톨루엔이 주성분인 시너나 본드에 노출된 근로자에서 골수기능장해가 나타난 적이 있으나 이는 벤젠이 불순물로 섞여 있었기 때문이지 톨루엔에 의한 것은 아니었다. 그러나 1990년대 후반부터는 불순물로서의 벤젠 함유량도 아주 낮은 것이 일반적이다.

따라서 백혈병 환자에게 화학물질이 원인이라고 진단서를 발급할 때는 노출된 화학물질이 구체적으로 무엇인지 확인해야 한다.

5. 단열재는 모두 석면인가?

    석면에 의한 질병이 사회적으로 주목을 받으면서 자신도 과거에 석면을 사용했었다고 하는 근로자들이 많다. 2000년경 보일러를 제작하던 근로자가 폐암을 진단받고 석면에 의한 폐암이라고 산재신청을 하여 역학조사를 하게 됐다. 이분은 24년간 같은 회사에서 보일러를 생산했다. 보일러를 만들면서 석면을 많이 사용했다고 해서 현장을 조사해 보니 모두 유리섬유였다.

    그랬더니 과거에는 석면을 사용했다고 하면서 자기 집에 최초로 만든 보일러를 가져갔고 그 보일러의 석면이 아직도 집에 있다고 하여 그 집까지 찾아갔다. 이 근로자가 이야기하는 석면은 석면이 아니고 유리섬유였다. 우리나라에서도 1980년대 이전에 만든 보일러에 석면이 아니고 유리섬유가 사용됐던 것이다.

● 보일러공이 석면이라고 생각한 단열재로, 실은 유리섬유임(2000).

미국에서 석면에 의한 악성중피종의 발생률이 가장 높은 직업은 배관절연(단열)공이었다. 그다음이 보일러공이었다. 열 손실을 막기 위해 온수파이프나 보일러를 감싸는데 석면솜을 많이 사용했고 이를 제작하거나 수리하는 작업을 하면서 당연히 많은 양의 석면에 노출됐기 때문이다. 석면의 유해성을 알고부터 미국에서는 1970년대부터 온수파이프의 절연제로 석면을 사용하는 것이 금지됐고, 1975년 이후로는 완전히 비석면으로 대체됐다.

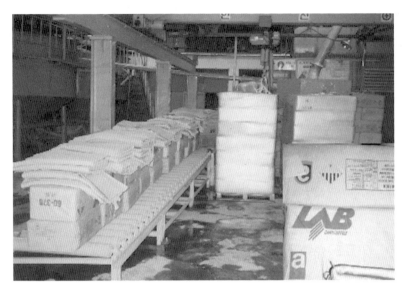

● 1999년 K사 슬레이트 제작과정의 석면원료

석면의 용도

우리나라에서는 지붕개량사업으로 사용된 슬레이트 제작에 석면을 사용하기 시작하면서부터 석면 수입량이 급속히 증가했다. 정부가 주도하는 지붕개량사업은 1972년부터 1976년까지였다. 그러나 석면이 수입통계에 기록된 것은 1976년부터이다. 따라서 1976년 이전에는 얼마만큼의 석면이 수입되었는지를 알 수 없다. 1976년 지붕개량사업 실적과 석면 수입량을 근거로 그 이전의 지붕개량실적을 이용하여 당시의 석면 수입량을 추정할 수 있을 뿐이다.

그런데 우리나라에서는 1970년대 초반부터 유리섬유를 생산하기 시작했다. 당시 생산량을 정확히 알 수는 없으나 1993년도 필자의 조사에 의하면 5개의 사업장에서 유리섬유를 생산했다. 즉, 석면이 대량 수입되는 동시에 석면 대체물질인 유리섬유도 대량으로 생산된 것이다. 유리섬유는 주로 단열보온재(유리솜)나 섬유강화플라스틱(FRP)을 제작하는 데 사용됐다. 따라서 1970년대 이전에 설립된 공장 시설의 보온재는 석면이 사용되었을 가능성이 많고 1970년대에는 혼재되었을 것이며 1980년대 이후 것은 적어도 배관보온재는 비석면섬유로 사용되었을 가능성이 높다.

그럼에도 불구하고 1980년대 이후에 설립된 공장의 근로자들이 석면을 사용했다고 진술하는 경우가 많다. 석면솜을 직접 만지며 취급했다는 것이다. 물론 가스킷, 석면테이프, 석면포 등 일부 석면제품을 사용한 경우는 있지만 보온재로는 비석면인 유리섬유가 사용됐는데, 이를 석면으로 오해한다. 석면을 취급했는지 비석면을 취급했는지는 근로자의 진술을 들어 보면 금방 알 수 있다. 근로자는 오랫동안 자신이 석면을 취급했다고 알아 왔기 때문에 그것은 석면이 아니었다는 지적에 금방 수긍하지 못한다.

유리섬유를 석면이라 부르는 사람들

건설자재에 사용되는 석면의 진위를 알기 위해 필자는 2000년경에 을지로 건축자재 상가를 일일이 방문한 적이 있다. 모든 가게에서 "석면 보온재 있느냐"고 물으면 있다고 대답했다. 그래서 보여 달라고 하면 모두 유리솜이라고 쓰여 있는 보온재를 보여 주었다. "이것 봐라. 이것은 유리솜이라고 쓰여 있지 않느냐? 석면 보온재를 보여 달라"고 하면 "우리는 이제까지 그것을 석면이라고 부른다"고 답했다.

"포장에 유리솜 이외의 것, 즉 석면솜이라고 쓰여 있는 것을 본적이 있느냐"고 물었더니 모두 "그런 적이 없다"고 했다. 그래서 그 상인들이 종사한 기간을 물으니 가장 오래된 직원이 20년이었다. 그러니 적어도 1980년대 이후에 유통되는 보온재는 유리섬유로 만들었는데, 상인이나 근로자나 모두 이것을 석면이라는 대명사로 불렀던 것이다.

석면함유제품 수입에 대한 오해

석면에 대한 오해는 하나 더 있다. 우리나라에서 석면 사용을 제한하면서 석면제품 수입이 급증하고 있다는 것이다. 2000년에 석면을 29,000톤 수입하다가 2006년에는 약 5,000톤으로 감소했는데, 이 기간 중 무역통계에 의하면 석면제품 수입이 13,000톤에서 52,000톤으로 증가했다는 것이다. 이것을 보고 우리나라가 자신은 석면을 사용해서 석면제품을 만들지 않지만 결국 개발도상국에서 수입해 오는 것이라고 국가적 부도덕함을 지적하는 전문가도 있었다.

그러나 2006년까지는 수입통계에서 석면함유제품과 비석면함유물질을 구분하지 않았다. 석면과 비석면을 구분하는 코드가 없었던 것이다. 그래서 석면과 유사한 제품은 모두 석면함유제품으로 분류한 것이다. 뒤늦게 노동부의 지적에 따라 관세청에서 코드를 만들고 2007년부터는 석면함유제품과 비석면함유제품을 구분했다. 그 결과 2008년에 석면함유제품은 1,600톤을 수입한 반면 비석면함유제품은 37,000톤이었다. 2006년 이전의 석면함유제품이라는 것의 대부분은 비석면함유제품이었던 것이다.

알고 있던 것이 항상 옳은 것은 아니다

오랜 기간 역학조사를 수행했던 필자의 경험에 의하면 작업상황에 대한 기술에 대해서는 일반적으로 근로자의 진술이 맞다. 근로자는 자신이 직접 경험한 것을 말하고 사업장 관리자는 간접경험을 말하기 때문이다. 그렇지만 근로자가 알고 있었던 것이 항상 사실은 아니다. 벤젠과 석면의 사례처럼 잘못된 정보를 가지고 있을 수 있다. 그런데 잘못된 정보를 가지고 있으면 그것을 바로잡아 주기가 더 어렵다. 직접 경험하지 않은 상대방이 자신의 경험을 부정한다고 생각하기 때문이다. 때로는 사업주 편을 들거나 뭔가를 속이고 있다고 생각하기도 한다.

PART 2

사회보장과
산재보상

1. 근로자가 아프면 치료비는 누가 내야 하나?

　사업장에서 일을 하면서 직업적 손상[7]이나 직업병이 발생하지 말아야 하지만 이러한 재해는 불가피하게 또는 예상치 못하게 발생한다. 산업사고로 인한 직업적 손상이나 직업병이 발생한 근로자는 산재보험제도를 통해 보상을 받는다.

　직업적 손상은 인과관계가 명확하여 보상대상 여부를 가리는 데 어려움이 없다. 그러나 직업병, 즉 작업환경에 의해 발생하는 질병은 때로는 인과관계를 규명하기가 애매하여 산재보상대상 여부를 판단하는 데 다툼이 일어난다. 질병이 발생한 근로자 측에서는 가능하면 산재보상을 받고 싶어 하고, 산재보상을 담당한 근로복지공단이나 사

---

7) 우리는 흔히 산업재해와 직업병이라고 표현하지만 이는 적절치 않은 용어이다. 산업재해는 사고에 의한 손상(occupational injury)과 직업성 질환(occupational illness)을 포괄하는 용어이다. 그래서 산업사고에 의한 손상은 직업손상으로, 작업환경에 의한 업무상 질병은 직업성 질환으로 표현했다.

업주 측에서는 인과관계가 뚜렷하지 않은 한 보상을 꺼려한다. 때로는 같은 문제를 보는 양측의 시각이 크게 엇갈린다.

직업병 판정에 대한 시비는 직업적 인과관계에 대한 차이도 있지만 산재보험을 보는 시각의 차이에 의해서도 나타난다. 2007~2008년에 타이어공장에서 발생한 심혈관계 질환 사망이나 2008~2009년에 반도체공장에서 발생한 백혈병이 좋은 사례이다. 이럴 때 외국에서는 직업병에 대해 어떻게 보상을 하고 있는지 비교를 하게 된다. 그러나 그 나라의 사회보장제도 전반을 이해하지 못하고 직업병 보상제도만을 보고 우리의 직업병 승인 여부와 비교하면 우리나라가 지나치게 엄격하게 또는 너무 유연하게 직업병을 인정해 준다고 오해를 하게 된다.

질병 및 휴업에 대한 사회보장제도

우리나라 산재보험은 요양, 휴업, 장해, 유족급여로 보상하고 있다. 그러므로 외국의 산재보험의 보상과 비교하기 위해서는 당연히 비교 대상 국가의 요양비에 관련된 건강보험제도와 소득손실 보전에 관련된 휴업급여제도를 이해하여야 한다. 산재보험과 건강보험은 일원화돼 있기도 하고 이원화돼 있기도 하다.

산재보험이 사회보장제도에 포함된 국가에서 산재보험은 휴업, 장해 및 유족급여의 일부분만 부담하고 있고 급여액수도 크지 않다. 직업적 손상과 직업병에 대한 요양비는 일반질병과 똑같이 건강보험에서 부담하고 있다.[8] 산재보험을 별도로 운영하는 국가에서는 산재보험이 요양비를 지불하지만, 산재보상이 되지 않는 질병에 대한 요양비도 건강보험에서 전액 부담을 하기 때문에 근로자 입장에서는 요양비 부담의 차이가 없다.

따라서 서유럽국가에서는 우리나라에서 가장 문제가 되는, 직업병으로 의심되는 질병에 걸린 근로자의 치료비를 누가 부담하느냐에 대한 논란은 아예 없다. 우리나라에서는 산재보상 대상이 되는 직업병은 치료비의 전액을 산재보험에서 부담하지만, 산재보상 대상이 되지 않는 질병에 대한 치료비는 건강보험을 적용하더라도 상당한 부분을 근로자가 부담한다. 그러므로 갑자기 질병 특히 암에 걸리게 되면 대부분의 근로자에게는 치료비용 자체가 큰 부담이 된다.

질병에 의한 휴업급여도 마찬가지이다. 서유럽국가에서는 일반 질병에 의해 일을 하지 못해 소득이 감소하더라도 이를 일정 부분 보전해 주고 있어 산재보상에 의한 휴업급여와 크게 차이가 나지 않는다. 스웨덴에서는 누구든지 질병이 발생하여 일을 하지 못하게 되면 직업적 손상이나 직업병 여부와 무관하게 사업주가 2주간을 부담하여야 한다. 2주간이 지나도 회복되지 않으면 사회보장에 질병 휴업급여를 신청할 수 있다. 이는 자기 급여의 80% 수준이다.[9][10]

우리나라에서는 실업급여제도는 있으나 질병휴업으로 인한 소득손실에 대한 보전 제도는 없다. 근로자가 질병에 걸렸을 때 산재보

---

8) 스웨덴에서 모든 병원진료는 무상이다. 일차 진료기관을 갈 때는 정액의 개인 부담금이 있지만 의뢰가 돼 상급병원으로 가는 경우는 무료이다. 따라서 직업적 손상이나 직업병에서 요양비 부담의 문제는 없다.

9) 별도의 신청에 의해 직업적 손상이나 직업병으로 인정되면 급여의 100%를 받는다. 노후연금 수준의 결정은 평생급여 수준에 의해 결정되므로 휴직기간의 소득차이는 곧 노후연금의 차이로 나타나기 때문에 근로자들은 적극적으로 산재로 인정받으려고 한다.

10) 질병 휴업급여는 보상 수준의 차이는 있으나 대부분의 서유럽국가가 스웨덴과 비슷하다.

상을 받지 못하면 수입은 없으면서 치료비를 부담해야 하기 때문에 경제적으로 크게 어려움에 빠지게 된다.

산재예방과 산재보험

각국의 산재예방제도도 산재보상과 사회보장체제를 이해한 바탕에서 바라봐야 한다. 산재예방은 산재보상에서 출발했다. 유럽에서도 산업사회가 된 후 산업재해로 손상을 입는 근로자가 증가하게 됐다. 처음에는 산재를 당한 근로자가 개별적인 노력을 통해 사업주에게 보상을 받았다. 산업화가 진행되면서 산업사고로 인한 손상이 증가하게 됐고 이를 체계적으로 보상해 주는 제도가 생겼는데, 독일에서 시작된 산재보험제도이다.

산재보험제도에 의해 산업사고로 손상을 입은 근로자는 어렵지 않게 보상을 받게 됐다. 산재보상 비용은 사업주가 부담하는 것이므로 산재가 증가하면서 비용이 크게 증가하게 됐다. 산재보상 비용을 줄이기 위해서는 산재를 줄여야 했고, 그래서 산재예방사업이 본격적으로 시작됐다. 따라서 각국의 산재예방제도를 비교해 보려면 그 나라의 산재보험제도나 사회보장제도를 제대로 이해해야 한다.

유럽의 산재보험과 사회보장

유럽의 산재보험은 독일에서 시작됐으나 크게 세 가지 부류가 있다. 첫째는 독립적인 산재보상제도를 가진 국가이고, 둘째는 산재보상이 사회보장으로 흡수된 국가이며, 셋째는 사보험이 산재보상을 하는 국가이다.

독립된 산재보험형

독립된 산재보상제도는 비스마르크에 의해 도입된 독일의 산재보험이 대표적이다. 이 제도에서는 모든 사업장이 산재보험에 의무적으로 가입해야 하고 사업주가 보험료를 전액 지불하며 보험재정의 범위 내에서 보상을 한다. 사업주 책임[11]에 대한 보상이다. 보상은 소득기준에 따라 한다. 사업주나 근로자 대표에 의해 운영이 되며 예방, 재활, 보상이 일원화돼 있다. 독일, 프랑스, 폴란드, 오스트리아, 룩셈부르크, 이탈리아가 이에 속한다.

이 제도에서는 산재보상을 받은 숫자만 보면 산재발생 통계를 정확히 알 수 있다. 근로자가 산재요양 신청을 하기도 하지만 의사가 진료하면서 직업적 손상이나 직업병이 의심되면 산재보험조합에 신고하므로 산재가 누락될 수도 없다. 건강보험과 산재보험이 유기적으로 연결돼 있다. 의사의 산재신고를 장려하기 위해 산재로 확인되는 경우 추가진료비를 지불하기도 한다. 따라서 사업주가 별도로 산재를 보고할 필요가 없다. 산재보상을 통해 직업적 손상이나 직업병을 모두 파악할 수 있기 때문이다. 이런 나라의 재해율은 2.5~3.5 수준으로 나타난다.

산재보험제도를 운영하고 있는 독일에서는 산업재해에 대해서는 별도의 소송을 허락하지 않고 있다. 산재보험에 의해서만 보상이 되고 사업주의 과실이 있더라도 사업주를 대상으로 별도의 민사소송을 통한 보상을 허용치 않고 있다.

---

11) 사업주의 고의과실에 의한 책임뿐만 아니라 무과실 책임을 포함하여 말한다.

사회보장에 통합된 산재보험

산재보험이 사회보장에 흡수된 제도는 영국의 경제학자 비버리지(Beveridge)에 의해 도입된 영국의 국민건강서비스가 대표적이다. 이 제도의 목적은 모든 국민이 최소한의 생활을 유지할 수 있도록 하는 데 있으므로 손상과 질병의 원인을 불문하고 요양비를 지불하고 소득손실을 보전해 준다.

산재보상은 일반질병에 부가하여 약간의 보상을 더해 줄 뿐이다. 당연히 보상액은 소득기준이 아니라 장애 정도의 기준에 따라 지급한다. 산재보상 비용은 사업주 부담이 아닌 세금부과 방식이다. 사회보장은 정부에서 운영하며 산재보상 이외에 사회재활과 예방은 포함하지 않는다. 영국과 스웨덴이 이에 속한다.

네덜란드에서는 극단적인 형태의 사회보장제도로 직업적 손상과 직업병에 대한 별도의 보상이 없다. 산재보상을 사회보장에 완전히 통합해 버렸다. 질병이 발생하면 원인을 불문하고 요양비와 소득손실에 대한 보상이 똑같다. 그렇지만 네덜란드도 2006년부터 석면에 의한 악성중피종은 별도로 보상하기 시작했다.

이 제도에서는 산업재해 통계를 정확히 알 수 없다. 직업적 손상이나 직업병에 대한 요양비가 모두 건강보험으로 처리되고 일정 기간이 지나서 계속 요양을 받아야 하거나 소득손실을 초래하는 장해가 있는 경우에 부가적인 산재보상을 하기 때문에 경미한 산재는 사회보장 속에 흡수돼 산재 발생 숫자를 알 수 없다.[12] 그래서 사업주에게 산재가 발생하면 보고하도록 의무를 부과하고 있다. 이런 나라의 산재

---

12) 영국에서는 사고 2주 이내, 질병 90일 이내에 요양이 종결되는 사례는 산재보상이 없기 때문에 재해자 수를 알 수 없다.

율은 아주 낮게 나타난다. 사업주도 뭐가 산재인지조차도 모르기 때문이다. 이를 보완하기 위해 별도의 통계조사를 통해 직업적 손상률이나 직업병 이환율을 추정하기도 한다.

산재보상은 사회보장부에서 담당하고 산재예방은 별도의 정부부서[13]가 담당하고 있다. 이런 나라에서는 사업주의 고의나 과실에 의한 직업적 손상과 직업병이 발생한 경우 사업주에 대한 민사소송을 허용하고 있다. 그래서 정부는 고의나 과실에 대비한 사업주 면책보험[14]을 들도록 하고 있다. 산재보상과는 별도로 사업주의 고의나 과실이 인정되는 경우 소송을 통해 추가의 보상을 받을 수 있다.

사보험형의 산재보험

산재보험을 사보험으로 운용하는 나라는 모든 사업주가 산재보상을 위한 보험에 강제적으로 가입해야 하나 국가가 운영하는 산재보험제도는 없다. 사업주가 자유롭게 사보험을 선택한다. 이 경우에 직업병은 건강보험제도로 흡수하고 직업적 손상만을 보상하기도 한다. 벨기에, 포르투갈, 덴마크, 미국의 대부분의 주가 이에 속한다.

미국은 완전한 자유주의적 의료제도를 가지고 있고 주별로 다르기 때문에 하나의 제도로 표현할 수 없다. 워싱턴 주, 오리건 주, 오하이오 주 등 네 개의 주는 주 정부가 관할하는 산재보상제도가 있으나 다른 대부분의 주는 사보험을 이용하고 있다. 또한 대기업에서는 사

---

13) 영국에서는 보건안전청(HSE), 스웨덴에서는 노동환경청(Work Environment Authority)이다.

14) 영국에서는 모든 사업주는 사업주책임보험(Employers' Liability Compulsory Insurance)을 들어야 한다. 사업주 면책보험을 가입하지 않으면 보건안전청(HSE)에서 보험에 가입할 때까지 벌금을 부과한다.

업주가 의료비를 부담하는 경우(심지어는 퇴직 후에도)도 많기 때문에 요양비로 인한 다툼은 없다.

업무상 질병 판정 그리고 산재보상과 산재예방

우리나라의 산재보험은 성격이 사업주의 책임에 대한 보상[15]인지 아니면 사회보장제도의 하나인지 모호하다. 출발은 사업주의 책임에 대한 보상에서 시작했고 산재보험법의 목적에서도 업무상 재해를 신속하게 보상하는 데 두고 있지만 내용적으로는 사회보장적인 요소가 많이 가미돼 있다.[16] 그러므로 이해당사자에 따라서 산재보상을 사업주의 책임에 대한 보상이라고 주장하기도 하고 사회보장제도의 하나라고 주장하기도 한다.

법원조차도 어떤 때는 산재보상은 사업주 책임 부분에 대한 보상임을 강조하여 판결하기도 하고, 때에 따라서는 산재보상은 사회보장제도의 하나임을 강조하여 판결하기도 한다. 일반인들의 경우에 산재보험이 사업주의 책임에 대한 보상이라고 생각하는 경우에는 업무상 질병의 범위가 유럽에 비해 지나치게 넓다고 반발하고, 사회보장제도의 일원이라고 생각하는 경우에는 그 범위가 지나치게 좁다고 반발한다.

그러므로 산재보험의 성격에 대한 시각이 일치되지 않는 한 업무상 질병의 판정에 대한 시비는 계속될 것이다. 이러한 시각 차이의

---

15) 사업주 책임이라 함은 과실에 대한 책임뿐만 아니라 무과실에 대한 책임을 포함한다.

16) 우리나라 산재보험은 사업주가 부담하는 것으로 사업주 책임 부분을 대신하는 것이나 국가가 이를 실질적으로 운용하고 있으므로 사회 보장적 기능을 가지고도 있다.

출발은 불완전한 사회보장제도[17]에 기인한 것이다. 현재 우리나라 산재예방 전략은 산재보상 결과에 근거를 두고 있기 때문에 위와 같은 시각 차이를 이해하지 못하면 예방 전략 수립방향에 혼선을 초래할 수 있다.

---

17) 과도한 의료비 본인 부담과 질병 휴업급여제도의 부재를 말한다.

2. 직업병의 입증책임─누가 해야 하는가?

근로자에게 발생한 질병에 대해 산재승인 여부가 논란이 되면서, 국회에서 산업재해에 대한 입증책임을 누가 부담할 것인가에 대한 문제가 제기되고 있다. 현재의 산업재해에 대한 입증책임은 근로자에게 있는데, 근로자가 이를 증명하는 것은 쉽지 않으니 입증책임을 사업주에게 묻자는 것이다.

대부분의 사고는 작업시간 중 사업장 내의 공간에서 발생하므로 업무 관련성에 대한 다툼이 적다. 그러나 질병은 항상 작업시간 중이거나 작업장 내에서 발생하는 것이 아니므로 업무 관련성에 대해 논란이 생긴다.

산재인정은 근로자가 신청하여야 성립하도록 하고 있으므로 일견 업무상 재해에 대한 입증책임을 근로자가 부담하고 있는 것처럼 보인다. 그러나 현재의 산재보험법에 의하면 근로자가 산재신청을 하고 근로복지공단이 이를 조사하여 승인하므로 엄밀한 의미에서 보면 입증책임을 근로자가 모두 지고 있는 것은 아니다. 업무 관련성에 대한 조사를 근로복지공단이 하고 있으므로 입증책임은 근로복지공단이 지고 있다고 볼 수 있다.

오히려 이것은 근로복지공단이 업무 관련성을 판단함에 있어 입증의 방향을 어떻게 해야 하는가의 문제일 수 있다. 즉, 입증의 방향을 업무 관련성이 있는 것을 찾느냐, 아니면 업무 관련성이 없다는 것을 찾느냐는 방향성의 문제일 것이다.

입증책임의 주체

가끔 의료사고에 대한 이야기를 듣는다. 질병을 치료하러 갔다가 더 악화되거나 심하면 사망하여 의사와 가족 간에 분쟁이 생겼다는 이야기이다. 대부분 피해자는 의사의 잘못이라고 주장하고, 의사는 자신의 잘못이 아니라고 주장한다. 환자나 기족의 입장에서는 치료를 받으려다 전보다 더 악화됐으므로 치료를 한 의사의 책임이라고 생각한다. 의사의 입장에서는 자신은 아는바 최선을 다했지만 예상치 못한 결과가 나온 것이라 억울하게 생각한다.

의료사고는 누구의 책임일까? 책임론적 관점에서 세 가지 측면이 있다. 의사의 과실이 확실한 경우, 의사의 과실이 전혀 없는 경우, 의사의 과실이 있는지 없는지 잘 모르는 경우. 대개 언론에 조명이 되는 것은 후자 두 개의 경우이다. 의사의 과실이 확실하면 대부분 초등단계에서 합의하여 분쟁을 오래 끌고 가지 않기 때문이다. 그러나 의사가 자신의 잘못이 없다고 생각하는 경우에는 합의가 잘 이루어지지 않기 때문에 논란이 된다.

의료행위 과정은 매우 전문적이어서 환자가 이 과정을 이해하기 어렵고 의료정보에 접근하기도 어렵다. 이에 몇 년 전에 환자가 부담하고 있는 사고에 대한 입증책임을 의사에게 부담하도록 하자는 법안 발의가 있었다. 환자의 입증책임은 '있다는 것을 있다고 증명'하면 되는 반면에 의사의 입증책임은 '없다는 것을 없다고 증명'해야 한다. 그런데 없다는 것을 없다고 증명한다는 것은 불가능한 일이다. 그래서 선진국에서는 의사의 과실이 명백히 없는 경우를 제외하고는 의료사고보험을 만들어 해결하고 있다.

악마의 증명

인과성에 대해서는 있다고 주장하는 자가 증명해야 한다. '악마가 있다고 주장'하는 사람이 있다. 악마가 있다고 주장한다면 '악마가 있는 것을 증명'해 보이면 된다. 그런데 '악마가 없다고 주장'하는 사람에게 '없다는 것을 증명하라. 그렇지 못하면 악마가 있는 것이다'라고 한다면 어떨까? 악마가 없더라도 현실적으로 없다는 것을 증명하지 못한다. 이를 악마의 증명, probatio diabolica(라틴어로 devel's proof란 뜻임)라고 한다.

'악마의 증명'이란 중세 유럽시대에 토지의 소유권을 증명할 때 사용된 법적 용어이다. 있다는 것을 증명하는 것은 그 한 건에 대한 증거가 필요할 뿐이지만, 없다는 것을 증명하기 위해서는 모든 있었던 일에 대해서 증거가 없음을 증명하여야 한다.

없다는 것을 없다고 증명하는 과정은 하나의 것이 아니라고 밝혀져도 또 다른 것이 아님을 증명해야 하는 작업의 연속이다. 없다는 것에 대한 증명은 끝없이 반복될 수밖에 없다. 결국 '없다는 것을 없다고 증명'하는 것은 현실적으로 불가능하므로 악마의 증명이란 '증명을 할 수 없음'을 말한다. 입증책임의 부담을 주장하는 자에게서 부정하는 자에게로 바꾸면 악마의 증명이 된다.

업무상 질병의 입증책임

업무상 질병승인 여부의 논쟁에서 종종 '일하다가 또는 사업장에 들어오고 난 이후에 발생한 질병이므로 업무상 질병이 아니란 증거를 대 보라. 그 증거를 대지 못하면 업무상 질병으로 보아야 한다'고 주장하는 사람이 있다. 사실 2008년 개정되기 이전의 산재보험법 시행규칙에는 '업무상 요인에 의하여 이환된 질병이 아니라는 명백한 반증이 없는 한 이를 업무상 질병으로 인정한다'는 규정이 있었다. 그러나 이것은 네 가지 전제조건, 즉 노출의 증거, 노출 정도, 생물학적 연관성 등의 조건이 충족된 이후에도 인과성이 확실하지 못한 경우에 인정해 주라는 의미였다. 그런데 전제조건이 충족되지 않는데도 부수된 문장에 근거하여 '명백한 반증이 없는 한 업무상 질병으로 인정하라'는 주장이 많아졌다. 2008년에 업무상 질병 인정기준이 시행규칙에서 대통령령으로 상향되면서 이 조항은 삭제됐다.

2010년 정기국회 국정감사에서도 산재 입증책임을 완화하라는 지적이 있었다. 산재 입증책임과 관련하여 업무상 재해 인정기준을 규정한 대통령령에서 근로자 입증책임을 사업주와 분담하거나 완화하는 방향[18]으로 개정하여 근로자에게 유리하고 세계적 수준에 맞추라는 것이다. 업무상 질병에 대한 입증책임의 부담을 근로자가 아니고 사용자가 지게 하자는 것이다. 즉, 근로자에게 질병이 발생하면 일단 업무상 질병으로 인정하고 사용자 측에서 인과관계가 없다는 것을 반증으로 성공하지 않는 한 요양승인을 해 주라는 것이다.

입증책임에 대한 외국의 사례

외국에도 이와 유사한 사례가 있었다. 세계에서도 가장 진보적으로 판단을 하는 스웨덴은 1977년에 기존의 업무상 질병 인정기준을 폐지하고 인정요건을 명백한 반증이 없는 경우[19]로 개정했다. 그 결과, 업무상 질병이 폭발적으로 증가하여 사회가 감당할 수 없는 수준에 이르렀다. 1993년에 인정요건을 높은 확률의 가능성[20](우리의 상당인과관계설과 같은 개념)으로 변경했다.

업무 관련성 조사방향

업무상 질병을 인정하려면 업무 관련성의 근거를 찾아야 하고, 그것을 찾지 못하면 업무상 질병으로 보지 않는 것이 상식적이다. 그

---

18) 이전 대통령령으로 상향 규정하기 전의 규칙에서 규정한 내용을 참고. 인과관계 등의 확인이 안 되는 경우 산재에 대한 인과관계를 추정하여 업무상 재해로 승인할 필요가 있다.

19) Causal association if not considerable stronger grounds are against that a harmful influence from work has caused the disease. The factor should probably be harmful. 작업장의 유해한 영향이 질병을 일으켰다는 것에 대해 강한 반증이 없다면 인과관계가 있다고 본다.

20) Causal association if stronger grounds for presumption that a harmful influence from work has caused the disease than the contrary. The factor should have a high degree of probability of being harmful. 작업으로 인한 유해성이 질병을 유발했을 가능성이 질병을 유발하지 않았을 가능성보다 더욱 크다고 짐작할 만한 상당한(강한) 증거가 있을 때 인과관계가 성립한다고 본다.

런데 업무상 질병이 아닌 증거를 대 보라고 하는 경우에는 알려진 원인에 의한 것이 아님이 밝혀지면 다른 원인의 가능성을 제기한다. 또 그 원인에 의한 가능성도 낮으면 또 다른 원인의 가능성을 이야기한다. 이러한 의문은 끝이 날 수 없다. 악마의 증명이기 때문이다.

그렇다고 관련성이 있다는 것을 근로자가 증명할 수도 없다. 작업과정, 작업환경, 사용물질에 대한 정보가 없고 전문적인 지식도 그것을 따라가지 못하기 때문이다. 그래서 보험을 주관하는 근로복지공단이 노·사의 시각이 아닌 중립적인 입장에서 업무 관련성을 판단하고 있다. 조사에는 전문성이 필요하므로 중립적이고 전문성을 가진 기관에 조사를 의뢰하고 있다. 산업안전보건연구원이 하는 역학조사가 그것의 하나이다. 역학조사의 방향은 근로자의 질병과 관련이 있는 직업적 요인을 찾는 것이지, 근로자의 질병이 직업적 요인에 의해 발생하지 않았다는 것을 증명하는 것은 아니다.

이러한 과정을 체계적으로 하는 국가가 독일이다. 독일에서는 근로자의 질병에 대해 의사나 근로자가 '직업병 의심'으로 신고하면 산재보험조합(DGUV)의 직업환경의학전문의(구 산업의학전문의)가 업무 관련성을 조사한다. 그 과정은 전문적이고 중립적이다. 근로자나 사업주는 조사결과에 대해 승복한다.

업무 관련성 논란의 해결방안

현재의 업무 관련성에 대한 논란에 관한 해결방안은 두 가지를 생각해 볼 수 있다.

하나는 논란의 소지가 없게 근로자에게 발생한 질병은 업무 관련성 여부와 상관없이 모두 같은 수준으로 치료하고 보상한다. 네덜란드나 덴마크에서 실시하고 있는 제도이다. 이것은 현재 산재보험의 개념으로는 해결할 수 없다. 건강보험, 요양휴업급여[21] 등 사회보장의 수준이 매우 높아야 한다. 사회적 부담이 매우 크고 복지제도 방향에 대한 사회적 합의가 필요해 우리나라에서는 현실적으로 수십 년 내에 달성이 불가능한 목표이다.

다른 하나는 현재의 산재보험제도 내에서 공정한 절차와 사회적 합의를 이루는 것이다. 두 단계로 나누어 생각할 수 있다. 첫 단계는 자연과학적으로 공정한 판단을 하고 이를 신뢰해야 한다. 앞에서 이야기한 것처럼 우리나라에서 입증책임은 근로자에게 있는 것은 아니다. 오히려 산재보험을 운용하는 근로복지공단에 입증책임이 있다고 볼 수 있다. 따라서 근로복지공단은 업무 관련성을 찾기 위해 최선을 다해야 한다. 조사는 전문가가 담당해야 하고 조사결과는 과학적이고 공정해야 한다. 그리고 노·사는 이를 신뢰해야 한다. 다음 단계는 업무 관련성 인정에 대한 사회적 합의이다. 아무리 조사를 잘해도 업무 관련성이 확실치 않은 경우가 많이 나올 수밖에 없다. 이때 어느 선까지를 업무 관련성이 있다고 하고 산재로 보상해 줄 수 있을지에 대해 노·사·정이 사회적으로 합의한다.

결론적으로 현재 필요한 것은 입증책임의 문제가 아니라 입증을 하는 조사의 신뢰성과 사회적 합의성에 대한 문제라고 할 수 있다. 즉, 일차적으로 전문가가 과학적 지식에 근거하여 충분하게 조사를

---

21) 질병이 발생하여 일을 하지 못했을 때 소득을 보전해 주는 제도를 말한다.

하여 의견을 내어야 한다. 그리고 우리 사회가 전문가 결론을 어느 수준까지 수용할 것인가에 대해 합의를 이루어야 한다.

3. 역학조사(疫學調査)와 산재보상

　　건강에 대한 사회의 관심이 높아지면서, 근로자들은 건강문제가 발생하면 작업환경과 관련성이 있을 것으로 연상하게 된다. 어느 사업장에 몇 명의 근로자에게 특정 질병이 생겼으니 이것은 작업환경의 유해요인에 의해 발생했을 가능성이 높을 것이라고 생각하는 경우가 많다. 또 특정지역에 암환자가 많이 발생하면 이것은 환경오염에 의한 영향일 것이라고 의심한다.

　　즉, 일반인들은 직장에서 건강문제가 일시에 많이 발생한다면 혹시 작업 또는 환경과 관련 있을 것이라고 추정하며 많은 사람이 이에 동조한다. 거기에 전문가라는 사람이 한 마디라도 거들면 작업환경과 질병의 연관성에 대해 확신을 하게 된다. 그 관련성을 의심하거나 부정하는 사람들을 보면 그들의 환경에 대한 무감각과 사회적 약자에게 보이는 몰인정에 대해 흥분한다. 그러나 조금 비껴서 생각해 본다면 이런 의문이 들 것이다. 질병이 발생한 사업장의 근로자 수와 질병이 발생한 기간은 얼마인가? 더 나아가서 그 질병은 같은 것인가? 해당 사업장에는 질병과 관련이 있을 만한 유해요인이 있는가?

역학조사란 무엇인가?

50명의 근로자에게 질병이 생겼는데 이 질병이 5,000명의 근로자가 있는 사업장에서 발생한 것과 50,000명의 근로자가 있는 사업장에서 발생한 것은 분명한 차이가 있다. 50명이 1년에 발생한 숫자일 때와 10년에 걸쳐 발생한 숫자일 때도 마찬가지이다. 질병명도 한 가지 같지만 알고 보면 여러 종류일 수도 있다. 백혈병과 림프종도 여러 종류가 있고 발생원인이 똑같지 않다.

작업장에 여러 종류의 화학물질을 쓰기는 하지만 특정 질병과 관련이 있는 것은 없을 수도 있다. 여기까지 파악하게 되면 일반인이라도 흥분이 조금 가라앉게 된다. 당연히 이와 같은 상황을 파악한 연후에도 발생 빈도가 높다면 그 때는 작업환경과 질병의 관련성에 대해 강하게 의심해 볼 수 있다. 이렇게 조사하여 질병과 작업환경의 관련성을 밝히는 것이 '역학조사'이다.

역학조사가 만능은 아니지만 과거의 작업환경 자료가 없는 경우에도 유용하다. 과거에 특정물질의 공기 중 농도가 높았던 작업환경이었다면 그 물질로 인해 발생할 수 있는 질병이 증가할 것이기 때문이다.

역학조사의 법적 제도화

역학조사가 법적 테두리 안에 처음으로 들어온 것은 1999년이다. 후에 노동부장관을 지낸 방용석 국회의원이 대표 발의하여 제정됐다. 법적 제도가 생기기 이전에도 역학조사는 있었다.

1992년 산업보건연구원이 설립되기 이전에는 역학조사를 정부의 요청에 의해 사안별로 대학에서 수행했다. 조사할 때마다 담당공무원, 조사기관 등이 달랐으므로 결과를 정리하는 데 어려움이 많았다. 조사자료가 충분하지 않은 상태에서 위원들이 자기의 기존지식에 의해 갑론을박하기 일쑤였다. 1991년도 노동부 직업병심의위원회에서 논의된 안정제 제조공장 근로자들의 카드뮴 중독사건이 대표적인 사례였다. 임상의사는 부정확한 혈액 및 요중 중금속 결과를 가지고 카드뮴중독이라고 하고, 위원회에 참석한 다른 의사들은 반박의 근거 없이 아니라고 주장했다.

필자가 임상의학 전문의 과정을 마치고 1989년에 근로복지공사 직업병연구소에 입사한 후 본 직업병에 대한 의사 소견서도 마찬가지였다. 현장조사가 충분히 되지 않았으므로 제한된 자료에 의해 의견을 기술했다. 그러다 보니 자연히 애매모호한 표현이 됐다.

당시 직업병연구소는 노동부 재해보상과로부터 한두 건의 직업병에 대한 조사를 의뢰받게 됐는데, 책상에서 자료만으로 판단하는 것을 거부하고 현장에 달려가서 환경조사와 자료검토를 하며 관련자를 면담했다. 훨씬 많은 정보를 취득할 수 있었고, 그래서 조사결과에 전문가적 판단을 명확히 기술했다. 점차 노동부 재해보상과로부터 의뢰 건수가 많아졌고, 직업병연구소가 산업보건연구원에 통합된 이후에는 더 많은 조사를 하게 됐다.

산재보험 업무가 1995년에 고용노동부에서 근로복지공단으로 이관된 이후에도 직업병에 대한 역학조사 의뢰는 계속 이루어졌다. 역학조사는 근로복지공단에서 의뢰되는 것도 있고, 노동부에서 자체적으로 조사하는 사례도 있었다.

한두 명이 발생하면 근로자 스스로 복지공단에 산재신청을 해서 복지공단이 연구원에 역학조사를 의뢰했지만, 여러 명에게 발생하거나 사회적으로 문제를 일으키면 고용노동부가 연구원에 직접 의뢰를 했다. 현장조사를 위주로 하고 담당하는 전문가가 바뀌지 않으니 자연히 조사와 판단에 일관성이 있었다.

진폐증과 소음성 난청, 그리고 납중독이 대부분이던 직업병 보상목록에서 그동안 미처 발견하지 못했던 다양한 직업병이 발견됐다. 당시 직업병을 진단하는 기전으로 이해되었던 특수건강진단 결과와 산업안전보건연구원의 역학조사 결과에서 직업병의 분포가 크게 다름을 착안하여 국회에서 산업안전보건법에 역학조사 조항을 신설하여 제도화시켰다.

역학조사 결과는 작업환경과 질병이 관계가 있다고 밝혀지는 사례도 있고, 그렇지 않은 사례도 많았다. 역학조사를 하더라도 환경과 질병의 관련성을 100% 밝히거나 부정할 수는 없었다. 조사결과의 제반 상황과 국내외 기존 조사결과를 종합할 때 관련성이 '높다'거나 '낮다'는 판단을 하는 경우가 대부분이었다. 관련성이 낮다는 것은 이분법적으로 이야기하면 관계가 없다는 뜻이었다.

연구원은 역학조사평가위원회를 열어 역학조사 결과를 심의하고, 소수의 의견을 첨가한 다수 의견을 정리하여 근로복지공단에 회신했다. 그러면 근로복지공단은 거의 모든 사례에서 연구원의 의견에 따라 산재승인 여부를 결정했다. 산재보상 결정은 근로복지공단이 하지만 실제로는 역학조사 결과가 산재승인에 결정적인 영향을 미친다는 주장이 틀린 것은 아니다.

그동안 역학조사 결과에 대한 판단은 완전히 의학적 또는 자연과학적 지식으로만 이루어지지는 않았다. 조사결과는 의사 또는 산업보건 전문가로 구성된 위원회에서 토의했는데, 직업환경의학이나 자연과학의 지식으로 해결되지 않는 부분도 있었다. 해결되더라도 산재보험제도의 취지라는 관점에서 볼 때 판단이 곤란한 경우가 있었다. 역학조사 결과는 자연과학적 판단으로 끝나야 했지만, 조사결과에 대해 산재보험제도 및 사회보장제도라는 바탕 하에 사회적인 판단을 가미하는 기구가 없었으므로 역학조사의 의도와는 무관하게 사회적 판단이 가미되는 경우도 있었다.

역학조사평가위원회와 업무상질병판정위원회

사회가 성숙되면서 산재보상제도의 틀이 재검토됐고, 그 결과 근로복지공단에는 업무상질병판정위원회가 구성됐다. 이 위원회는 직업환경의학, 보건전문가로만 구성된 연구원의 역학조사평가위원회와는 달리 직업환경의학(구 산업의학) 의사 이외에도 임상의사, 노무사, 행정가, 변호사 등으로 구성됐다. 즉, 역학조사에서 할 수 없었던 산재보험법에 의한 사회적 판단을 할 수 있는 여건이 마련된 것이다.

복지공단의 산재심사위원회나 노동부의 산재재심사위원회에는 직업환경의학 전문의보다는 다른 분야의 전문가 위주로 구성됐다. 자연과학적 판단에만 집착하지 말라는 의도라고 생각된다.

삼성반도체의 백혈병 사건은 연구원이 역학조사 결과보고서를 작성하는 데 잊고 있었던 위와 같은 문제점을 각성시켜 주었다. 민간단체는 역학조사에서 '높다'거나 '낮다'는 단정적 표현을 쓰지 말라는 의견을 제시했다. 처음에는 의아하게 생각됐으나, 2008년에 업무상질병판정위원회가 신설됐으므로 연구원 역학조사에서는 더 이상 사회적 판단 또는 그와 비슷한 판단을 하지 않아야 한다는 사실을 깨닫게 됐다. 역학조사에서는 자연과학적인 판단만을 해서 결과를 송부하면 업무상질병판정위원회에서 이를 감안하고 산재보험의 취지를 가려 산재보상 여부를 가리면 되는 것이다.

자연과학적 판단의 표현을 어떻게 하느냐는 아직 미제로 남아 있다. 같은 현상을 보는 자연과학적 판단도 모두 일치하는 것이 아니므로 하나의 의견으로 통일할 수는 없다. 국제전문위원회에서도 전문가 간 의견이 엇갈려 투표로 다수의 의견을 최종결과로 정하는 경우도 있다. 국제암연구소에서 전자파가 발암 의심물질이라고 발표한 결과가 대표적이다. 전문가 간 의견이 다르므로 투표로 발암성을 결정했다. 과학자들이 발표한 것이니 아주 과학적일 것이라고 생각하지만 과정은 비자연과학적일 수도 있다.

이제 연구원의 역학조사 결과보고서에서는 전문가 각각의 의견을 병행해서 기록한다. 업무상 질병판정위원회에 직업환경의학을 전공한 의사도 있고, 임상의사도 있으므로 자연과학적 의견에 대해 충분히 이해하고 판단할 수 있을 것이라고 보기 때문이다.

역학조사 결과와 산재승인 결과가 반드시 일치해야 하는 것은 아니다. 법원의 판결이 일치할 필요는 더더욱 없다. 자연과학적으로는 관련이 없다 하더라도 산재보험에서 보상해 주기로 결정하면 보상해 주면 된다. 이상하게 들릴지 모르지만 우리는 이미 이렇게 하고 있다.

뇌출혈 등 작업 관련성 질환 상당 부분이 자연과학적인 관련성을 찾기는 어렵지만 산재보험에서 보상해 주기로 결정해서 보상을 해 주고 있다.

법원의 판단은 더 관대할 수 있다. 산재보험이 '사업주의 책임보험이 아니라 사회보장제도의 일원'이라는 관점에서 보면 더욱 그렇다.[22] 이론적으로는 세 곳의 판단이 일치하면 좋겠지만, 현실적으로는 사안의 모호함, 산재보험의 범위에 대한 서로 다른 해석, 사회보장제도로서 산재보험을 보는 시각에 따라 이 세 곳의 판단은 달라질 수 있다. 다만 끝없이 노력하여 이 세 곳의 판단이 가능하면 일치하도록 노력해야 한다.

산재보상과 관련한 편견

이상에 더하여 현재 산재보상과 관련된 편견은 또 있다. 역학조사건, 질병판정위원회건, 법원이건 간에 어느 한 곳이라도 산재로 보상해 주라고 판단하면 그것이 곧바로 사업주의 책임이고 사업장의 열악한 환경 때문에 질병이 발생했다고 주장하는 경우이다. 법원이 산재로 인정해 주라고 판결하자마자 직업병을 유발하는 열악한 작업환

---

22) 그런데 법원이 판결에 지나치게 사회 보장적인 면을 강조한다면 이것은 더 이상 사업주가 부담하는 산재보험이 아니라 국민이 부담하는 사회보험의 문제가 돼 버린다.

경을 방치한 나쁜 사업주라고 비난하는 것이 대표적인 예이다.

법원의 판결이 사회보장이론에 근거했다면 반드시 질병의 원인이 열악한 작업환경에 의한 것이라고 단정하거나, 사업주에게 즉각 작업환경을 개선하라고 요구할 수는 없다. 법원 판결의 역할은 산재보상을 해 주라는 것이지 작업환경과 질병의 자연과학적 인과관계를 증명해 주는 것이 아니기 때문이다. 단지 자연과학적 관련성은 모호하지만 산재보험법의 취지를 살려 보상해 주라는 것뿐이다. 반면, 역학조사에서 관련성이 있다고 하면 이는 자연과학적 관련성이 있는 것이므로 이미 개선되지 않았다면 작업환경은 어떠한 형태로든 개선돼야 한다.

역학조사 결과를 작업환경과 연결하는 것은 타당하고 반드시 해야 하지만, 산재보상 결과를 작업환경 문제로 곧장 몰고 가는 것은 근로자 측에도 손해를 유발한다. 산재인정이 곧바로 사업장에 대한 비난으로 돌아올 것이므로 사업장은 모든 노력을 다해 이를 방어하려고 할 것이기 때문이다.

산재로 인정된 사례 모두가─특히 법원이 판결한 사례─반드시 사업주의 책임이 아니고, 자연과학적 인과관계가 모호한 부분에 대한 사회 보장적인 보상이라고 사회가 인정할 때 사업주는 산재보상에 덜 저항적이고 오히려 협조적으로 될 수 있을 것이다. 역학조사 등에서 자연과학적 인과관계가 밝혀진 사례에 대해서만 사업주의 책임을 묻고 개선하도록 한다면 일부 사업장에서 나타나는 산재인정과 관련한 거부감도 완화될 것으로 보인다.

4. 예방에 실패할 때 드는 비용은 얼마일까?
─ 원진레이온 이황화탄소 중독사건 사후비용의 사례

2008년에 산재보험료를 한 푼도 납부하지 않고 307억 원을 보상받은 사업장. 35,000명이 근무하는 현대자동차 다음으로 많은 산재보상액을 지불받은 사업장. 지금은 모두들 잊었을 법한 원진레이온이라는 회사의 이야기이다.

원진레이온은 1967년에 설립돼 1993년에 폐쇄한 우리나라 유일의 인견사(인조비단) 생산업체였다. 외국에서 기계를 들여와 인견사와 인견솜을 생산했던 원진레이온의 근로자 수는 1960~1970년대에 3,000여 명에 이르렀던 것으로 알려져 있으나 1980년대에는 1,500명대로 감소했고 1987년에는 1,440명, 1990년에는 1,684명이 근무했다. 1993년 7월 10일 폐업 당시에는 811명이 근무했다.

원진레이온 이황화탄소 중독에 대한 산재보상 비용

원진레이온은 산재보험료로 1991년에는 9,200만 원, 1992년에 1억 700만 원, 1993년에 1억 2,000만 원을 납부했다. 1993년 7월 10일에 폐쇄되었으니 그 이후 산재보험료는 더 이상 납부하지 않았다. 그러나 2000년에 이 회사에서 발생한 이황화탄소 중독에 대해 지불한 산재보상액은 167억 원이었고, 이후 매년 증가하여 2008년에 307억 원이었다. 전체 산재보상액 3조 4,000억 원의 약 1%에 육박하는 엄청난 액수다. 2000년 이후에 지급한 금액만 해도 2,118억 원이다.

2008년 말까지 이황화탄소 중독으로 진단받은 사람은 모두 950여 명이며 이미 돌아가신 분을 제외하면 850여 명이 보상받은 비용이다. 향후 지불할 비용을 감안하면 원진레이온 이황화탄소 중독으로 산재보험이 부담해야 할 총비용은 1조 원 이상이 될 것 같다.

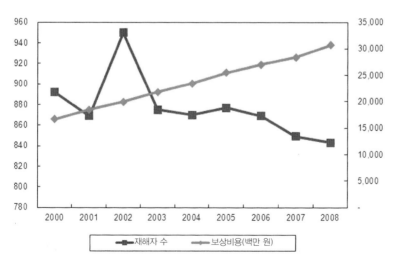

● 그림 1. 연도별 이황화탄소 중독 직업병자 수 및 보상비용

원진레이온의 작업환경

원진레이온은 회사 설립 초기부터 작업환경 관리는 개념조차 없었다. 이미 이황화탄소 중독이 문제된 일본에서 기계를 들여오면서 환기나 보호구의 개념은 전혀 없었던 것으로 보인다. 당시 기록에 의하면 1980년대까지 작업장의 공기 중 이황화탄소 농도가 수십 ppm에 이른 것으로 추정된다. 10ppm 이상의 농도에 장기간 노출되면 건강장해가 생길 수 있으므로 이러한 농도에서 오랫동안 일한 근로자들에게 이황화탄소 중독이 집단적으로 발생한 것은 어쩌면 당연한 결과일지도 모른다.

그러나 이 회사가 폐쇄되기 직전의 작업환경은 많이 개선되었던 것으로 보인다. 공기 중 이황화탄소 농도가 5ppm 이하였는데, 이만한 수준이면 현재까지 알려진 바로는 장기간 근무하더라도 건강장해가 생기지는 않는다. 작업환경을 개선하기 위해 작은 비용이라도 예방에 투자했더라면 1,000여 명의 직업병 환자와 수천억 원의 산재보상 비용이 발생하는 것을 막을 수 있었을 것이다.

이황화탄소 중독에 의한 건강장해

이황화탄소에 노출되면 여러 장기에 손상이 생긴다. 중추신경계 및 말초신경계 질환, 망막혈관의 손상, 심혈관계 및 뇌혈관계 질환, 콩팥 손상에 의한 만성신부전 등이 대표적이다. 유럽에서 처음 발생했을 때는 신경질환이 주요 증상이었고, 허혈성 심질환이 많이 발생했다. 일본에서는 망막혈관의 손상이 많이 발견됐다. 우리나라 환자들에게서는 신부전증이 나타났고, 고혈압 및 뇌혈관 질환이 많이 나타났다. 대부분 성인이 돼 발생하는 퇴행성 질환과 유사하다.

30년을 주기로 반복되는 이황화탄소 중독

이황화탄소 중독은 1850년대 중반부터 독일에서 처음 나타난 후 약 30년을 주기로 사라졌다 다시 나타나곤 하는 직업병이다. 처음에는 고무공장에서 풍선을 만드는 데 사용된 이황화탄소에 의해 중독증상이 발생했다.

인견사 공장의 경우에는 1890년대에 독일에서 처음으로 발생했다. 독일에서 이황화탄소 중독이라는 직업병이 발생한 이후 인견사 산업은 미국과 유럽 각지로 퍼져 나갔고 30여 년이 지난 1920년대에 이들 지역에서 다시 이황화탄소 중독이 발생하게 됐다. 이황화탄소 중독이 많이 발생하자 사회적 관심을 끌게 됐고 작업환경이 많이 개선됐다. 그러나 이후 닥친 제2차 세계대전은 사람들에게 이황화탄소 중독사건을 잊게 했다.

그로부터 30년이 지나 전쟁이 끝난 1950년대에 유럽과 일본에서 이황화탄소 중독이 다시 유행했다. 이들 국가에서는 작업환경을 개선하는 한편, 해당 공장들을 개발도상국으로 이전하기 시작했다. 미국의 설비는 중남미로, 일본의 설비는 한국과 대만으로 이전됐다.

또다시 30년이 지난 1980년대에 한국과 대만에서 이황화탄소 중독이 발생하기 시작했다. 1993년에 폐쇄된 우리나라 공장의 설비는 이제 중국으로 이전됐다. 그동안 30년 주기로 여러 나라에서 반복되었던 이황화탄소 중독의 비극이 2020년쯤 중국에서는 다시 반복되지 않기를 바랄 뿐이다.

어떠한 사업이 효과적이냐를 분석하는 방법으로 비용효과를 분석하는 것 이외에 더 좋은 방법은 없다. 그러나 보건분야의 많은 사업은 경제적 효과를 분석하기가 어렵다. 인간생명의 가치와 인간이 겪는 고통의 가치를 계량화하기 어렵기 때문이다. 특히 경제적 삶이 윤택해져 개인의 삶의 가치가 경제적 가치를 넘어서는 사회에서는 더욱 그렇다.

산업안전보건분야에 대해서도 비용효과 분석이 적절하지 않다고 생각한다. 근로자의 건강보호를 목표로 하기 때문이다. 비용효과 분석을 하기 위해서는 투입된 비용과 그로 인해 얻어지는 경제적인 효과를 분석해야 한다. 산업안전보건에 투입된 비용을 계산하는 것은 어렵지 않다. 그러나 경제적 효과를 분석하려면 난감해진다. 근로자 생명의 가치를 매겨야 하기 때문이다. 사망사건은 그렇다 쳐도 부상이나 질병에 대해서는 더 계산이 어렵다. 개인이 느끼는 고통의 가치를 매길 수 없기 때문이다.

그럼에도 불구하고 산업안전보건에서 투입비용 대비효과를 보아야 한다. 이제까지 설명한 이황화탄소 중독이 대표적이다. 많지 않은 예방비용을 아끼려다 그 수백 배가 되는 비용을 지불하고 결국은 회사까지 폐쇄한 사례는 더 많이 있다. 석면에 의한 직업성 암에 대한 보상은 아직 시작되지도 않았다. 앞으로 적어도 50년 이상 얼마나 많은 산재보험료가 2009년부터는 생산하지도, 사용하지도, 수입하지도, 수출하지도 않는 석면에 의한 건강장해 보상비용으로 쓰일지 모른다. 2009년부터는 석면을 사용하는 사업장에서 산재보험료를 한 푼도 내지 않는데 말이다.

원진레이온 이황화탄소 중독은 산업안전보건에서 예방의 실패가 지불해야 할 비용이 얼마나 큰 것인지를 단적으로 보여 주는 사례이다. 예방투자를 하지 않은 대가가 즉시 나타나 자기 사업장에 경제적인 손실을 가져다주면 사업장에서는 예방에 투자하려고 노력할 것이다. 그러나 산업안전보건에서는 먼 훗날 아무 관련도 없는 다른 사업장에게 비용을 지불하도록 하는 경우가 많다. 예방에 대한 투자비용을 줄인, 도덕적 해이에 빠진 일부 사업장 때문이다. 더 이상 내 푼돈을 절약하기 위해 후대에 막대한 비용을 치르게 하는 일은 없어야겠다. 이것이 산업안전보건에서 예방투자를 해야 하는 이유이다.

마지막으로 예방비용은 단지 환경개선에만 투자하라는 것이 아니다. 결국 질병은 사람에게 생기는 것이니 근로자들의 건강을 총체적으로 관리해야 한다. 그래야 나중에 발생하는 더 큰 비용을 줄일 수 있다.

PART 3

산업안전보건 규제와 감독

1. 효과적인 감독은 잔매인가, 한 방인가?

2008년에 이천 냉동창고에서 발생한 화재사고로 40명이 목숨을 잃었다. 사전에 예방을 제대로 했더라면 충분히 막을 수 있는 사건이었다. 사업주와 공장장 등 관련자들이 구속됐다. 그러나 곧 구속정지가 되고 법원은 사업주에게 2,000만 원의 벌금, 공장장에게 10월의 징역형과 2년의 집행유예를 선고했다. 사업주에게 2,000만 원의 벌금은 경제적으로 부담이 되지 않는 수준이고, 공장장에 대한 집행유예도 결과에 비하면 처벌 수준이 높다고 볼 수 없다.

심혈관계 질환으로 7명이 사망한 한국타이어사건에 대해 법원은 '근로자들의 건강관리 및 재해방지 등을 책임지고 있는 관리자들이 다른 작업장보다 더 엄격한 건강관리 및 건강실태조사, 제반 안전 및 보건기준 등을 솔선해 준수하여야 하는데 주의태만한 점'을 들어 공장장에 대해 징역 8월에 집행유예 2년, 벌금 300만 원을 선고했다.

법인에 대해서는 벌금 1,000만 원을 부과했다. 역시 근로자의 건강관리를 제대로 못해 7명을 사망하게 했다는 판결에 비해 300만 원이나 1,000만 원의 벌금은 큰 액수가 아니며, 관련자들도 모두 집행유예를 선고받아 처벌이 크다고 느껴지지 않는다.

솜방망이 처벌

이러한 결과를 들어 많은 산업안전보건 관련 전문가들은 우리나라 산업안전보건법의 벌칙규정이 너무 약해서 그렇다고 생각한다. 처벌이 약해서 산재가 줄지 않는다고도 한다. 그래서 사업주가 산재에 관심도 없고 예방에도 신경을 쓰지 않는다고 생각한다. 현재 산업안전보건법은 사업주가 안전관리나 보건관리를 소홀히 하면 7년 이하의 징역이나 1억 원 이하의 벌금에 처할 수 있다. 7년 이하의 징역은 작은 형벌이 아니다. 그러나 실제 수년의 징역형이 선고되는 일은 없다. 대부분 다른 범죄의 형량에 맞추어 조절하므로 산업안전보건법 위반으로 징역형을 살 가능성은 거의 없다. 대부분 1년 이하의 징역형에 2년 이하의 집행유예를 선고하는 정도이다.

과태료를 올리는 것도 쉽지 않은 일

이와 다른 의견은 외국처럼 벌금이나 과태료를 크게 하자는 것이다. 어차피 인신을 구속하는 것은 세계적인 추세와 맞지 않고 법원에서도 형을 잘 선고하지 않으니 벌금을 올리거나 과태료를 올리자는 주장이다. 미국에서는 산업안전보건법 위반으로 수십억 원의 배상액을 부과하는 경우가 적지 않다. 사업주는 이러한 과다한 징벌적 배상액 때문에 사전예방에 노력을 기울인다.

그러면 과연 벌금을 올릴 수 있을까? 이것도 쉽지 않다. 현 법률에서 징역 3년에 해당하는 벌금형은 253개나 있다. 금액도 10만 원에서 3억 원으로 다양하다. 그래서 정부는 형평성을 고려하여 새로운 벌금형을 제시하고 있는데 5년 이하의 징역에 상응하는 벌금형은 3,000만 원에서 5,000만 원이다. 따라서 현재 7년 이하의 징역에 해당하는 벌금형은 1억 원이므로 적절한 수준이라고 볼 수 있다. 미국에서도 산업안전보건법의 벌칙은 1년 이하의 징역과 최고 2만 달러(2,500만 원)의 벌금으로 오히려 우리의 벌칙보다 약하다.

그러면 과태료를 크게 올리는 방법을 생각할 수 있다. 그러나 과태료는 대부분 1,000만 원 이하이다. 최근에 개정된 석면 관련 규정에 의해 5,000만 원의 과태료를 부과할 수 있는 것이 가장 큰 액수이다. 그러나 실제 부과되는 과태료는 이보다는 훨씬 적다. 미국의 최고 과태료는 건당 7만 달러(약 8,500만 원) 이하, 5,000달러(약 600만 원) 이상으로 우리보다 크게 높지 않고 실제로 부과되는 과태료도 높지는 않다. 그러므로 과태료를 올리는 것도 쉽지는 않다.

과정을 보느냐, 결과를 보느냐

세계 각국의 법률은 크게 세 개의 법체계로 구분할 수 있다. 로마법에서 유래하여 유스티니아누스대제 시대에 입법된 성문법을 근거로 게르만법에 바탕을 둔 대륙법과 로마고전시대의 불문법으로 존재했던 관습적 판례법에 영향을 받아 영국에서 발전돼 온 영미법과 사회주의법이다. 부분적으로 융합되는 것이 있지만 대부분의 나라가 이것 중에서 하나의 법체계에 근거하여 발전했다.

영미법은 영국과 미국을 비롯한 영연방계의 나라나 영국의 지배를 받았던 나라에서 채택하고 있다. 대륙법은 독일과 프랑스를 중심으로 해서 이탈리아 등 유럽국가와 일본이 채택하고 있다. 대부분의 법률을 일본의 것을 모방한 한국과 대만의 법체계도 이에 속한다. 특히 우리의 산업안전보건법은 일본의 산업안전보건법(노동안전위생법)을 근거로 만들어졌기 때문에 대륙법과 유사하다.

영미법과 대륙법 체계의 가장 큰 차이는 과정을 보느냐, 결과를 보느냐에 있다.

결과가 좋아야 하는 영미법 체제

영미법의 특징은 자세한 사항을 기술하지 않고 경험론을 중심으로 관습적 특징을 가지고 귀납적 논리를 근간으로 선례에 따른 기본적인 목표를 제시한다. 법은 사회도구로 사회정치 실현을 목표로 한다. 그러므로 법의 목표달성을 위해 여러 가지 길이 있어 누구나 자신에 맞는 방법을 자유로이 채택할 수 있다. 결과가 좋았을 때는 문제가 없다. 그러나 좋지 않은 결과를 초래했을 때는 과정에 문제가 있는지를 살펴보고, 그 때 충분히 예견할 수 있는데도 불구하고 적절한 조치를 취하지 않아서 발생한 결과에 대해서는 큰 책임을 부과한다. 징벌적 배상주의가 대표적이다.

징벌적 배상제도는 1760년대 영국에서 시작된 판례이다. 가해자가 악의적이고 반사회적일 때 실제 손해액보다 훨씬 더 많은 고액을 배상하도록 하는 제도이다. 영미법 체계인 국가에서 채택하고 있다.

산업안전보건 체계에서도 사업주가 알면서도 고의로 예방조치를 하지 않아 발생한 사고에 대해서는 해당 사업장이 감내하기 어려운 수준의 벌금을 부과한다. 한번 잘못되면 부과되는 징벌(한 방) 때문에 사업을 접어야 할 형편이다. 한 방이 무서워 예방에 필요한 조치를 하게 된다. 평소에 법률규정에 없더라도 알려진 유해위험요인에 대해서는 사업주 스스로 예방노력을 기울인다. 미국에서 많은 사업주들이 산업안전보건청(OSHA)의 법률적 규정은 없는데도 불구하고, 전문가 단체인 미국산업위생가협회(ACGIH)에서 제시하는 훨씬 다양하고 강화된 작업장 노출기준을 지키는 이유가 여기에 있다. 유해위험에 대한 지식이 부족한 사업주는 법률에도 구체적인 규정이 없으니 전문가의 도움을 요청할 수밖에 없다. 미국의 산업안전보건전문가가 살맛 나는 이유이다.

과정을 지켜야 하는 대륙법 체제

로마법에서 유래된 대륙법계는 포괄적 입법론을 중심으로 법의 합목적성과 정의를 기준으로 하는 독일법을 근간으로 한다. 대륙법은 연역적 특징을 가져 과정을 중시하기 때문에 법률에 필요한 조항을 일일이 규정한다. 이미 여러 가지 경험에 의해 최선의 방법을 알고 있기 때문에 이를 규정으로 제정하여 지키도록 한다. 사업주가 판단할 때 규정을 따르지 않아도 사고가 나지 않을 것 같더라도 정해 놓은 규정은 지켜야 한다. 만일 이를 지키지 않으면 결과에 상관없이 과정의 불이행에 대해 벌칙을 가한다. 규정을 잘 지켰다면 결과에 대해서는 크게 책임을 물을 수 없다. 규정만 지킨다면 사고는 예방된다는 전제를 가지고 있기 때문이다.

따라서 대륙법 체제에서는 사고를 예방하기 위해 과정을 지키지 않으면 계속 반복적인 제재(잔매)를 가한다. 비록 과태료는 크지 않지만 여러 번 부과되다 보면 규정을 지키게 된다. 신호등을 지키지 않았다고 해서 사고가 나는 것은 아니지만, 횟수가 많으면 사고의 확률이 높아지므로 신호위반에 대해 과태료를 부과한다. 한 번의 과태료는 액수가 크지 않아 부담 없이 내지만, 같은 과태료를 여러 번 내면서까지 규정을 어기는 사람은 없다. 잔매가 무서워 규정을 지키는 것이다.

이 제도에서 사업주는 너무 복잡한 규정에 불만이 있지만 잔매 때문에 정해진 규정은 지킨다. 그런데 사업주는 새로운 위험요인이 발생하더라도 규정에 없다면 조치를 하려 하지 않는다. 건강장해가 있는 것으로 새롭게 알려진 물질이라도 건강진단 대상물질의 목록에 없다면 건강관리를 하지 않는 것도 이 때문이다. 많은 전문적인 영역이 정형화되었기 때문에 전문가는 자기 재량권이 없어 재미없어 한다.

징벌적 배상을 적용할 수 없는 법체계

물론 모든 국가의 법체계를 이런 이분법적으로 볼 수는 없다. 두 가지 법체계가 혼합돼 있는 경우가 많기 때문이다. 그러나 기본적으로 영미법에서는 사업주의 기본적인 의무를 규정하되 이를 달성하기 위한 방법은 개별 사업장의 판단에 맡기는 경우가 많다. 그렇다고 방임하는 것이 아니라 결과에 대해서는 엄격한 책임을 져야 한다. 우리 법과 같은 대륙법 체계에서는 이미 알려진 유해위험요인에 의한 사고를 예방하기 위해 필요한 규정을 정해 놓고 사업주에게 이를 준수하도록 하고 있다. 따라서 이 많은 규정 중 어느 하나를 준수하지 못했다고 해서 큰 제재(한 방)를 가할 수는 없는 것이다.

그럼에도 불구하고 우리 법체계에서 처음에 설명한 사례와 같은 사고가 났을 때 벌칙을 강화하는 것이 사고예방에 도움이 될까?

벌칙을 강화할 수 있다면 도움이 될 수 있으나 현재의 법체계에서는 벌칙을 강화할 수 없다. 벌칙을 강화했다 하더라도 이를 적용하는 법원에서 그대로 따르지 않을 가능성이 매우 높다. 다른 법과의 형평성 때문이다. 우리나라에서는 상대에게 아무리 고통을 주어도 위자료가 수천만 원을 넘지 않는다. 현재 법체계로는 미국식의 징벌적 배상을 적용할 수 없는 것이다. 그러므로 국가의 전체 법체계가 바뀌지 않는 한 산업안전보건법의 벌칙규정만 강하게 할 수는 없는 것이다.

강한 벌칙을 적용하기 위해서는 과정을 단순히 하고 결과에 대해 책임을 묻는 식으로 법체계가 바뀌어야 한다. 과정이야 어떻든 결과가 잘못됐다면, 즉 사고가 났다면 책임지는 방식으로 바뀌어야 벌칙도 강하게 할 수 있다. 이럴 때는 당연히 사업주에게 과정을 선택할 수 있는 권한을 주어야 한다. 현재 우리 법규에 있는 많은 규정을 과감하게 없애야 한다.

그렇지 않고 과정에 대해 벌칙을 강하게 부과하려 한다면 실제로는 적용할 수 없을 가능성이 높다. 우리나라의 많은 산재사고 처리 결과에서 보는 것처럼 사고가 발생하여도 결정적 책임을 물을 수 있는 사업주의 과실을 찾지 못하기 때문이다. 사고과정과 결과에 대해서는 다양한 과학적 해석이 있고, 사고에는 여러 가지 복합적 요인이 작용하므로 법적 공방을 하다 보면 어느 한 과정이 잘못됐다고 사고 원인을 밝혀내기 어렵기 때문이다.

감독대상은 선택과 집중으로

그렇다면 어떻게 해야 할까?

결과에 대해서 따지는 것은 우리 법체계의 정신이 아니다. 규정을 지켰건 지키지 않았건 이미 발생한 사고에 대해 뒤늦게 원인을 찾아 처벌을 하려고 하는 것은 적절치 않는 말이다. 사고결과에 대해서는 보상체계로 넘기고, 사고의 원인을 분석하여 앞으로는 그 과정을 잘 지키도록 감독하고 규정이 없어 생긴 사고라면 새로운 규정을 만들어 지키게 하면 되는 것이다.

한국의 법체계를 모두 바꿀 여력이 되지 않는다면 현재의 법체계에 충실해야 된다. 비록 과태료의 액수가 적더라도 철저하게 부과한다. 그런데 그러자면 감독해야 할 사업장과 대상은 너무 많고 감독관의 수는 적어 현실성이 없다는 반론이 나온다.

그러나 감독대상의 우선순위를 정하면 된다. 현재 사고를 많이 일으키는 원인 중에서 규정을 지키지 않아 생기는 항목을 찾아내어 높은 항목부터 감독을 하면 된다. 원인분석 후에 사전에 예방조치를 반드시 취해야 할 항목을 고지하고, 일정기간 후부터 감독을 실시한다. 그리고 이를 지키지 않는 사업장에 대해서는 그 규정을 지킬 때까지 과태료를 계속 부과한다. 잔매를 계속 가하는 것이다.

벌칙이 약해서 산재사고가 많으니 벌칙을 강화하자는 주장은 우리 법체계와는 잘 맞지 않는다. 우리 법은 한 방을 날려 이길 수 없는 구조이기 때문이다. 그렇지만 잔매는 많이 날릴 수 있다. 잔매를 이기는 장사는 없다. 우리 산재예방의 성공은 한 방이 아니라 잔매를 얼마나 잘 구사하느냐에 있다.

2. 심장마비는 사망원인이 아니다

사람이 갑자기 사망했을 때 흔히 "왜 죽었냐?"고 물어본다. 대부분 사람들이 "심장마비로 죽었다"고 대답한다. 그러면 "아! 심장에 문제가 생겨서 죽었구나" 하고 이해한다. 그런데 의학적으로 보면 이해가 잘 되지 않는 대화이다. 사망한 원인이 무엇이냐고 물었는데 사망에 이르는 현상을 말했기 때문이다. '심장마비'란 말 그대로 심장이 멈췄다는 것이다. 무슨 원인으로 사망하건 심장마비가 돼야 사망한다. '사망'의 정의는 '심장이 멈추는 것'을 의미하기 때문에 그렇다.

필자가 의사를 처음 시작하던 때 응급실장을 담당하던 교수님의 말이 기억난다. 응급실에 이미 사망한 환자가 들어오면 어설피 추정 진단명을 쓰려 하지 말고 '사인(死因)은 심장마비'라고 쓰라 했다. '사인미상'이라고 쓰면 사망의 원인을 알지 못하기 때문에 검사의 지휘를 받아야 하고, 검사는 타살 등 여부를 확인하기 위해 유족이 원치 않는 부검을 명하게 된다면서.

지금도 유교적 사상이 밑바탕에 깔려 있는 한국인의 감정으로는 부검을 선호하지 않는다. 부검은 신체를 훼손하는 일이라서 거부하고 그냥 매장을 하려고 한다. 죽은 것도 억울한데 부검을 하면 한 번 더 죽는 꼴이 된다고 생각한다. 유족을 위해 추정진단을 적게 되는데, 이것은 정확한 사인이 아니므로 나중에 의사가 불필요한 시비에 시달릴 수 있다. 그래서 부검도 피하고 진단에 시비도 걸리지 않도록 사인을 심장마비라고 적는 것이다. 그러면 검사도 부검 지휘를 하지 않아 좋고, 유가족도 부검하지 않고 매장할 수 있어 좋아한다. 하지만 만일 그 사람이 억울하게 죽었다면 그 원인은 영원히 밝혀지지 못한다. 또한 이런 사인이 많다 보면 대한민국 국민이 왜 죽는지도 모르게 되며, 그에 따른 예방대책 수립도 불가능해진다.

아직도 추정진단명이나 사인미상 대신에 심장마비라고 진단명을 쓰거나 또는 써야 한다고 주장하는 의사가 적지 않다. 전문가라면 전문지식을 동원하여 자신이 책임질 수 있는 추정진단명을 쓰든지, 아니면 원인을 모르니 부검을 하도록 사인미상이라고 써야 한다. 전문가라면 어설프게 '사인은 심장마비'라고 타협해서는 안 된다.

업무상 사망사고의 원인

우리나라는 업무상 재해 중에서 사고에 의한 사망이 특히 심각하다. 2010년에도 1,383명이 업무상 사고로 사망했다. 교통사고 및 체육행사 중 사고를 제외하더라도 사망자는 1,146명으로 사망사고 십만인율은 8.1로 유럽연합(EU) 국가보다 3.5배 정도 높다.

사망재해를 줄이기 위해서는 사망에 이르게 된 원인을 정확히 파악해야 한다. 산업안전보건연구원에서는 통계청의 승인을 받아 산업재해 원인조사[23]를 발표하고 있다. 2008년 산업재해 원인조사에 의하면 2008년에 발생한 업무상 사망사고자는 1,246명이었다. 그런데 이들 대부분은 불안전한 행동에 의해 재해가 발생한 것으로 기술돼 있다. 이는 불안전한 행동이 없었다면, 즉 정신을 바짝 차렸다면 사고가 나지 않았을 것이라는 표현과 같다.

사망사고자 중 31.6%는 구조물 등 그 밖의 위험 방지장치 방치 및 미확인, 26.3%는 작업수행 소홀 및 절차 미준수, 21.5%는 작업수행 중 과실, 16.2%는 설비기계 및 물질의 부적절한 사용과 관리에 의해 발생

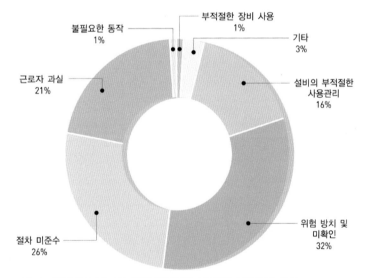

● 그림 1. 2008년 업무상 사망사고자의 불안전한 행동의 종류

---

23) 업무상 사고원인 조사는 격년으로 실시하고 있다. 업무상 사고부상에 대해서는 약 10%의 표본을 추출하여 우편, 또는 전화 조사를 한다. 그리고 업무상 사망사고에 대한 원인조사는 대부분 중대 조사자료를 활용하며 전수조사를 하고 있다.

한 것으로 기록돼 있다. 기타 복장, 보호장비를 부적절하게 사용했거나 무모한 또는 불필요한 행위 및 동작이 각각 0.8%, 0.7%를 차지하고 있다 (그림 1).

한편으로 이들 사망사고의 원인을 보면 어째 이상한 면도 있다. 일부 근로자의 부주의가 사고를 유발할 수도 있겠으나 거의 모든 사고가 어찌되었건 근로자의 부주의와 과실과 연관이 돼 있다는 것이다. 중대재해 조사보고는 이미 사고가 발생하여 근로자가 사망한 상황에서 조사되는데 근로자가 설비를 부적절하게 사용했는지, 절차를 미준수했는지, 위험을 방치하거나 미확인했는지, 아니면 과실을 했는지 알 수 없었을 텐데 거의 모든 사고가 근로자의 직간접적 잘못이 있는 것으로 보고되고 있다.

사망사고 처리결과의 사례

중대 산업재해 중 고용노동부가 조사해서 검찰에 송치된 것 중 극히 일부만 기소되고 있다. 2006~2009년까지 4년간 고용노동부는 100대 건설업체에서 발생한 사망사고 412건에 대해 사법조치를 의뢰했는데 이 중 52%가 검찰이나 법원에서 무혐의 처분을 받았다. 인신구속은 거의 없고, 30% 정도만이 벌금형을 받았다.

이를 들어 법이 너무 관대하여 사법처리를 제대로 하지 않는다거나, 법이 너무 형법적으로 돼 있어 형량이 높아서 실제로는 적용되지 않으므로 행정질서법 형태로 바꾸어 과태료를 부과하면 더 효율적이라는 의견 등이 제시되고 있다. 그렇지만 검찰이나 법원 입장에서 보면 전문기관에서 조사한 중대재해 조사보고서에 어쨌든 근로자의 과실성 행동이 원인으로 기록돼 있는데 사업주에 대해 과도한 형법적 처분을 할 수 있을까?

2010년에 부산 초고층 빌딩 건설현장에서 약 200미터 높이의 건물 외벽의 작업대가 추락하여 3명의 근로자가 사망한 사건이 있다.[24] 검찰은 사업주에 대해 무혐의로 불기소처분을 내렸다. 그 근거는 '전문기관의 재해 조사결과 및 타워크레인 운전기사, 본건 설비 제작회사 직원 등 관련자들의 진술을 종합하면 설비 자체의 기계적 · 기술적 하자는 발견되지 않았고, 설비에 설치된 6개의 추락방지장치 중 1개라도 건물 본체와 연결돼 있었다면 추락되지 않았을 것이나 이 사건 작업 담당자(사망한 근로자를 말함)가 타워크레인 로프로 설비를 지지하지 않은 상태에서 연결고리 6개를 모두 열어 추락방지장치를 제거한 것이 이 사건사고의 직접원인이다'였다.

실수가 있었을 가능성이 있는 타워크레인 운전기사나 설비 제작회사는 당연히 자기 방어적인 진술을 했을 것인데, 전문기관조차 이미 사망한 사람이 '실수를 했다'라는 보고서를 냈다면 검사로서도 더 이상 엄한 처분을 내리기 어려웠을 것이다. 문제는 조사한 전문기관이 최초 사고현장을 제대로 보지 못했고, 중대한 목격자에 대해 면접조사도 못한 채 조사보고서를 작성했다는 것이다.

사망사건은 1차적으로 경찰이 조사하고 정리하므로 전문기관은 사고현장이 보존된 상태에서 조사를 하지 못한다. 사고현장이 정리되거나 훼손된 경우 사고의 원인을 제대로 조사할 수 없는 경우가 많다. 그래서 이 사건처럼 사고의 원인을 추정하는데, 이는 마치 의사가

---

24) 2010년 9월호의 『안전보건연구동향』에 소개되었다.

원인불명 사망자의 사인을 심장마비라고 기록하는 것과 같다. 그렇게 되면 진짜 사망원인은 영영 알 수 없게 된다. 이럴 경우 조사기관은 이미 사망한 근로자에게 사고의 책임을 떠넘기지 말고 '사고원인을 모른다'고 해야 한다. 그래야 검찰도 사고원인에 대한 조사를 자세히 하게 되고, 현장을 보존한 상태로 전문가에게 조사를 요청하게 된다. 그러면 사고원인의 실체규명에 더 가까워질 수 있다.

영국의 사망사고자 수 변화

우리나라보다 인구규모가 큰 영국에서 2010년도에 산재사고로 사망한 근로자는 149명이었다. 우리나라의 1/10 수준이다. 영국에 처음부터 산재사망사고자가 적은 것은 아니었다. 1900년대에는 연간 약 5,000명이 산재사고로 사망했다. 1945년경에도 약 1,500만 명의 산재보험 대상자 중에서 2,000여 명이 사고로 사망했다. 현재 우리나라 수준보다도 높은 업무상 사망사고율을 보인 것이다. 2010년 현재는 산재보험 대상자가 3,500만 명 정도이므로 업무상 사망사고 십만인율은 0.5 수준을 넘지 않고 있다(그림 2).

영국의 산재사망사고가 이렇게 현격하게 감소한 가장 큰 이유는 강력한 행정조치 때문으로 보인다. 2010년도 사망사고 중 95% 이상에서 사업주가 법적 처벌을 받았다.

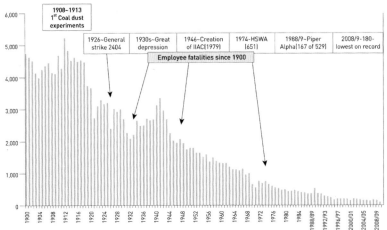

● 그림 2. 1900년대부터 영국에서 산재사고에 의한 사망자 수 변화

업무상 사망사고 재해를 줄이는 방법

업무상 사망사고는 일반부상에 비해 사회경제적인 손실이 매우 크므로 예방에 우선순위를 두어야 한다. 사망사고를 줄이기 위한 정책방향은 법체계에 따라 두 가지 방향이 있다.

첫째는 영국과 같이 사업주에게 사고결과에 대한 책임을 엄격히 묻는 것이다(포괄주의). 예방방법은 자유롭게 선택하되 결과에 책임 지도록 한다. 그러기 위해서는 사고원인의 책임소재가 정확히 밝혀져야 한다. 조사결과는 법정에서 중요한 증거로 채택되기 때문에 사고조사는 현장이 보존된 상태에서 전문기관이 해야 한다. 그런데 우리나라는 사업주에게 사고의 책임이 있는 것으로 밝혀져도 법률에 관련 규정에 없다면 사업주의 책임을 물을 수가 없다.[25]

---

25) 이것이 영국의 법체제와 다른 점이다. 영국에서는 법규에 구체적인 규정이 없더라도 사업주의 잘못이 확인되면 처벌을 받는다(포괄주의). 그러나 우리 법체제에서는 명확히 잘못했어도 그에 대한 규정이 없다면 처벌을 할 수 없다(열거주의).

두 번째는 사고에 이르는 과정을 잘 관리한다(열거주의). 사고원인이 밝혀진 바탕 위에서 원인에 미치는 요인에 대한 관리감독을 평소에 철저히 해야 한다. 이미 발생한 사망사고에 대한 책임추궁에 연연하기보다는 과정관리를 통해 동종사고를 예방하는 데 주력해야 한다. 사망사고에 가장 큰 영향을 미치는 설비, 작업방법, 안전장치 등에 대해 철저히 관리하고 감독한다. 이러한 열거주의 체계에서는 법률규정이 없다면 새로 만들어야 한다.

열거주의건 포괄주의건 원인을 제대로 알지 못하면 정책을 집행할 수 없다. 사망사고를 예방하기 위해 가장 중요한 것은 사고에 대한 원인조사를 제대로 하는 것이다.

3. 건설현장 사망사고 너무 많다

'이 아치를 건설하면서 사망자는 한 명도 없었다'

　　미국 미주리 주 세인트루이스에 가면 커다란 아치가 있고 그 지
하에는 박물관이 있다. 아치 안내문에는 1960년대 당시 아치 건설역사
가 기록돼 있다. 필자는 1990년대 중반 미국에 살면서 이곳을 방문했
었는데, 자랑스럽게 안내문에 적어 놓은 이 글귀를 아직 잊지 못한다.

　　월드컵이 끝난 후 상암동에 아치 기념탑을 세우려는 계획이 있
었다. 커다란 아치를 세워 기념도 하고 관광으로도 활용한다는 것이
었다. 이 소식을 듣고 처음 떠오른 것은 세인트루이스 아치에 대한 기
억이다. 계획에 의하면 아치의 모양과 높이도 비슷하다. 세인트루이
스 아치는 40여 년 전에 건설됐는데 사망자가 한 명도 없었다. 당시에
비해 기술이 크게 발전한 오늘, 우리도 사망자 없이 아치를 건설할 수

있을까?

세인트루이스 아치는 미시시피 강가에 세워진 높이 192m, 바닥 너비 192m의 등변삼각형 아치이다. 층간 높이 3m로 된 63층 건물 높이에 해당하고, 남산 높이의 3/4 정도에 해당한다. 1963년 2월에 시공하여 2년 9개월 만인 1965년 10월에 준공했다. 양쪽에서 탑을 쌓아가면서 아치 상부는 헬기를 이용하여 연결했다. 컴퓨터를 이용하기 전 재래식 계산방법으로 시공한 아치이다. 안쪽에는 트램이 있어 이것을 타고 상부까지 올라갈 수 있다. 상부에는 길이 20m 공간이 있어 100여 명의 사람이 창문을 통해 도시를 조망할 수 있다. 연간 100만 명의 관람객이 방문한다고 한다.

이쯤 되면 아치를 건설하는 데 많은 산재사망자가 발생했을 것으로 추정할 수 있다. 실제 당시 산재발생 통계로 추정한 사망자 수는

● 미주리 세인트루이스 시에 있는 아치

13명이었다. 그러나 이 아치를 건설하면서 사망한 근로자는 하나도 없었고, 이것을 자랑스럽게 역사에 기록하고 있다.

사망사고 감소는 건설업의 추락 사고로부터

2008년 산재사망사고자 수는 1,448명이고 사망사고 만인율은 1.07이다. 이 중 사업장 내 교통사고는 36명, 사업장 외 교통사고는 251명으로 교통사고에 의한 사망이 287명이다. 교통사고에는 통근 중 사고가 포함돼 있어 이를 제외하면 사망사고자는 1,161명이다.[26]

2008년도 사망사고자 1,161명 중에서 건설업에서 발생한 사망자는 548명으로 전체의 47%이다. 같은 해에 일본은 1,268명의 사망사고자가 발생했는데 건설업에서 발생한 사망은 430명으로 33.9%였다. 일본에 비해 사망자 중 건설업이 차지하는 비중이 13.1%나 높았다. 또한 일본의 산재대상 근로자가 우리의 세 배 정도 되는데 산재사망사고자 수는 비슷하니 우리의 사망사고 재해가 일본보다 세 배 정도 높다고 할 수 있다. 건설업만 보면 일본보다 네 배 정도 높다.

한편, 사망사고자의 원인별 분포를 보면 전체 사망의 40%는 추락으로 인한 사망이며, 추락사망의 70%는 건설업에서 발생한다. 전산업 대비 건설업의 추락재해 발생 백분율을 보면 비사망사고는 49.7%이지만 사망사고는 70%로 매우 높다. 건설업의 사망사고, 그중에서도 추락사고에 의한 사망을 줄이지 않고서는 산재사망 사고를 줄일 수 없음을 보여 준다.

---

26) 교통사고 관리대상에서 제외되는 사고는 통근 중 사고나 출장 중 사고만이어야 하고, 운전 작업자의 사망은 관리대상에 포함돼야 하나 현재는 구분이 되지 않아 모두 제외했다.

건설업에서 발생한 추락에 의한 사망자 327명의 추락이 발생한 장소는 건축·철골 구조물이 28.7%(94명)로 가장 많고, 비계가 13.8%(45명)로 다음이며, 단부·바닥·통로 11%(36명), 기계설비 9.2%(30명), 작업발판 8.9%(29명), 사다리 6.4%(21명), 거푸집동바리 4.0%(13명) 순이다. 추락사고 자체는 사다리에서 발생하는 것이 가장 많지만 사망사고는 건축·철골 구조물이나 비계에서 많이 발생한다. 사망이 발생한 장소를 보면 사고는 기계적 또는 기술적으로 불가항력적인 원인보다는 이미 잘 알려진 안전설비 등을 제대로 지키지 않아서 생기는 사례가 많다. 시스템비계를 사용할 장소에서 강관비계를 사용하거나 강관비계의 안전기준을 제대로 준수하지 않고 설치해 사용하면 필연적으로 중대재해가 발생한다.

감독은 종합지도보다는 우선순위에 따라 단계적으로

알려진 안전기준을 지키지 않아서 생기는 사망사고는 기술지도만으로는 예방하기 어렵다. 방법을 모르거나 기술이 없을 때는 기술지도를 하면 효과를 보겠지만, 이미 방법을 알고 있으나 다른 이유로 사용하지 않아서 발생하는 사고에 대해서는 권고성 기술지도만으로는 개선되지 않는다. 이를 해결하기 위해서는 규정과 기준을 지키지 않는 것에 대해 법대로 행정처분을 해야 한다. 그러나 법대로 집행하는 것에 대해 말만 그럴듯하지 비현실적이라고 생각하는 사람들이 많다. 적은 수의 감독관으로 그 많은 사업장에 대해 복잡한 기준에 따라 어떻게 일일이 감독하느냐는 반론이 나온다. 법대로 하다 보면 안 걸릴 사업장이 없다고도 한다.

우선순위를 정해 단계적으로 하면 된다. 안전규정을 지키지 않아서 생기는 재해 중에 다발원인을 골라 이에 대해서는 우선적으로 행정집행을 철저히 한다. 위반한 사업장에 대해 지키지 못할 것을 종합적으로 지적하는 대신 중요한 것만 지키도록 한다. 모든 사업장에서 해당 규정이 몸에 익을 때까지.

사람은 무엇을 배울 때 한꺼번에 모든 것을 배우지 않는다. 단계적으로 배운다. 가나다를 쓰고 읽을 줄 알아야 단어를 배운다. 단어를 알아야 문장을 배운다. 마찬가지로 작업장 위험요인 해결도 단계적으로 접근해야 성공한다.

사람들은 관성적으로 종합적인 해결 또는 대책을 좋아한다. 한 사업장에 방문하여 한 번에 모든 위험요인을 제거한다는 것이다. 이론적으로 보면 그렇게 하면 다시 생기지 말아야 하는데 수십 년이 지나도 상황은 변함없고 종합적인 대책은 매년 반복된다. 그것보다는 될 것, 하나를 정해 이것이 몸에 배도록 반복한다. 하나가 끝나면 다음 위험요인을 지키도록 한다. 1년에 한 가지 해결해도 20년 지나면 20개의 주요 위험요인에 대한 안전조치는 지켜질 것이다. 그러면 저절로 나머지 위험요인도 해결되는 것이다.

건설사고 예방을 위한 우선순위

건설업에서 추락재해 예방을 위해 특수한 상황을 제외하고는 강관비계 대신에 틀비계나 시스템비계를 사용하도록 한다. 현재 시스템비계를 더 많이 사용하지만, 재해는 강관비계 작업에서 더 많이 발생하기 때문이다. 강관비계 사용을 줄이는 것만으로도 추락재해를 크게 줄일 수 있다. 그러므로 건설업 재해예방에서 우선 다른 사항은 볼 것이 없다. 제대로 된 비계설치만 보는 것이다. 제대로 될 때까지. 그리고 다음 단계로 가는 것이다.

붕괴사고에서도 마찬가지이다. 붕괴를 막기 위해서는 적절한 강도의 지보공을 사용해야 한다. 건설현장에는 층고가 높은 부분에는 안전한 시스템서포트를 사용해야 함에도 공사비 절감, 공사기간 단축 등의 이유로 V5, V6 파이프서포트 등 취약한 동바리를 설치하므로 콘크리트 타설을 할 때 동바리 붕괴사고의 원인이 된다. 동바리 붕괴사고를 예방하기 위한 첫걸음은 V5, V6 파이프서포트 사용을 제한하는 것이다. 동바리 붕괴사고를 막기 위해서는 종합적인 대책보다 규정에 맞는 파이프서포트를 쓰는 것만 점검하는 것이다.

공기단축보다는 사고 없음을 자랑하는 문화가 돼야

틀비계나 시스템비계를 사용하거나 지보공을 제대로 설치하면 비용이 더 들기도 하지만 공사기간이 더 걸린다. 사실 건설업체는 시설비용보다도 공기연장에 따른 비용증가에 더 민감하다. 건설업체가 안전한 설비를 하고 공사를 진행하려 해도 사회가 허락을 하지 않는다. 사회가 공사기간을 줄이라고 하면 현장에서는 안전조치를 소홀히 하는 결과로 나타난다. 그래서 공기를 과도하게 단축시키는 것은 안전을 소홀히 하는 것에 대해 묵시적인 동의가 된다.

아랍에미리트에서 수조원이 투자되는 원자력발전소를 발주했다. 외국과 치열한 경쟁을 뚫고 2009년 말에 우리나라가 공사업체로 선정됐다. 불리한 여건에서도 한국이 수주하게 된 여러 이유 중에 프랑스보다 공사기간을 대폭 단축시킨다는 제안이 있었다고 한다.

경부고속도로 건설과정에 선진국보다 적은 비용으로 공기를 크게 단축해서 건설했다. 이 과정에서 77명의 근로자가 사망했다고 한다. 과거의 기술 수준을 감안한다 하더라도 한 건설공사에서 너무 많은 근로자가 사망한 것이다.

이제는 안전조치를 소홀히 하고 공사기간을 단축하는 일은 없어야 한다. 우리나라도 앞으로는 공사기간을 단축한 것은 자랑하지 않고, 세인트루이스 아치처럼 공사 중 사망사고가 없었던 것을 자랑하는 문화가 형성되기를 바란다.

4. 미접근된 산재예방분야
─교통운송업무 근로자의 교통사고

2010년 국가손상종합통계 보고서의 국민건강영양조사 자료에 의하면 교통사고에 의한 손상은 1년에 1,000명당 22.4건이 발생했다. 이 중 10.2건은 일상생활 중에 발생했고 9.0건은 작업 중 발생했다. 교통사고에 의한 손상의 40%는 직업활동 중에 발생한다는 것이다. 특히 40대에서는 63%가 직업활동 중에 발생했다. 한편, 직업활동 중 발생한 사고손상은 1,000명당 약 18.8명이었고, 이 중 약 50%는 운수 관련 손상이었다.

국민건강영양조사에서 나타난 직업활동 중 손상이 모두 산재의 업무상 사고는 아니다. 국민건강영양조사는 경제활동인구 모두를 조사한 것이므로 자영업자와 농어민 및 공무원 등 산재보험 비대상자의 사고를 포함하고, 자차를 이용한 통근 중 사고 등 산재보험에서 인정하지 않는 운송수단에 의한 사고손상을 모두 포함하고 있기 때문이다. 그렇지만 직업활동 중 사고, 즉 업무상 사고의 상당 부분은 교통운송 수단과 관련되었을 가능성이 높음을 보여 준다.

현대 사회의 직업 활동에서 교통운송 수단은 필수적

현대 사회에서 직업활동을 하는 데 교통운송 수단은 필수적이다. 화물트럭이나 영업용 차량을 운행하는 운전기사는 물론, 일반근로자도 직업활동을 하는 데 승용차 등 운송수단을 사용한다. 농민들은 트랙터 등의 운송장비를 사용하고 음식배달업에서는 이륜차를 사용한다. 당연히 직업활동 중 교통운송 수단에 의한 사고가 발생한다.

출퇴근 중에도 차량을 이용하므로 교통사고가 발생할 수 있다. 국제노동기구(ILO)는 회원국에 통근재해를 산재로 보상하도록 권고한다. 구미국가들은 통근재해를 산재로 보상하는 국가가 많다. 우리나라는 사업주가 제공한 교통수단을 이용한 경우에는 출퇴근 중에 발생한 교통사고도 산재로 인정한다. 그러나 사업주가 제공하지 않은 경우의 통근 중 사고는 보상대상이 되지 않는다. 구미국가는 통근재해를 별도로 산출하지만, 우리나라는 교통사고를 일반재해에 포함하여 사업장 내 교통사고와 사업장 외 교통사고로 분류한다.

산재통계에 나타난 교통운송 사고에 의한 사망

산업재해분석 보고서에 의하면 2009년 업무상 사망사고자 1,401명 중 교통사망사고자는 19.4%인 272명이었다. 사업장 내 교통사고가 30명, 사업장 외 교통사고가 242명이었다. 운수통신창고업에서 교통사망사고를 포함한 업무상 사망사고자는 101명으로 전체사망자의

7.2%였고, 이들의 90% 이상은 운수업에서 발생했다. 이 자료에서 통근 중 교통사고는 사업장 외 교통사고에 포함돼 분류되므로 별도로 통근사고에 의한 사망자 수를 알 수는 없다. 또한 출장 중 교통사고도 여기에 포함됐으므로 실제 교통운송 수단을 업무로 사용하는 근로자에게서 발생한 사망자가 얼마인지는 알 수 없다.

한편, 산업재해 원인조사 보고서에 의하면 2009년에 교통운송 수단과 관련된 사망은 조사대상 업무상 사망사고자 1,170명의 24.3% 인 284명이었다. 이들 중 44.4%인 126명은 육상 일반차량에 의해, 42.6%인 121명은 운반 및 특장차량에 의해 발생했다. 작업 지역별로 보면 사망사고의 27.7%인 324명은 저장, 운송 및 교통 보행지역에서 발생했다. 교통수단 운행지역에서 발생한 사망사고는 전체 사망사고의 20%에 이른다. 이처럼 현재의 우리나라 산재사망사고 원인을 보면 교통운송 수단에 의한 사망사고의 비중이 매우 높음을 알 수 있다.

● 현대 사회 들어 교통운송 수단에 의한 산재비중이 커지고 있음.

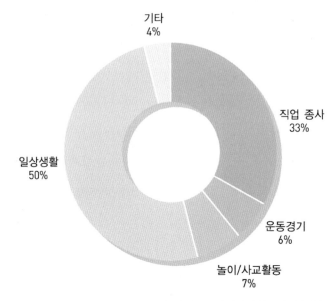

기타
4%

직업 종사
33%

일상생활
50%

운동경기
6%

놀이/사교활동
7%

● 그림 3. 사고 당시의 활동내역(19세 이상, 국민건강영양조사 2009)

국민건강영양조사에 의한 직업적 교통사고 손상

국민건강영양조사에 의하면 2009년에 19세 이상의 우리나라 사람은 연간 6.7%가 사고에 의한 손상경험[27]이 있다고 한다. 이 중 성인의 손상은 50%가 일상생활 활동 중의 손상(일반손상)이고 33%가 직업활동 중의 손상(직업손상)이다(그림 3).

손상경험은 2005년 이후 매년 비슷한 경향을 보이고 있다. 65세이상에서는 남녀별 손상 경험률의 차이가 없는 반면에 19~64세청·장년층의 경우 남자가 8.2%로 여자의 5.4%보다 높다. 남자의 손상에서 45.0%는 직업손상을 입었고, 35.1%가 일반손상을 경험했다.

---

27) 병·의원이나 응급실에서 치료를 받아야 했던 사고나 중독

반면에 여자는 69%가 일반손상을 입었고, 17.9%가 직업손상을 경험했다. 즉, 100명당 2.24명이 직업손상을 입었는데 남자는 3.69명, 여자는 0.97명이었다.

노동 연령층에서 직업손상의 비중이 증가한다. 40~49세에서는 직업손상과 일반손상이 42.1%, 43.3%로 비슷하지만 50대에서는 직업손상이 46.5%로 일반손상의 41.5%보다 높다. 남성에서는 직업손상이 확실히 증가한다. 20대와 70대에서는 일반손상이 직업손상보다 더 많지만, 30대, 40대, 50대에서는 직업손상이 일반손상보다 많다. 40대에서는 직업손상이 55.0%, 일반손상이 29.3%이고, 50대에서는 직업손상이 64.4%, 일반손상이 21.9%이다(그림 4).

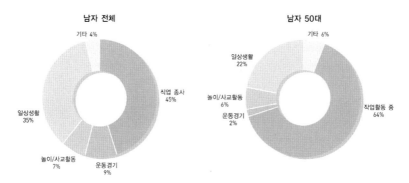

● 그림 4. 사고 당시의 활동(19세 이상 남자, 국민건강영양조사, 2009)

이처럼 국민건강영양조사에 의하면 교통비사망사고 중에서 직업손상의 백분율이 높고, 직업손상 중에서도 교통사고의 백분율이 높다. 물론 국민건강영양조사 결과에 나타난 직업손상의 범위는 산재통계의 손상범위와 일치하지 않는다. 국민건강영양조사는 전 국민을 대상으로 하므로 산재보험 대상이 아닌 자영업자, 농어민 등 모든 경제활동인구를 포괄하기 때문이다. 또한 응급실 진료경험을 포함하므로 4일 이상 요양대상만을 집계하는 산재보험 통계와는 같을 수 없다. 그러나 산재통계이건 국민건강영양조사이건 직업손상 중에 교통운송 수단에 의한 손상이 매우 많다는 것이다. 그렇지만 그동안 산재예방사업에서 교통운송 수단에 의한 손상을 줄이기 위한 노력은 상대적으로 미흡했다.

미국 · 독일에서는 운송수단이 업무상 사망사고의 최대 원인

미국과 독일에서는 업무상 사망사고자의 23%가 운송수단에 의한 사망사고자이다.

미국은 연방 및 주 정부의 다양한 조사자료를 종합하여 업무상 사망사고에 대한 통계를 발표하고 있다. 2009년 미국의 업무상 사망사고자 수[28]는 4,340명이었고, 이 중 운송수단에 의한 사망사고자가 가장 많아 38.8%인 1,682명이었다. 그 외의 사망사고에 대한 원인을 보면 살인(작업장 내 피살)과 자살이 18.2%인 788명, 감김과 끼임 및 충돌에 의한 사망사고자가 16.9%인 734명, 추락에 의한 사망자가 14.2%인 617명, 유해물질 및 환경노출에 의한 사망자가 9.0%인 390명, 화재폭발에 의한 사망자가 2.6%인 113명이었다.

운송수단에 의한 사망사고는 고속도로 사고가 52%였다. 기타 농업이나 사업장 내의 사고는 16%였는데 그중 절반은 전복사고였다.

---

28) 미국의 직업적 사망사고(CFOI: Census of Fetal Occupational Injuries)에는 공무원, 군속 등을 모두 포함한다. 직업활동 중 교통사고와 사업장 내 살인 및 자살은 포함되고, 통근 교통사고와 오락활동에 의한 사망은 제외된다.

철도사고, 수상운송수단에 의한 사고, 항공기사고 등에 의한 사망은 16%였다. 차량에 치여 사망한 경우도 16%였다. 업종별로는 도소매 운송업이 25%인 1,073명인데 그 가운데 운송업에서 사망사고가 54%를 차지하고 있다. 그리고 직업이 운송인 근로자의 사망사고가 23%였다.

독일은 산재보험에서 보상한 사망사고자 수를 발표하고 있다. 사망사고자는 산재사망사고자와 통근사망사고자를 구분하고 있다. 2009년에 산재사망사고자는 456명이고, 이 중 23%인 105건은 운송산 업에서 발생했다. 전체 산재사망사고자 중에 교통운송 수단과 관련된 사례가 몇 건인지에 대한 자료는 확인할 수 없었다. 통근 중 사망사고 자는 362건이다. 아무튼 미국이건 독일이건 산재사고 중에서 교통운 송 수단에 의한 사망의 비중이 우리보다 높음을 알 수 있다.

산재사망사고를 줄이기 위한 다음 단계는 교통사고 예방

국민건강영양조사에서 보는 것처럼 어쩌면 단일한 직업적 유해 요인 중 손상과 사망사고를 일으키는 가장 큰 요인은 교통운송 수단 일지도 모른다. 산재예방사업에서 교통운송 수단에 의한 사고를 줄이 지 않으면 손상과 사망사고자를 줄일 수 없을 것이다. 앞으로 기계설 비적 요인에 의한 사망사고가 감소하면 교통운송 수단에 의한 사망사 고자의 비율이 선진국처럼 더 증가할 것이다.

그동안 우리의 사망사고 예방사업은 제조업의 감김이나 끼임에 의한 사망이나 건설업의 추락에 의한 사망에 초점을 맞추어 왔다. 고 용노동부는 2011년부터 서비스재해예방팀을 신설하여 서비스업에서 발생하는 사망사고를 예방하는 데 노력하고 있다. 그렇지만 교통운송

수단에 의한 사고는 교통사고 범주에 들어가서 상대적으로 관심이 덜하다. 이제 산재사망사고자를 줄이기 위한 다음 단계는 교통운송 수단에 의한 사망사고에 관심을 갖는 것이라고 본다.

5. 무엇이 선진국인가?
─싱가포르 사례를 보며

2010년 11월에 '2010 서울 G20 정상회의'가 열렸다. 한국은 과거 G7, G8, G13에는 속하지 못했는데 G20부터 정규회원국가로 참여하고 있다. 비교적 경제규모가 큰 스페인은 정규회원국가로 끼지 못하고 매번 초청멤버로 오고 있으며, 네덜란드는 매번 초대를 받았는데 이번에는 초대받지 못했고, 싱가포르는 이번에 처음 초청을 받았다.

다른 면에서 쟁쟁한 국가를 제치고 우리가 G20에 속해 있다는 것은 경제력이나 모든 국력이 그에 걸맞기 때문일 것이다. 그렇다면 우리나라의 산재사망사고율은 G20에 맞은 위상인가?

싱가포르에서 개최된 2010산업안전보건대회

한때 싱가포르는 한국과 함께 아시아의 네 마리 용에 속했다. 세계은행(IBRD)에 의하면 2008년 싱가포르의 개인별 국민소득은 3만 7,597

달러, 구매력 기준 GNI는 4만 7,970달러로 각각 한국의 1만 9,115달러와 2만 7,840달러에 비해 두 배 가까이 됐다. 싱가포르는 소득 수준으로는 완전히 선진국이 된 것이다.

싱가포르에서는 2010년 9월 15일과 16일 양일간 세계 각국의 안전보건 전문가를 초청하여 2010노동안전보건대회(WSH 2010, Workplace Safety and Health)를 개최했다. 이 대회는 싱가포르 인력부 산업안전보건국(WSH)과 산업안전보건위원회(WSHC: Workplace Safety and Health Council)가 주최했다.[29]

산업안전보건국은 실행조직으로 산재보상과를 포함한 4개 부서로 구성돼 있다. WSHC는 사업장이 비상근으로 참여하는 위원회로서 정책의 방향을 결정하고 교육과 정보를 제공하는 조직이다. 직원 80여 명에 120명 정도의 비상근위원이 참여한다. 비상근위원은 대부분 기업체의 경영자이고, WSHC의 위원장도 사업체 경영자로서 비상근이다.

이틀간의 대회에 모두 29명의 연자들을 초청했다. 이 중 국제연자는 ILO 아·태지역 사무총장, EU OSHA 청장, 국제근로감독협회 회장, 전(前) 미국 OSHA 청장, 영국 보건안전청(HSE) 이사, 산업안전보건기관 국제네트워크 회장, 핀란드 산업보건연구원 원장, 한국·일본·중국·인도·캐나다 등의 전문가 등 18명이었다. 초청연자들은 산업안전보건분야의 리더십, 국가전략, 전문가 양성, 현장적용, 미래전략, 사업장 협력관계, 건강문제에 대한 도전, 소규모 사업장에 대한

---

29) http://www.singaporewshconference.sg/FlashLanding/Index.html

전략, 우수 사례 등 9개 분야로 나누어 발표를 했다.

대회 시작 전날에는 건설현장 방문 일정이 있었다. 고층건물 사이의 기존 지하철역에 지하 42m로 파고 들어가서 새로운 역사를 건축하고 600m의 터널을 뚫어 지하철을 기존의 라인에 연결하는 공사이다. 인상적인 것은 추락하기 쉬운 개구부는 모두 파이프로 막아 놓아서 근로자가 실수를 하더라도 아예 추락이 일어날 수 없도록 근원적인 조치를 해 두고 있었다.

대회 참가자는 700여 명이었고, 싱가포르 정부가 아시아 각국의 정부대표를 한 명씩 초청한 것을 포함하여 국외 참가자는 모두 150여 명이었다. 대회운영과 연제내용도 훌륭했지만, 우리나라 인구의 1/10밖에 되지 않는 나라에서 이틀간의 참가비로 약 60만 원 정도를 내고 700여 명의 안전보건 관계자들이 참석했다는 것이 놀라웠고, 이틀간 참석자의 수가 거의 같았다는 것도 놀라웠다.

경제뿐만 아니라 산업안전분야도 선진국

싱가포르는 2006년에 산업안전보건법을 대폭 개정했다. 그리고 2018년까지 국민 모두에게 안전하고 건강한 일터를 제공하기 위해 '① 사망사고율을 줄이고, ② 안전보건을 경영의 한 요소로 만들고, ③ 우수사례의 전형을 만들고, ④ 안전문화가 몸에 배도록 하는 것'을 전략목표로 삼았다.

싱가포르는 2004년에 사망사고 십만인율이 4.9였다. 2005년에서 2015년까지 사망사고 십만인율을 2.5로 낮추는 것을 목표로 잡고 산업안전보건법을 열거형 규제방식에서 포괄형 규제방식인 위험성 평가(risk assessment)로 바꾸었다.[30] 그리고 사망사고 십만인율은 2008년에 2.9로 4년 만에 40.4%가 감소했다.[31] EU 15개국 평균과 같은 수준이다. 그래서 2009년에 목표를 재설정하여 2018년까지 사망사고 십만인율 1.8 달성을 목표로 하고 있다. 싱가포르는 경제뿐만 아

● 싱가포르 지하철 건설현장: 왼쪽부터 전 ICOH 회장 Jorma Rantanen, 싱가포르 국가안전조정 장관 S. Jayakumar, 필자

---

30) 싱가포르의 법체계가 영미법에 기원하여 법규를 포괄형으로 바꾸기 쉬운 측면을 고려해야 한다.

31) 사실 한국도 2001년부터 2010년까지 사망사고 십만인율이 약 40% 감소했으나 아직도 유럽국가에 비해 3배 이상 높다.

니라 산업안전분야도 명실공히 선진국이 된 것이다.

2008년도에 외국과 비교 가능한 우리나라의 사망사고 십만인율은 7.2 정도가 된다.[32] 이것은 싱가포르의 2.9에 비하면 2.5배가 높다. 싱가포르의 사망사고 십만인율을 우리나라와 비교하면 우리의 갈 길이 아직 멀다는 것을 깨닫게 된다. 2007년을 기준으로 한국은 아직도 EU 15개국의 평균 사망사고 십만인율 2.9에 비해 2.5배 높고, EU에서 가장 높은 포르투갈의 6.3보다 높다(그림 5).[33]

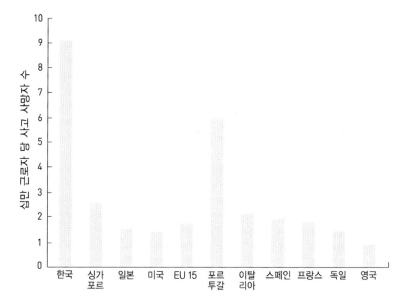

● 그림 5. 2007년 각국의 산재사망사고 십만인율

---

32) 업무상 사망사고자 수 1,448명에서 사회 복지적 차원의 산재보상 사례인 사업장 외 교통사고, 폭력, 체육행사 등을 제외한 1,172명을 사고 발생 1년 이후 사망자 비율 6.7%를 보정하면 1,093명이 된다. 이를 법정 근로시간으로 보정하여 나온 914명으로 사망사고 십만인율을 계산했다.

33) 싱가포르의 2008년 비사망사고율은 0.45였다. 이는 2007년 EU 15개국 평균 2.9보다 훨씬 높다. 가장 낮다는 영국도 1.1이고 독일도 3.2 수준이다. EU의 자료를 보면 사망사고자 수 대비 사고 부상자 수의 비는 약 1 : 1,000 정도로 나타난다. 그런데 싱가포르는 1 : 150 수준이다. EU의 시각으로 보면 아직도 이해하기 어려운 통계자료도 있다. 우리나라는 1 : 100 수준이다.

따라서 우리나라가 적어도 현재의 EU 15개국 수준을 따라가고, G20에 맞는 국격을 유지하려면 산재사망사고자를 400명 선으로 낮추어 사망사고 십만인율을 2.0 이하로 떨어뜨려야 한다.

싱가포르 성과의 교훈

싱가포르 WSH 2010은 산업안전보건분야의 성과를 기념하고 새로운 도약을 기원하기 위해 많은 예산을 들여 대규모로 개최했다고 한다. 싱가포르의 산업안전보건국장은 이러한 성과가 법을 규제형에서 자율형으로 바꿔서 얻은 것이라고 했다. 그러나 단지 법을 바꿔서만 된 것은 아닌 듯하다.

그렇다면 싱가포르의 이러한 성과는 어디에서 기인했을까? 정말 법을 규제형에서 자율형으로 바꾸어서 성공한 것일까? 그러면 다른 나라에서도 이렇게 바꾸면 사망사고가 줄어들까? 꼭 그렇지는 않은 것 같다.

첫째는 감독관 수가 다르다. 싱가포르와 같이 자율형의 법률을 채택하는 나라는 일반적으로 감독관의 숫자가 많다. 자연히 감독도 엄격하다. 싱가포르 노동부의 산업안전보건국 직원 수는 320여 명이다. 산재보험대상 근로자가 240만 명 정도이므로 우리와 비교하면 감독대상 근로자는 1/5 수준이면서 감독관의 숫자는 비슷하다. 우리나라 인력으로 환산하면 약 1,800명의 감독관이 산업안전보건분야에 대해 감독을 하는 셈이다.[34]

---

34) 산업안전보건국에는 4개 부서가 있는데 한 부서가 산재보상을 담당하므로 실제 예방에 투입되는 인력은 이보다 적다.

둘째는 감독의 강도가 다르다. 이 대회에 한국에서도 유명한 건설업체의 현지 사무소 직원이 참석하여 이야기를 나눌 기회가 있었다. 건설시공기술은 우리나라가 뛰어나서 이곳에 와서 공사를 하는데, 왜 우리나라에서는 많이 발생하는 사고가 싱가포르에서는 적은지가 궁금했다. 이 직원이 하는 말이 '일단 법에 나온 규정을 다 지키고 추가로 안전조치를 더한다'고 한다. 그렇지 않으면 강력한 행정조치를 받는다고 한다. 그러면 이러한 회사들이 한국에서는 법에 나온 규정을 다 지키는가? 아니 법이 열거형으로 돼 너무 규정이 많아 지키지 못한다면 최소한 싱가포르에서 하는 수준의 규정은 항상 지키고 있는가? 사고조사결과에서 항상 기본안전수칙을 지키지 않았다고 하는 것을 보면 그렇지는 않은 것 같다.

셋째는 가장 중요한, 행정조치의 강도이다. 우리나라에서는 아무리 벌금을 많이 부과해도 얼마 되지 않는다. 산업안전보건법이 문제가 아니라 우리나라 법률 체계 때문에 그렇다. 그러나 싱가포르의 법률 체계는 높은 벌금을 부과할 수 있는 체계이다. 실제로 고의성 과실에 의한 사고에 대해서는 아주 높은 벌금을 부과한다고 한다. 자율의 이면에는 강력한 행정조치가 있고, 이를 실행할 수 있는 제도와 능력 및 의지가 있는 것이다.

마지막으로 일관된 정책이다. 작은 나라이고 한 정당이 장기집권을 하는 나라이기는 하지만 현재의 산업안전보건국장은 2005년에 취임하여 5년째 같은 업무를 담당하고 있다. 계획과 실행을 같은 기조에서 수행하고 평가하므로 책임행정이 가능한 것이다.

PART 4

산재통계에 대해

1. 산재통계 제대로 알기

    산재보상자를 중심의 집계되는 현재의 재해율은 모든 산재가 보상되는 것은 아니므로 산재의 전체현황을 나타내지 못한다. 산재의 전체크기를 나타내지 못하므로 재해율 지표는 산재예방사업으로 인한 재해 감소효과도 보여 주지 못한다. 현재의 재해율은 과거에 고위험집단과 일정 규모 이상의 사업장만을 산재보험대상으로 했을 때 적합한 지표로 산재대상이 1인 이상 모든 사업장으로 확대된 현재에는 더 이상 유용하지 않은 지표이다.

유럽연합과 한국의 사망사고 만인율 및 비사망사고율 비교

    유럽연합 산업안전보건청(EU OSHA)에 의하면 2007년에 EU 27 회원국에는 2억 500만 근로자가 있고, 연간 16만 6,000명의 근로자가 직업 관련 사고와 질병으로 사망했다. 사고에 의한 사망은 통근 중 발생한 사고를 포함하여 7,460명이고 사망사고 만인율[35]은 0.36이었다. EU OSHA의 2007년 노동력 조사(Labor Force Survey) 결과에 의하면 EU 27개국의 4일 이상 휴업을 요하는[36] 비사망사고자[37]는 약 700여만 명으로 비사망사고율은 3.2%로 추정하고 있다.[38]

2007년 우리나라에서 통근 중 사고를 포함한 사망사고자는 1,383명이고 사망사고 만인율은 1.10이었다. 전체 재해자에서 업무상 질병을 제외하고 사고성 재해만을 분리한 재해율, 즉 사고율은 0.63% 였다.

우리나라 산재대상 근로자 수를 기준으로 할 때, EU의 평균수준 으로 사망사고자가 발생한다면 우리나라에서 발생할 수 있는 사망사 고자 수는 491명이다. 2007년에 실제 발생한 사망사고자는 1,383명이 었으므로 우리나라는 아직 EU 평균보다 세 배가 높은 사망사고율을 보이고 있는 것이다.

반면, 같은 시기에 EU의 비사망사고율은 3.2%인 데 비해 우리나 라의 비사망사고율은 0.63%로, 비사망사고율은 EU가 우리나라보다 오히려 다섯 배 높았다. 우리나라의 사망사고율이 EU에 비해 세 배가 높으므로 비사망사고자도 당연히 우리나라가 EU보다 높을 것으로 예 상이 되는데 오히려 1/5 수준으로 낮게 나타났다. EU의 자료를 기준

---

35) 일 년간 근로자 10,000명당 사고로 인한 사망자 수이다.

36) 4일 이상 휴업기준은 4일 이상 요양을 요하는 우리나라 기준보다 엄격한 것으로, 같은 조건이면 재해자 수가 적어진다.

37) 일 년간 근로자 100명당 사고로 인한 손상자 수이다.

38) EU OSHA에서는 이 추정값을 스페인의 실제 자료와 비교했다. 스페인의 사고손상 추정값은 67만 8,803건이었는데 실제 산 재 비사망사고는 87만 2,610건이었고 비사망사고율은 2.27%였다. 노동력 조사에 의한 비사망사고율과 실제 비사망사고율 이 매우 근접함을 보여 주고 있다.

으로 한다면 우리나라의 비사망사고율은 현실을 반영하지 못하고 있는 것이다.

산재사고의 전체 현황을 대표하지 못하는 재해율

비사망사고이건 사망사고이건 통계가 정확하다면 사고발생에 미치는 여러 요인, 특히 예방사업에 의한 효과도 잘 알 수 있게 된다. 그러나 전체를 정확히 파악하지 못한다면, 다시 말해 비사망사고율 자료가 실제 사고를 정확히 반영하지 못한다면 예방사업에 의한 효과도 잘 알 수 없다.

EU OSHA의 자료에 의하면 1998년을 기준으로 2005년도에 EU의 사망사고자는 24%가 감소했다. 같은 기간에 우리나라에서는 사망사고자의 숫자는 1,662명에서 1,398명으로 15.9%가 감소했고, 사망사고 만인율은 2.19에서 1.26으로 42%가 감소했다. EU에서는 같은 기간에 비사망사고율도 22%가 감소했다. 그렇지만 동 기간에 한국에서는 비사망사고율이 0.63%에서 0.69%로 오히려 약 10% 증가했다 (그림 1).

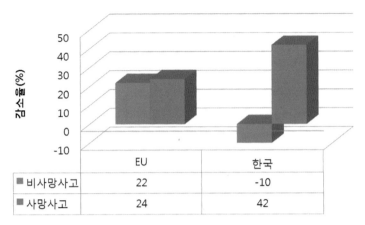

	EU	한국
■ 비사망사고	22	-10
■ 사망사고	24	42

● 그림 1. 1998~2005년 사이 EU와 한국의 사망사고 및 비사망사고자 수
감소율의 비교

EU에서는 1998년부터 2005년 사이에 사망사고율과 비사망사고
율이 비슷한 수준으로 감소했다. 그러나 우리나라에서는 사망사고율
이 42%가 감소했는데도 비사망사고율은 10% 증가했다. 사망사고자
수와 비사망사고자 수 사이에 일정한 관련이 있다고 전제하면 사망사
고자 수가 줄어들면 비사망사고자 수도 줄어야 하는데도 말이다. 한
국의 비사망사고율이 실제 산재사고 발생현황을 제대로 반영하지 못
하고 있다는 증거이다.

2. 2000년대 한국의 재해는 정말 정체했는가?

2009년에 산업재해자 수 1만 명 감소를 목표로 잡았다. 그러나 연말에 전년 대비 오히려 2천여 명이 증가했다. 사망사고는 30여 명이 감소하고 사망사고 만인율은 6% 정도 감소했다. 2000년대 전체를 보더라도 10년간 재해자 수는 증가하고 재해율은 0.7에 정체해 있었던 반면에 사망사고 만인율은 약 40%가 감소한 것을 보면 이해하기 어려운 현상이다.

그래서 일부에서는 산재예방사업이 효과가 없었거나 아니면 방향설정이 잘못된 것이 아닌가 하는 의심도 있었다.

과연 그럴까?

실제 산재가 감소했더라도 다른 요인에 의해 차단돼 감소가 없는 것처럼 보인 것은 아닐까? 만일 그렇다면 산재재해자 수가 증가하고 재해율이 정체돼 보이게 하는 요인은 무엇인가?

첫째는 근로자 수의 변화이다. 근로자 수가 많아지게 되면 자연히 산재 발생자도 증가하기 때문이다. 1인 이상 사업장으로 확대된 2000년 7월 이후부터는 보험 확대로 인한 근로자 수 증가는 미미하나[39] 경제활동인구 증가에 따른 근로자 수가 지속적으로 증가했다. 산재 적용대상자는 2000년에 945만 명, 2001년에 1,058만 명에서 2009년 10월에 1,390만 명으로 40% 이상 증가됐고 절대 재해자 수 또한 자연히 증가한다.[40]

둘째는 사회 복지적 차원의 산재보상자 수 증가이다. 산업재해보상은 원칙적으로 직접적 업무에 기인하는 사고와 질병에 대해 보상하고 있다. 그러나 간접적으로 업무와 관련이 있을 것 같은 경우, 즉 직접적으로는 업무와 무관하더라도 사회 복지적 차원에서 보상을 하고 있다. 통근 중에 발생하는 교통사고, 체육행사 중 사고 등이 이에 해당한다. 우리는 이들 모두를 업무상 사고로 포함하고 있으나 외국에서는 통상 이들을 업무상 사고통계에 넣지 않는다. 설사 산재보상을 하는 경우라도 '통근 중 재해'는 업무상 사고나 질병과는 별도 항목으로 분류한다. 따라서 산재예방사업과 직접적 관련이 있는 업무상 사고와 산재예방사업에 영향을 받지 않는 사회 복지적 차원의 사고는 분리해서 생각해야 한다. 사업장 내외의 교통사고는 2002년의 2,377건에 비해 2008년에 5,345건으로 두 배 정도 증가했고 2009년에도 전년에 비해 10% 이상 증가하고 있다. '체육행사 중 사고'는 별도 항목

---

39) 2008년부터 확대된 보험설계사, 골프장 경기보조원, 학습지 교사, 레미콘트럭 운전자 등 특수고용직 근로자들의 산재 가입자 수는 아직 4만 5,000명으로 매우 적고 재해자수도 200명 이내이다.

40) 물론 재해자 수를 전체 근로자 수로 나눈 재해율은 조금씩이나마 지속적으로 감소하고 있다.

으로 분리된 2006년의 222건에 비해 2008년에는 1,885건으로 8.5배나 증가했다.

셋째로 취약계층에 대한 사회적 일자리 창출에 의한 업무상 사고의 증가이다. 2009년 하반기에 희망근로프로젝트를 시작하여 연인원 25만여 명이 도시환경 정비사업에 투입됐고 '숲가꾸기사업'에도 3만여 명이 투입됐다. 이들은 고령자, 여성 등 취약계층이어서 사고의 위험성이 높고 임업, 기타 서비스업에서의 넘어짐, 부딪힘 및 절단사고가 전년에 비해 크게 증가했다.

넷째로는 업종별 산재보험제도에 대한 이해 수준의 차이이다. 업무상 재해가 무엇인가에 대해 잘 알려져 있는 제조업에서는 산재에 대해 잘 보고되고 있으나 그렇지 않은 서비스산업에서는 업무상 재해가 잘 보고되지 않는다. 2000년대 말에 서비스산업에서 산재가 증가했던 것은 산재가 새로 생겼다기보다는 기존에 그냥 넘어가던 경미한 사고를 산재로 처리하는 경향이 증가했기 때문으로 생각된다.

전체 근로자의 제조업 분율은 27%이나 재해자 수의 제조업 분율은 42%에 이르고 있다. 이는 당연히 제조업에서 업무상 사고가 많이 발생하는 결과일 것이다. 그러나 그간 산재예방 노력이 제조업에 집중돼서 제조업 근로자가 산재보험에 대해 잘 이해하게 됐기 때문에 기타 서비스산업에 비해 산재보상을 적극적으로 신청하는 영향도 무시할 수 없다.

이러한 경향은 사망사고자 대비 비사망사고자 비율에서도 나타난다. 2007년 산재통계에서 제조업의 비사망사고자 대비 사망사고자 비를 1로 볼 때 건설업은 2.75, 전기가스업은 2.24, 금융보험업 2.03,

운수통신업 1.95, 농림어업 1.36, 기타 서비스산업 1.06으로 모두 제조업보다 높았다. 건설업의 사망사고가 제조업에 비해 상대적으로 높다고 할 수 있지만 3배 가까이 높다고 보기 어렵고, 심지어 기타 서비스산업의 사망사고비가 제조업보다 높다는 것은 이해하기 어렵다. 이는 제조업은 사고의 대부분이 보고되고 있는 반면, 제조업 이외의 산업에서는 사망 등 중대사고가 아니면 산재처리를 잘 하지 않는 경향이 있는 것으로 추정할 수 있다. 따라서 기타 서비스산업에서 산재보험에 대한 이해가 높아지면서 산재신청도 증가하고 비사망사고자 수도 증가하는 것으로 판단된다.

다섯째 비사망사고자 수는 증가하고 있지만, 사망사고자 수는 지속적으로 감소하고 있다. 2004년의 사망사고 만인율은 1.47이었고 이후 점차 감소하여 2008년에는 1.07이었다. 이 중 교통사고와 비외상성사고를 제외한 외상성사고의 사망사고 만인율은 2004년 1.11에서 2008년에는 0.77로 감소했다. 절대 숫자도 1,160명에서 1,038명으로 122명이 감소했다.

이상의 요인을 볼 때 2000년대의 업무상 사고에 의한 비사망사고자 수 증가와 재해율 정체는 실제 현상이 아니고 재해자 수가 전체적으로 파악되지 않고 보상범위가 확대되는 등 다른 요인에 의한 재해율 왜곡현상에 기인한 것으로 보인다.

3. 통계분석에 의한 업종별 재해예방전략

재해의 대부분을 차지하는 업무상 사고는 절반 이상이 추락, 넘어짐, 감김과 끼임에 의한 사고이다. 2008년도 업무상 사고의 55.5%는 추락, 넘어짐, 감김·끼임 사고에 의한 부상이었다. 고용노동부와 안전보건공단은 2000년대 후반에 3대 다발 재해예방이라는 전략을 가지고 제조업과 건설업에 집중적인 예방사업을 실시했다.

2007년의 업무상 사고 중에서 각 재해 유형별로 발생하는 업종을 보면 추락의 50%는 건설업에서 발생하고, 감김과 끼임의 67%는 제조업에서 발생했다. 그런데 넘어짐 사고는 49%가 기타의 산업에서 발생했다. 제조업이 넘어짐 사고에서 차지하는 분율은 23%인데, 이는 전체사고의 제조업 분율 42%에 크게 미치지 못한다.

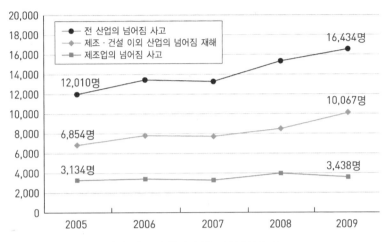

● 그림 2. 산업별 넘어짐 사고 부상자의 연도별 변화추이

넘어짐 사고는 업무상 사고 중 가장 많은 유형이며 매년 계속 증가하고 있다(그림 2). 10월 말 기준으로 2005년 1만 2,010명에 비해 2009년에는 1만 6,434명으로 36.8%가 증가했다. 반면에 동 기간 중 제조업의 넘어짐 사고는 3,134명에서 3,438명으로 9.7%밖에 증가하지 않았다. 제조업과 건설업을 제외한 기타 산업의 넘어짐 사고는 6,854명에서 1만 67명으로 46.9%나 증가했다.

넘어짐 재해는 기타 산업에서 증가하고 있는데, 3대 다발재해라고 해서 기존의 방식대로 제조업과 건설업에 예방사업을 집중해서는 소기의 성과를 거둘 수 없다. 업종별로 사고유형을 분석하여 해당 업종에 많이 발생하는 사고유형에 맞게 예방사업을 전개해야 한다. 감김과 끼임 사고의 60~70%는 제조업에서 발생하고 있고, 추락 사고의 40%는 건설업에서, 그리고 넘어짐 사고의 60% 이상이 서비스업 등 기타 산업에서 발생하고 있다. 업종에 따라 목표로 해야 할 사고유형이 다른 것이다.

공단은 2010년에 본부에 서비스산업재해예방실을 신설하고 그동안 제조업에 집중되었던 산재예방 인력을 일부 조정하여 서비스산업의 사고예방사업에 투입하고 있다.

4. 서비스업 재해
—정말 증가했나? 인지효과인가?

그간의 꾸준히 산재예방사업에도 불구하고 재해율이 감소하지 않아 예방사업의 효과에 대한 우려의 시각이 있다. 그러나 같은 기간 중에 사망사고율은 꾸준히 감소해 재해율 정체현상은 실제라기보다는 외형적 착시일 가능성이 크다. 이처럼 실제 재해가 감소한 것으로 추정됨에도 불구하고 재해가 정체한 것처럼 보이는 가장 큰 요인은 현재 사용하는 재해율 지표의 근본적 한계에서 기인한다.

재해율은 산재사고와 업무상 질병에 대한 보상건수를 산재적용 대상 근로자 수로 나눈 백분율 지표이다. 그런데 분자에 들어가는 사고는 경중(사망이나 일주일의 요양자나 동일)에 관계없이 근로자 숫자로만 계산되므로 재해율은 경미한 사고의 증감에 의한 영향이 더 크다.

2000년대 들어서 서비스업에서 산재보험의 혜택을 인지하면서 경미한 사고에 대한 산재신청이 증가했다. 과거에는 산재로 처리하지 않았던 경미한 사고를 산재로 처리하는 것이다. 특히 산재처리는 개별실적 요율제가 적용되지 않는 30인 미만의 사업장 또는 연간 공사 금액 40억 미만의 건설업에서 많이 증가했다.

서비스업의 재해율 증가

2002~2009년의 8년간 사고성 재해율[41]은 제조업에서 감소했으나 서비스업[42]에서는 증가했다. 이 기간 서비스업의 사고성 재해율은 감소추세를 보이나 전년대비 지속적으로 증가(전년대비 비율이 1 이상)했다. 제조업에서는 감소추세가 더 뚜렷해 전년 대비하여 계속 감소(전년대비 비율이 1 이하)했다(그림 3).

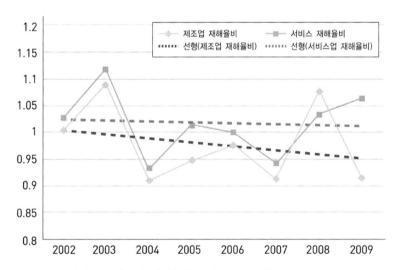

● 그림 3. 전년대비 사고성 재해율비의 연도별 변화추이

41) 여기에서는 업무상 질병을 제외한 업무상 사고에 의한 재해자만을 말한다.

42) 여기에서 서비스업이란 제조업, 건설업, 농ㆍ어ㆍ임업, 광산업을 제외한 전 업종을 말한다.

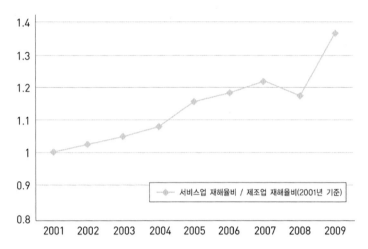

● 그림 4. 2001년 기준 서비스업 사고성 재해율비 대비 제조업 재해율비의
   연도별 변화추이

2001년도 대비 2009년에 제조업에서는 근로자 수가 1.09배 증가했
으나 재해자 수는 0.89배로 감소돼 재해율이 0.82배로 감소(12% 감소)
했다. 그러나 서비스업에서는 근로자 수가 1.51배 증가하고 재해자 수
가 1.70배 증가하여 재해율은 1.12배 증가(12% 증가)했다. 따라서 같은
기간에 서비스업의 재해율 증가폭은 제조업에 비해 36%가 더 높았다
(그림 4).

서비스업에서 인지효과로 산재신청이 증가하는 근거

서비스업의 재해 증가가 실제 증가보다는 인지효과로 인한 산재
신청이 증가한 것으로 추정되는 근거는 다음과 같다.

첫째, 서비스업의 30인 미만 사업장에서 사고성 재해율의 증가
가 뚜렷하다. 2001년과 2009년을 비교할 때 30인 미만 사업장의 사고

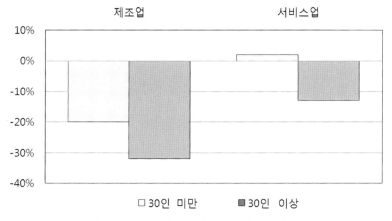

제조업　　　　　　　　서비스업

● 그림 5. 업종별 규모별 2001년 대비 2009년 재해율의 변화

성 재해율의 증가가 30인 이상 사업장의 재해율 증가에 비해 크게 나
타났다. 2001년도 대비 2009년도에 30인 이상 사업장에서는 근로자
수가 1.20배 증가했으나 재해자 수는 1.05배 증가하여 재해율은 0.87
배로 감소(13% 감소)했다. 하지만 30인 미만 사업장에서 근로자 수는
2.06배 증가하고 재해자 수는 2.11배 증가하여 재해율은 1.02배 증가
(2% 증가)했다. 따라서 같은 기간에 30인 미만 사업장의 재해율은 30
인 이상 사업장에 비해 15%가 더 증가했다(그림 5).

　　2001년에 비해 2009년에 모든 부분에서 사고성 재해율은 감소
했으나 30인 미만 서비스업종에서만 재해율이 증가했고, 증가 숫자는
1만 2,190명이었다. 제조업은 30인 미만 사업장에서는 재해율이 0.80
배(20%)로 감소했고, 30인 이상 사업장에서는 0.68배(32%)로 감소했
다. 제조업은 전반적으로 재해가 감소하고 있는데 30인 이상 사업장
에서 재해율은 30인 미만 사업장에 비해 12%가 더 감소했다.

둘째, 2009년에 서비스업 사고성 재해자의 평균 진료일수는 77일로 제조업 재해자의 평균 진료일 92일에 비해 16.5% 적었다. 평균 진료일수는 연도별로 편차가 커서 일괄적으로 비교할 수 없으나 전체적으로 서비스업의 진료일수가 제조업의 진료일수보다 적었다. 1인당 평균 급여액도 서비스업이 제조업에 비해 적다. 서비스업의 재해가 제조업에 비해 상대적으로 경미하다는 근거이다.

마지막으로 재해 발생 후 산재보험 신고건수의 증가이다. 산재보험은 강제보험이므로 모든 사업장은 성립과 동시에 산재보험 적용대상이다. 그런데 적지 않은 사업장이 산재보험에 가입신고를 하지 않고 있다가 사고가 발생하면 산재로 처리한다. 산재 가입신고를 하지 않고 있다가 재해발생 후 산재로 처리한 건수는 2001년에 비해 2009년에는 6.75배 증가했다. 30인 미만의 제조업에서는 13.67배, 30인 미만의 서비스업에서는 42.67배 증가했다. 서비스업이 제조업에 비해 3.12배 높아 212%가 더 증가한 것이다. 서비스업에서 미신고 사업장의 재해비중이 더 증가한다는 것은 산재보험에 대한 인식이 증가하고 있다는 것이다.

산재보험과 개별요율실적제

그러면 왜 30인 미만의 서비스업에서 재해보상자 수가 증가하는 것일까?

산재보험은 업종별로 채택된 보험요율에서 개별 사업장의 산재보상 실적을 바탕으로 개별실적요율제도를 채택하고 있다. 산재보험 개별실적요율제도는 보험급여액이 과거 3년간 납부한 산재보험료의

75% 이하면 보험료를 할인하고, 85%를 초과하면 할증하는 제도다. 이는 상시 근로자 30인 이상 사업장에만 해당된다.[43] 그 이하 규모의 사업장에서는 위험의 분산[44]이라는 보험의 원칙을 훼손하지 않기 위해서 요율을 조정하지 않는다.

근로복지공단의 2009년 산재보험료 징수 실적자료를 보면 사업장에서는 근로자 1인당 평균 33만 원의 산재보험료를 부담했다.[45] 신규 재해자 1인당 산재보험료 급여액은 3,602만 원이다.[46] 근로자 1,000명 규모 사업장의 연간 산재보험료는 3억 3,000만 원이고, 재해율이 0.7로 평균수준이면 연간 산재급여액은 2억 4,780만 원이다. 반면, 근로자 수 30인의 사업장은 연간 산재보험료는 990만 원이고 3년간 보험료는 2,970만 원 수준이다. 그런데 재해는 4~5년에 한 번 발생할 수 있지만 3년에 한 명이라도 발생하면 3년간 보험료보다 높은 보험급여액이 발생한다.[47] 사업장 규모가 작아서 위험이 분산되지 않기 때문이다.

이처럼 소규모 사업장에서는 보험료보다는 보험급여액이 크기

---

43) 2011년부터는 20 미만 사업장에 대해 적용이 제외된다.

44) 현재의 재해율 0.7을 기준으로 근로자 수가 1,000명이라면 매년 7명의 재해자가 발생한다. 한두 명이 더 발생하거나 감소해도 재해율에는 크게 영향이 없다. 그러나 근로자 수가 30명이라면 약 4~5년에 한 명의 재해자가 생기는데, 한 명만 생겨도 재해율은 3.3이 돼서 동종 평균의 수배를 상회하고 다른 해에는 재해율이 0이 되는 현상이 나타나서 위험분산이라는 사회보험의 본래 취지가 무색해진다.

45) 2009년도 산재보험 징수액은 4조 6,752억 원이었고, 적용 근로자 수는 1,388만 명이었다.

46) 2009년도 산재보험 급여액은 3조 4,631억 원을 신규 재해 보상자 수 9만 6,145명으로 나눈 것이다.

47) 2009년에 산재보험 급여액을 보험급여자 총수(25만 2,000명)로 나누면 1인당 보험급여액은 1,374만 원이다. 그러나 급여자 총수는 그해 이전부터 지급을 받는 근로자를 포함하고, 그해에 신규 발생한 재해자는 요양기간에 따라 다음 해에도 계속 급여를 받게 되므로 총 급여액을 신규 재해자로 나누는 것이 1인당 급여액에 더 가깝다.

때문에 사업주의 입장으로서는 재해가 발생하면 산재보험으로 처리하는 것이 낫다. 더구나 30인 미만의 사업장에서는 개별실적요율제도를 적용하지 않으므로 경미한 것이라도 산재가 발생하면 무조건 산재보험으로 처리하는 것이 유리하다. 연간 공사금액이 40억 미만까지 적용 예외를 받는 건설업에서는 이 현상이 더 심하다.

사업장 규모가 큰 곳에서는 재해가 아주 많이 발생하는 사업장이 아니라면, 보험급여액이 많이 들어가는 심각한 재해가 아닌 이상 경미한 재해는 자체적으로 처리하는 것이 낫다. 교통사고가 났을 때 보험료가 상향되지 않는 범위의 액수 이내는 보험가입자가 스스로 부담하려고 하는 것과 같은 이치이다. 만일 사고처리에 드는 비용이 보험료 증가비용을 초과하면 보험가입자는 자동차보험으로 처리하려고 할 것이다.

위에서 설명한 것처럼 소규모 사업장은 산재가 발생하면 의료비용이 사업주가 부담해야 할 보험료를 초과할 가능성이 높다. 그러면 사업주는 이를 산재보험으로 처리하려고 하는 것이 당연하다. 또한 30인 미만 사업장에서는 보험급여액수의 증감과 관계없이 사업장이 납부해야 할 보험료는 일정하므로 다른 제약점[48]이 없다면 사업주는 모든 사고를 산재보험으로 처리하게 된다.

---

48) 고용노동부의 사고발생에 대한 조사와 감독 및 법규 위반에 대한 행정처분

5. 재해율로 예방사업의 효과를 알 수 있나?

산업재해예방 노력에 대한 효과는 무엇으로 알 수 있을까? 재해를 예방하는 것이니 간단하게는 '재해자 수'가 줄어드는 것을 보면 된다. 그런데 모집단이 되는 근로자 수가 변하면 재해자 수도 변하니 단순한 숫자로만은 재해감소효과 여부를 알 수 없다. 경기가 활성화돼 근로자 수가 증가하면 자연히 재해자 수도 증가하기 때문이다.

재해자 수를 전체 근로자 수로 나눈 '재해율'은 모수, 즉 근로자 수를 보정하므로 재해자 수보다는 재해 예방효과를 더 잘 반영한다. 그런데 재해율도 여러 가지 이유로 재해감소효과를 그대로 나타내지 못한다. 특히 업무상 질병은 현재의 예방노력과는 아무런 관계없이 과거의 작업환경에 의해 발생하는 경우가 많다. 진폐증, 직업성 암, 뇌심혈관계 질환, 대부분의 근골격계 질환 등 많은 직업성 질환이 현재의 환경보다는 과거 또는 과거로부터 내려오는 환경에 의해 발생하므로 현재의 재해예방 노력과는 무관하다. 그래서 업무상 사고와 업무상 질병을 섞어서 내는 재해율 통계는 숫자가 주는 의미 이외에 재해예방효과의 지표로서는 큰 의미가 없다.

재해예방사업의 단기적 효과는 업무상 사고율(occupational injury rate)만을 보아야 한다.[49] 우리나라 재해통계에서 재해율은 업무상 사고와 업무상 질병을 포함하여 나타내므로 이 글에서는 업무상 사고만을 분리해서 전체 근로자 수로 나눈 것을 업무상 사고율이라고 표현한다. 업무상 사고율을 제대로 알기 위해서는 분모인 산재대상 근로자와 분자인 업무상 사고가 모두 파악돼야 한다.

전체 근로자 수(분모) 파악의 문제

장시간 노동에 따른 근로시간의 차이

사고의 빈도를 비교하기 위해서는 근로자 수를 분모로 한다면, 분모가 되는 근로자의 근로시간이 같아야 한다. 사고 발생률이 일정하다면 한 사람이 법정 근로시간을 초과하여 일을 할 때 사고율은 높아지고, 반대로 법정 근로시간보다 적게 일을 하면 사고율은 낮아진다. 장시간 노동을 하는 근로자에게 단시간 노동을 하는 근로자보다 사고가 발생할 확률도 증가하기 때문이다. 우리의 재해율은 노동시간과 관계없이 근로자 수를 사용하므로 재해율의 왜곡현상이 나타난다.

근로시간을 보정하는 방법으로 도수율을 사용하거나 전일(全日) 근무기준(FTE: Full Time Equivalent) 근로자 수(전일근로자 수)를 사

---

49) 우리나라 재해통계는 요양을 요하는 경우만을 포함하므로 손상(injury)이 맞으나 ILO의 기준처럼 여기서는 사고(accident)로 하고 이는 손상이 있는 사고만을 의미한다.

용할 수 있다. 도수율은 사고건수를 근로시간으로 나눈 것으로 근무시간에 따른 재해율 왜곡현상은 막을 수 있으나 근로자 중심이 아니라 시간이 중심이다. 전일근무기준이란 노동시간을 법정 근로시간으로 보정하여 근로자 수를 계산하는 방법으로 유럽에서 많이 사용된다.

건설근로자 수 산정의 문제

건설업의 근로자 수는 실체를 파악하는 것이 아니라 공사금액을 기준으로 근로자 수를 추정한다. 이는 근로자 수를 실제보다 부풀려 계산하므로 건설근로자 수가 과다 계산된다. 2008년도의 산재보험에서 건설업 근로자 수 비중은 24%인데, 이는 경제활동인구 조사에 의한 건설업 근로자 수의 두 배 정도이다.[50] 모수에 해당하는 근로자 수가 과다 계산되므로 건설업의 사고율은 실제보다 낮은 것처럼 보인다.

업무상 사고 수(분자) 파악의 문제

분자인 업무상 사고의 부정확한 집계도 재해율에 영향을 미친다. 업무상 사고가 정확하게 집계되지 않는 이유는 다음과 같다.

첫째는 산재보험으로 처리된 사례가 업무상 사고의 전체는 아니다. 현재 사고 수는 근로복지공단에 산재요양신청을 하는 것으로 파악하고 있다. 재해가 발생하더라도 산재요양신청을 하지 않으면 재해가 발생했는지 알 수 없다. 물론 산재요양신청을 하지 않는 경우 노동부에 재해발생신고를 하도록 돼 있기는 하다.[51] 과거에 비해 산재를 고의로 은폐하는 것은 많이 감소했지만 아직도 경미한 사고는 산재보

---

50) 인구주택총조사에 의하면 건설업 근로자는 7% 정도이다.

51) 산재요양신청과 별도로 재해발생신고를 하는 것은 연간 전체 재해자의 1% 내외에 불과하다.

험으로 처리하지 않고 사업주 또는 근로자가 건강보험이나 일반의료로 처리하는 것이 많을 것으로 추정된다. 이는 우리와 비슷한 보험제도를 운영하고 있는 독일의 4일 이상 휴업을 요하는 손상자 수를 보고 미루어 짐작할 수 있다.[52] 2008년에 독일의 산재보험 적용대상자는 우리의 3배이지만 손상자 수는 우리의 10배 수준이다.

둘째는 산재에 대한 인식부족이다. 그동안 산재예방사업이 제조업 중심이었기 때문에 제조업에서는 산재에 대해 잘 이해하고 있지만, 서비스업에서는 아직 산업재해에 대한 개념조차 없는 경우가 많아 파악되지 않는 사례가 꽤 있을 것으로 추정할 수 있다. 최근 서비스업의 업무상 사고가 증가했던 것은 실제 사고 수가 증가했기보다는 그동안 업무상 사고로 인식하지 못하고 스스로 치료하던 것을 산재보험으로 처리하는 경향이 증가했기 때문으로 추정된다. 특히 30인 미만 사업장에 대해서는 재해발생에 따른 산재요율의 증가도 없고 산재발생에 대한 불이익도 없기 때문에 과거와는 달리 재해가 발생하면 산재보험으로 처리하는 사업장이 증가한 것이다.

셋째는 제도적 요인 때문이다. 건설업에서는 건설사가 재해예방에 노력하도록 재해율이 일정 수준 이하이면 정부나 공공기관에서 발주하는 용역에 가점을 주도록 돼 있다. 이는 건설사로 하여금 재해가 발생하지 않도록 노력하는 긍정적인 측면이 있지만, 이미 발생한 사고에 대해서는 가급적 자체 처리하도록 유도하는 부정적인 측면도 있다. 건설업에서 유난히 사고율은 낮으면서 사망사고율은 높은 현상을

---

52) 독일의 휴업조건에 비해 우리나라는 4일 이상 요양을 요하는 조건이므로 이론적으로는 우리나라의 손상자 수가 더 많아야 한다.

설명해 주는 요인이다.

사고재해 전체를 파악할 수 있는 방법

그렇다면 업무상 사고 전체를 파악하거나 재해율 규모를 추정할 수 있는 방법은 어떤 것이 있을까?

첫째는 건강보험 자료를 활용하는 방법이다. 노동부에서 관리하는 고용보험 대상자를 복지부에서 관리하는 건강보험 자료와 연결하여 분석하는 방법이다. 산재보험 자료에는 개별 근로자에 대한 자료가 없으므로 근로자임을 확인하는 방법으로는 고용보험 자료를 사용하고, 손상을 확인하는 방법으로는 건강보험 자료를 활용한다. 다만 건강보험의 사고 자료는 비직업적인 활동에 의한 사고, 즉 가정 내 사고, 취미생활에 의한 사고 등이 포함하므로 직업적 사고만을 파악하기 위해서는 표본조사를 통해 직업적 기여율을 구해 보정해야 한다.

두 번째는 표본조사를 활용하는 방법이다. EU의 근로환경조사와 같은 방법으로 산업안전보건연구원에서 통계청의 승인을 받아 2006년부터 시행하고 취업자 근로환경조사를 이용하는 것이다. 취업자 근로환경조사에서는 지난 1년간 경험했던 직업손상에 대해 질문한다. 아직은 조사결과의 신뢰성이 안정되지 않았지만 조사가 정착되면 실재 재해율을 추정하는 데 유용할 수 있다.

바람직한 재해 예방효과 지표

현재의 재해율이 산재예방사업 단기효과를 제대로 반영하지 못한다면 무엇을 지표로 써야 하나?

사망사고자가 많지 않은 서비스업에서는 사고율을 보는 것 외에 달리 방법이 없지만 제조업이나 건설업에서는 '사망사고자 수' 또는 '사망사고율'이 가장 좋은 지표이다. 현재 우리나라에서 사망사고를 산재로 처리하지 않거나 보고하지 않는 경우는 거의 없다. 생명에 대한 가치가 높아졌기 때문에 근로자가 사망했을 때 보상해 주는 비용이 산재로 처리하지 않고 사업주가 부담하여 처리할 수 있는 능력을 넘어섰기 때문이다. 그래서 사망사고는 불이익이 올 것을 예상하면서도 산재로 처리하고 노동부에 신고를 할 수밖에 없는 것이다.

2000년 이후 업무상 사망사고율은 계속 감소하고 있다. 특히 외상성 사망사고율은 지속적인 감소추세를 보이고 있다.(그림 6)

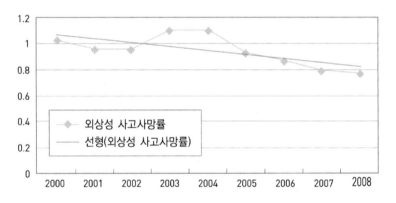

● 그림 6. 외상성 업무상 사망사고율의 연도별 변화 및 추세선

하인리히 법칙을 적용하지 않아도 전체사고 자체가 줄지 않고 사망사고만 감소한다고 보기는 어렵다. 그래서 현재의 재해율의 정체 현상과 무관하게 제조업과 건설업의 사고는 감소하는 경향을 보이고 있다고 말할 수 있다.

재해 예방효과의 변화

2010년 산업안전보건연구원의 연구보고서를 근거로 해서 2011
년부터 산재통계제도에 변화가 생겼다. 그간 산재통계로 사용했던 재
해율 대신에 업무상 사고는 사고사망 십만인율, 근로손실일수,[53] 업무
상 사고 천인율을 지표로 사용하게 됐다. 업무상 질병은 2011년에 별
도의 지표를 개발하기로 했다.

---

53) 보다 정확하게는 요양 기준일이 아닌 휴업일 기준의 근로손실일수

6. 사회보장과 산재통계제도

어떠한 제도를 연구하다 보면 외국은 어떨까 궁금해한다. 산재통계제도도 마찬가지이다. 그런데 산재통계는 외국과 비교하는 것이 쉽지 않다. 산재를 처리하는 사회보장제도나 통계산출방식이 다르기 때문이다. 비교를 위해서는 같은 출발선에서 같은 지표를 가지고 해야 하는데 통계로 나타난 지표만을 비교하게 되면 오해를 할 수 있다. 특히 언어적 편의성 때문에 우리나라와 전혀 제도와 개념이 다른 영어권의 통계와 비교하는 경우가 많은데 당연히 좋은 비교결과를 얻을 수 없다. 그러면 각국의 산재통계에 영향을 미치는 가장 중요한 요인은 무엇인가? 필자는 사회복지제도라고 생각한다.

산재통계에 영향을 미치는 사회제도

산재보험제도가 사회복지제도 속에 포함이 돼 있는 나라와 별도

의 보험제도로 있는 나라의 산재통계는 차이가 매우 크다. 산재보험
이 사회복지제도에 포함돼 있는 대표적인 나라가 영국, 네덜란드와
북유럽국가이다.

산재보험이 별도로 존재하는 나라는 독일, 프랑스, 이탈리아를
비롯한 대부분의 국가이다. 산재보험이 별도로 존재하는 나라는 산재
보상통계를 산재발생통계로 바로 이용하는 경우가 많다. 그러나 산재
보상통계를 이용하는 나라 간에도 두 가지 점 때문에 통계를 서로 비
교하기 어렵다.

하나는 의료보험이나 실업보험과 같은 복지제도의 수준이다. 의
료보험이나 실업보험이 잘 정비돼 있으면 산재보험 적용이 더 엄격하
고, 그렇지 않으면 산재보험이 사회복지기능을 하기 때문에 더 관대
하다. 독일이 전자에 해당하는 국가라면 우리나라는 후자에 해당하는
국가이다.

다른 하나는 산재보험 보상대상과 보상범위에 대한 차이이다.
개발도상국보다는 선진국이 보상대상이 넓고 보상범위가 크다. 이제
막 산재보상을 시작한 개발도상국은 근로자 중 일부만 산재에 해당하
고 보상범위도 좁다. 통근재해, 교통사고 등은 보상하지 않는 경우가
많다.

산재보험이 별도로 존재하지 않거나 사회복지 속에 흡수된 나라
에서는 산재통계를 알 수 없다.

네덜란드는 1979년부터 산재가 사회복지제도 속에 완전히 흡수
됐으므로 산재통계를 알 수 없다. 업무를 이유로 사고가 나서 손상이
발생하건, 개인적인 사유로 손상이 발생하건 똑같이 치료받고 보상을

받는다. 근로자들이건 이를 치료하는 의료기관이건 굳이 산재를 가릴 필요가 없으므로 산재현황을 알 수 없다.

영국에서도 2주 이내의 손상이나 90일 이내의 질병에 대해서는 직업적이거나 비직업적이거나 똑같이 취급받기 때문에 산재통계를 알 수 없다. 우리나라 건강보험에서 진료한 통계를 보고 그 원인이 직업적인지 아닌지 알 수 없는 것과 같은 이치이다.

사회복지형 국가의 통계

사회복지형 국가에서는 산재보상통계가 없으므로 별도의 조사를 통해 산재발생통계를 산출한다.

영국은 산재보상이 사회복지체계 내로 들어가 있으므로 직업사고나 직업병을 일반손상이나 질병으로부터 구분해 낼 수가 없다. 산재가 발생해도 근로자는 치료나 보상에 대해 걱정할 필요가 없다. 산재이건 아니건 손상이나 질병이 발생한 경우 모두 국민건강서비스(National Health Service)에서 치료를 받는다. 다쳐서 일을 하지 못하게 되면 국민건강서비스에서 휴업급여(근로손실에 대한 보상)를 받는다. 이 또한 산재와 산재 아닌 것의 차이가 없다. 다만 손상의 정도가 심하거나(2주 이상), 장기간 요양이 필요한 질병(90일 이상) 또는 직업병 인정기준에 있는 특정 직업병의 경우에는 추가로 보상을 받을 수 있지만 그 금액은 크지 않다.

사망사고인 경우에는 보건안전청(HSE)이 조사해서 사업주의 고의나 명백한 과실이 밝혀지면 사업주는 기소된다. 산재로 인정된 대부분의 사망재해는 사업주가 기소됐다. 어떤 형태든 교통재해는 산재로 인정되지 않는다. 사업주의 고의나 명백한 과실에 의해 발생한 산재로 인정받으면 민사소송을 할 수 있고, 이를 대비하여 모든 사업주는 사업주 면책보험을 들어야 한다. 민사소송은 근로자의 주의, 과실 여부도 따지므로 근로자가 승소하기는 쉽지 않다.

영국에서는 치료와 근로손실에 대한 보상이 되므로 근로자들이 산재를 인식하기가 어렵고 굳이 산재처리를 요구할 경제적 동인도 없다. 그러므로 보상자료로 산재발생현황을 알 수 없다. 그래서 영국은 산재보상자료가 아닌 다른 세 가지 방법을 통해 산재통계를 얻고 있다. 사업주 보고(RIDDOR), 노동력 조사(Labor Force Survey), 의사 보고(Surveillance) 등 세 가지 방법이다.

사업주 보고는 산재가 발생하면 사업주가 보건안전청에 보고하는 방식이다. 산재와 비산재의 차이가 없으므로 근로자가 산재를 인식하기 어렵고, 인식하더라도 사업주의 고의나 명백한 과실에 의한 것으로 나중에 사업주를 상대로 소송을 할 것이 아니라면 굳이 사업주에게 알릴 필요도 없다. 사망사고는 대부분이 기소돼 사업주의 귀책사유로 처벌을 받는 것으로 보아 사업주의 무과실 책임에 의해 발생하는 사고사망이나 손상은 잘 보고되지 않고 있음을 유추해 볼 수 있다. 2009년에 사업주 보고에 의한 산재손상은 십만 근로자당 473명(0.47) 수준으로 다른 유럽국가의 1/7~1/10 수준이다. 사망사고는 2009년에 152건으로 독일의 1/3 수준이다.

노동력 조사는 매 분기별로 약 5만 가구를 대상으로 설문조사를 통해 일하는 중에 다친 적이 있는지를 조사한 자료이다. 근로자에 대한 직접조사이므로 비교적 정확성이 높다. 그러나 근로자들이 기본 적으로 산재와 비산재에 대한 개념이 모호하므로 회상편견[54]이 작용할 수 있다. 노동력 조사에 의한 2009년 산재손상은 십만 근로자당 840명(0.84) 정도로, 사업주 보고에 비해서는 두 배 정도 높지만 유럽 다른 국가에 비해서는 여전히 매우 낮다.

의사 보고는 환자를 진료한 의사가 직업병이 의심스러운 경우에 보고하는 자료이다. 역시 의사들이 자발적으로 하는 보고이므로 실제 보다는 매우 낮을 수 있다.

산재보험형 국가의 통계

산재보험을 별도로 운영하는 국가에서는 산재보상통계를 산재 발생통계로 활용하고 있다.

독일은 모든 근로자에 대해 건강보험과는 별도의 산재보험제 도를 운영하고 있다. 근로자가 다치거나 아파서 병원에 가게 되면 진료한 의사가 산재보험에 이를 보고한다. 물론 근로자가 직접 산 재보험을 신청할 수도 있으나 산재보험에 통보하여 산재가 확정되 면 보고한 의사에게 진료비의 약 20%를 가산해 주므로 산재보고가 정확한 편이다.[55] 산재보고가 오면 산재보험조합(DGUV)에서 이를 조사하고, 산재로 확인되면 산재비용으로 모든 요양 및 보상비용을

---

54) recall bias, 기억을 제대로 하지 못해서 생기는 오류로 근로자들이 산재보상에 대한 개념이 모호하므로 실제 발생했어도 중요하지 않게 생각하여 잘 기억해 내지 못할 수 있다.

55) 근로자 개인의 입장에서는 산재이거나 비산재이거나 경제적 이익에 차이가 없으므로 굳이 산재보험 신청을 할 이유가 없다. 반면에 의사로서는 산재로 인정되면 추가 진료비를 받을 수 있으므로 의심스러운 경우에는 반드시 산재보험조합에 신고할 경제적 동인이 생긴다.

지급한다.[56) 따라서 독일에서 산재통계는 산재보상된 것만 집계하면 된다.

2009년에 독일에서 4일 이상 휴업이 필요하여 산재보험에서 처리한 사고율은 약 2.4%이다. 직업병에서 보면 2009년에 약 6만 6,951건의 산재보고가 있었고, 이 중 조사를 통해 업무 관련성이 확정된 것은 약 1만 6,078건이다. 근로자로서는 산재이건 비산재이건 요양비는 들지 않고 휴업급여에 차이가 없으며, 다만 장애가 일정 수준(약 20%) 이상인 경우에만 보상이 되므로 새로 보상대상이 되는 수는 6,643여 건이다.

독일에서는 산재에 대해 사업주의 고의건 과실이건 사업주를 상대로 별도의 소송을 허락하지 않는다. 산재에 관해서는 모든 것을 산재보험으로 처리하여야만 한다. 그리고 산재보상에서는 복지형의 질병에 대해서는 매우 엄격하고 재래형의 손상이나 직업병에 대해서는 비교적 관대하게 판단하는 것으로 보인다. 직무스트레스에 의한 뇌심혈관계 질환은 인정하지 않지만, 벤젠에 의한 직업병은 2009년도에 112명, 사망은 36명이 인정됐다. 그렇지만 벤젠에 의한 직업병 인정기준은 누적노출량이 8ppm · year로 한국보다 결코 관대하지 않다.[57) 방사선에 의한 직업병 사망도 101명이 인정됐는데 이것은 과거 동독의 우라늄 광산 근로자에게 발생한 조혈기장해이다.

프랑스나 이탈리아도 독일과 비슷하게 통계를 산출한다.

---

56) 근로자는 처음부터 진료비용 부담이 없고, 비용정산은 산재보험조합과 건강보험조합 간에 한다.

57) 한국은 누적노출량이 10ppm · year이지만 과거 노출인 경우 1ppm · year이 실제 적용되고 있다.

기타 국가의 통계

　미국은 산재발생통계를 알 수 없는 나라이다. 미국은 각 주별로 산재보상제도가 다르다. 주 정부에서는 산재보상에 대한 원칙적인 기준만 마련하고 있어 각 사업장들이 산재보험을 사보험으로 가입하고 있다. 산재가 의심스러운 경우에는 사보험의 규정에 따라 근로자에게 보상이 되고, 이의가 있는 경우에는 소송으로 해결해야 한다. 그러므로 산재발생통계는 물론 산재보상통계조차도 주 정부에서 산재보험을 운용하는 일부 주를 제외하고 알 수 없다.

　그래서 산재발생을 추정하기 위해 사업체 표본조사방법을 사용하고 있다. 산업안전보건법에 의해 모든 사업장은 근로자가 다치거나 질병이 생기면 기록을 하고 보관하도록 돼 있다. 산업안전보건청(OSHA)에서는 기록보관 여부만 점검할 뿐 기록내용에 대해서는 점검하지 않는다. 기록은 순전히 근로자의 진술에 의해 사업주가 기록하는 것이므로 반드시 업무 관련성이 확인되거나 진단명이 정확하다고 할 수 없다.

　산재발생현황을 파악하기 위해 노동부 내 다른 부서인 노동통계국(BLS)에서 표본조사를 한다. 층화추출을 하되 소규모 사업장에 대해서는 표본 수를 크게 하여 보정하고 있다. 조사된 결과는 통계적 방법에 의해 전국 추정치로 발표하고 있다. OSHA에 대해서는 확정된 통계결과만 줄 뿐 사업장에 대한 정보는 절대 제공하지 않는다. 미국 통계의 신뢰성은 모든 사업장이 재해발생 기록을 빠짐없이 하는 전통, OSHA에서 기록유지를 엄격히 감독하는 행

정, 그리고 노동통계국에서 독립적으로 자료를 조사 분석하는 전
문성에서 기인한다.

PART 5

안전보건제도에
대한 이해

1. 화학물질에 대한 정보를 제공하는 MSDS제도

약을 통으로 사면 안에 설명서가 있다. 이 설명서에는 깨알 같은 글씨로 약에 대한 정보와 약 사용으로 인해 발생할 수 있는 부작용 등이 자세히 적혀 있다. 그렇지만 약을 복용하면서 설명서에 있는 부작용에 대해 자세히 읽어 본 사람은 많지 않을 것이다. 만일 꼼꼼히 읽고 적혀 있는 부작용의 의미를 제대로 이해한다면 아마도 약 복용을 주저하게 될지도 모른다. 너무도 많은, 다양한 부작용이 적혀 있기 때문이다.

대부분의 사람은 약통 안의 설명서를 읽지 않고, 약을 처방할 때 일러 준 의사의 설명이나 조제할 때 들은 약사의 설명만을 기억할 뿐이다. 그것도 복용할 때만 잠시 기억하고, 시간이 지나면 잊게 돼 기억하지 못한다. 설명서는 모든 부작용에 대해 발생가능성의 강도와 무관하게 평면적으로 나열하지만 의사나 약사는 핵심 부작용만 이야기한다. 그리고 현실세계에서 대부분의 경우에는 핵심 부작용만 나타난다.

사용되는 화학물질의 종류

2007년도 현재 전 세계적으로 사용되는 화학물질은 약 24만 6,000종이고, 국내에서 사용되는 것으로 등록된 화학물질은 4만 731종이며 매년 400여 종의 신규 화학물질이 등록되고 있다. 환경부의 화학물질 유통실태조사에 의하면 2006년에 연간 취급량이 100kg을 넘는 단일물질이나 1톤을 넘는 혼합물질은 2만 5,449종이었다. 이처럼 근로자들에게 노출되는 화학물질의 종류는 수만 종에 이른다.

화학물질은 다량 흡입하거나 장기간 피부에 접촉하면 어떠한 것이라도 인체에 완전히 무해한 것은 없다. 심지어 물만을 사용하는 작업자도 건강에 영향을 받을 수 있다. 물이 피부에 접촉하는 시간이 오래되면 피부의 기름기가 빠지면서 건조해져 피부염이 생길 수 있기 때문이다. 그런데 많은 경우에 화학물질을 사용하더라도 근로자는 별로 신경을 쓰지 않아도 된다. 대부분의 경우에는 화학물질의 사용량이 적거나 적절한 작업방법을 유지하기 때문에 건강에 영향을 미치지 않는다.

유통되는 화학물질이 많더라도 실제 건강에 영향을 주는 화학물질은 많지 않다. 고용노동부에서는 화학물질의 유해성에 따라 제조금지·허가, 관리대상 지정 또는 노출기준 제정을 통해 근로자의 건강에 영향을 미칠 수 있는 706종의 화학물질을 관리하고 있다. 2009년에 실시한 제조업체 작업환경실태조사에 의하면 제조업체의 70%가 넘는 사업장과 비제조업의 15%의 사업장에서 507종의 관리대상 화학물질을 사용하고 있었다. 관리대상 이외의 물질이 모두 안전한 것이라고 단정할 수는 없지만 현재까지의 정보에 의하면 이들은 취급 근로자의 건강에 영향이 없거나, 있더라도 큰 문제가 되지 않는 물질로 추정하고 있다.

물질안전보건자료(MSDS)

화학물질 사용이 증가하면서 이를 사용하는 근로자에게 급성중독이나 만성중독에 의한 직업병 발생이 증가했다. 직업병을 예방하기 위해서는 근로자들에게 화학물질에 대한 정확한 정보전달이 필요하게 됐다. 그래서 1996년도부터 시작한 것이 물질안전보건자료(MSDS: Material Safety Data Sheet) 제도이다. MSDS는 물리적 위험물질, 건강장해물질, 환경유해물질에 대해 생산자로 하여금 16개 항목의 내용을 기술하여 이 물질을 사용하는 장소에 게시하거나 비치하도록 하는 자료이다. 근로자들이 쉽게 화학물질의 위험성과 독성정보에 대해 알 수 있도록 하기 위함이다.

MSDS에서는 해당 물질이 건강에 영향을 미칠 수 있는 모든 정보를 자세히 소개하고 있다. MSDS는 생산자가 작성하여 제공하는 것이지만, 안전보건공단에서는 근로자의 편의를 위해 홈페이지에서 약 5만 종의 화학물질에 대한 MSDS를 제공하고 있다. 웹에서 제공하는 MSDS에 대한 열람기록은 매년 증가하여 2009년에는 약 90만 건에 이르렀다.

하지만 MSDS의 유해위험성 항목에서는 건강에 영향을 줄 수 있는 모든 가능성을 다 기술하고 있기 때문에 다양한 증상[58]과 징후[59]

---

58) 주관적으로 느끼는 신체의 변화

59) 객관적으로 확인되는 신체의 변화

가 기록돼 있어 혼란스럽다. 마치 약 설명서를 보고 느끼는 것처럼 이 물질로 인해 모든 건강문제가 다 일어나는 것처럼 느껴질 수 있다. MSDS에서는 모든 가능성(아주 낮은 가능성을 포함하여)을 기술한 것이므로 해당 물질에 노출된다고 해서 일반적으로 이러한 증상과 징후가 나타난다는 의미는 아니다. 예를 들어, MSDS에 의하면 벤젠에 장기간 노출되면 위통, 식욕부진이 생길 수 있다고 돼 있다(표 1). 그러나 실제 그러한 증상을 느낄 가능성은 많지 않고, 위통과 식욕부진을 일으키는 다른 원인이 너무 많으므로 벤젠에 장기간 노출된 근로자에게 위통과 식욕부진이 나타나더라도 벤젠에 의한 것이 아닌 경우가 거의 대부분이다.

물론 전문가나 안전보건관리자에게는 당연히 자세한 정보가 필요하다. 아주 낮은 가능성이지만 해당 물질에 의해 나타날 수 있는 증상과 징후라면 자세히 기록돼 있어야 한다. 매번 해당 물질의 독성정보를 여러 자료에서 확인할 수는 없는 일이기 때문이다. MSDS에서 이렇게 자세히 벤젠에 의한 건강영향에 대해 기술하고 있더라도 근로자들이 이를 모두 알 필요는 없다. 근로자에게 꼭 기억시켜야 할 것은 벤젠에 일정 수준 이상으로 장기간 노출될 때 백혈병이 발생할 수 있다는 사실이다. 2005년에 외국인 근로자에서 발생한 노말헥산 중독사건 등 화학물질에 의한 직업병 사례에서 보면, 근로자들은 해당 물질이 일으키는 대표적인 건강장해에 대한 것조차 모르는 경우가 대부분이다. MSDS에 나오는 노말헥산에 의한 복잡한 건강장해는 모른다 하더라도 사지의 감각이 떨어지고 마비가 오는 말초신경염을 일으킨다는 사실만 기억했으면 이들의 직업병은 조기에 발견돼 쉽게 회복되었을 것이다.

● 표 1. 벤젠의 MSDS 중 유해위험성에 관한 설명

항목	내용
주요한 건강위험성	피부접촉 시 치명적일 가능성이 있고 호흡기도 자극, 피부 자극, 눈 자극, 흡인 위험, 혈액 이상, 중추신경계통 억제, 발암 위험(인체)
물리적 위험	가연성이 매우 높은 액체 또는 증기로 증기는 증발연소를 야기할 수도 있고, 물질의 흐름 또는 혼합에 의하여 정전기가 발생할 수도 있음.
잠재적 건강영향	• 흡입 　– 단기간 노출: 자극, 구역, 구토, 흉통, 호흡곤란, 불규칙 심장박동, 두통, 졸음, 현기증, 지남력 상실, 수면장애, 감정변화, 떨림, 조정(기능) 손실, 시력 불선명, 폐울혈, 내출혈, 혈액장애, 마비, 혼수 　– 장기간 노출: 저체온 또는 발열, 혈압 변화, 구역, 위통, 식욕부진, 호흡곤란, 불규칙 심장박동, 두통, 졸음, 현기증, 정서장애, 조정(기능) 손실, 청력 상실, 시각 장애, 월경 장애, 혈액 장애, 뼈 이상, 생식계 영향, 뇌 이상, 암 • 피부접촉 　– 단기간 노출: 자극, 사망 　– 장기간 노출: 자극, 알레르기 반응, 얼얼한 느낌 • 눈 접촉 　– 단기간 노출: 자극 　– 장기간 노출: 자극 • 섭취 　– 단기간 노출: 자극, 구역, 구토, 흉통, 호흡곤란, 불규칙 심장박동, 두통, 졸음, 현기증, 지남력 상실, 정서 장애, 감정 변화, 떨림, 조정(기능) 손실, 시각 장애, 폐울혈, 내출혈, 마비, 경련, 혼수, 흡인 위험 　– 장기간 노출: 구역, 구토, 설사, 두통, 현기증, 발기불능, 신장 이상, 암

화학물질 유해위험성 정보

MSDS 자료를 제공하는 것만으로는 화학물질과 직업환경의학 관련 지식이 없는 사업주나 근로자에게 화학물질에 대한 정확한 정보 (유해성의 우선순위)를 전달하는 것은 쉽지 않다. 〈표 1〉에서 보는 것처럼 MSDS의 유해위험성에 대한 정보는 평면적이어서 근로자의 시각으로는 어느 것이 흔하고 위중하여 중요하고, 어느 것이 희귀하고 경미하여 크게 신경을 쓰지 않아도 되는지를 알기 어렵다. 이를 보완하기 위해 공단에서는 상대적으로 독성이 높고 흔히 쓰이는 화학물질 700여 종을 선정하여 근로자용과 관리자용(사업주용)으로 화학물질 유해위험성 정보를 만들었다.

간편한 화학물질 유해위험성 정보는 공단 홈페이지 '사업안내– 산업보건–작업환경개선–콘트롤 밴딩'에 올라와 있다. 이 700여 종은 국내외에서 직업병을 일으켰던 물질은 모두 포함하고 있다. 근로자용에는 근로자 수준에서 쉽게 이해할 수 있는 아주 간단하고 중요한 정보만을 제공하고 있다. 관리자용에서는 사업주가 취해야 할 관리조치에 대한 정보를 기술하고 있다. 근로자에 대한 화학물질교육에 많은 시간을 쓰지 않아도 근로자용 유해위험성 정보만 보면 쉽게 중요한 정보만을 알 수 있도록 만들었다.

콘트롤 밴딩

사업주는 산업안전보건법에 의해 매년 2회 작업환경측정을 하고 있다. 작업환경측정 결과보고서를 보면 사업주가 화학물질을 어떤 방향으로 관리해야 하는지 잘 알 수 있다. 그런데 작업환경측정은 연

2회 하는 것이어서 밀폐된 자동공정이 아니라면 화학물질 사용량이나 작업방법에 따라 노출수준이 수시로 변할 수 있다. 그렇지만 매번 산업위생 전문가와 고가의 기구장비를 필요로 하는 작업환경측정을 하기는 어렵다. 그래서 사업장에서 수시로 작업환경상태를 파악하고 개선방향을 제시하기 위해 콘트롤 밴딩이라는 제도를 도입했다.

콘트롤 밴딩이란 WHO와 ILO가 개발한 노출수준에 따라 등급을 구분하여 관리해 주자는 제도이다. 공단 홈페이지에 구축하여 주요한 화학물질에 대해서는 사업주 스스로 작업환경 관리방향을 파악할 수 있게 했다. 벤젠을 비롯한 31종의 화학물질은 누구든 업종, 공정, 사용량과 사용온도를 대입하면 5단계의 유해등급과 4단계의 개선대책 방향을 쉽게 알 수 있다.

올바른 화학물질 유해위험성 정보

화학물질의 유해성에 대해서는 너무 무지해도 안 되고, 너무 지나치게 공포감을 가져서도 좋지 않다. 대부분의 근로자는 직업병을 화학물질에 대한 기초적인 정보도 잘 알지 못하는 반면에 일부 근로자들은 MSDS에 적혀진 모든 문구에 민감하게 반응하기도 한다. 약 설명서에 적혀 있지만 현실세계에서는 이러한 부작용이 거의 나타나지 않는 것처럼 화학물질에 대한 유해성 정보도 그 화학물질을 취급한다고 모두 나타나는 것은 아니다. 대부분의 유해성에 대한 정보는 만일을 위한 참고자료이고 통상적으로는 거의 나타나지 않거나 나타나더라도 무시할 만한 수준이다.

유해성에 대한 정보는 직업병 사례나 역학연구를 기초로 하기도 하지만 이는 극히 소수에 불과하고 대부분은 실험실이나 동물실험을 통해 얻어진다. 실제 발생증거가 없다 하더라도 실험연구에서 의미 있는 소견이 나오면 MSDS에는 기록을 한다. 즉, MSDS에는 반드시 인체(근로자)에 나타나는 것을 전제로 하는 것이 아니라 동물실험을 통해 가능성이 예측되는 것을 기록한다.

기본적인 독성실험을 통해 유해성에 대한 정보가 없다면 무해한 것으로 받아들이는 것이 일반적이다. 물론 현재는 안전한 것으로 알려진 물질 중에 나중에 독성이 밝혀지는 경우도 있다. 그러나 모든 화학물질에 대해 완벽한 독성실험을 하고 관리를 하여야 한다는 생각이나, 그러한 자료가 없으면 유해한 것으로 보아야 한다는 생각은 지나친 주장이라고 볼 수 있다.

화학물질의 발암성도 마찬가지이다. 어느 자료에서 발암성이 있다고 기록돼 있다고 해서 이 물질이 실제 발암성이 있는 것은 아니다. 연구자나 전문가 입장에서는 발암성 등 모든 유해성에 대한 기록이 있는 화학물질에 대해서는 끊임없이 실험하고 조사하고 연구하는 자세를 가져야 한다. 반면, 근로자들은 확실히 알려진 유해성을 넘어서는 정보에 대해 지나치게 민감한 반응을 할 필요는 없다. 사업주의 입장에서는 잘 알려진 유해성에 대해서는 최대로 예방조치를 하여야 하되, 모호한 증상과 징후에 대해서는 포괄적 예방조치를 하면 충분하다고 본다.

화학물질의 유해위험성에 대한 정보는 수없이 많더라도 중요한 유해성 한두 가지에 대해 집중적으로 알리고 관리하는 것이 화학물질에 의한 직업병을 예방하는 지름길이다.

2. 건설업 재해를 줄이기 위한 PQ제도

우리나라의 사망사고 십만인율은 선진국에 비해 세 배 이상 높은데, 특히 건설업에서 높다. 2010년에 사망사고자는 1,383명이었는데 이 중 40.2%인 556명이 건설업에서 발생한 사망사고자이다. 최근 10년간 사망사고자 수에서 건설업이 차지하는 백분율은 매년 40% 내외로, 건설업의 근로자 수 백분율 19%나 손상자 수 백분율 25%에 비해 높다. 그리고 건설업 사망사고자의 58%는 추락에 의한 사망자이다. 우선 건설업의 사망재해를 줄이지 않고서는 사망사고 재해율을 선진국 수준으로 낮출 수는 없다.

건설업에서는 사망재해를 포함한 재해를 줄이기 위해 1993년부터 PQ제도의 점수산정에서 재해율을 추가하고 있다. 'PQ제도'란 입찰 참가자격 사전심사제(Pre-Qualification)를 말하는데 건설공사에서 입찰에 참여하고자 하는 자에 대하여 사전에 시공경험 · 기술능력·경영상태 및 신인도 등을 종합적으로 평가하여 시공능력이 있는 적격 업체에게만 입찰참가자격을 부여하는 제도이다.

건설 시공발주에서 기본적으로는 최저가를 제시하는 시공업체가 낙찰받을 수 있지만, 최소한의 자격요건은 갖추어야 한다. 즉, PQ제도에 의한 기본적인 점수는 넘어야 입찰자격을 유지할 수 있다. 그런데 PQ점수를 산정하는 지표에 시공사의 재해율을 포함함으로써 재해가 많이 발생하는 시공업체의 입찰자격을 제한하고 있다. PQ점수에 포함하는 재해율의 반영방식은 초기에는 감점으로 시작하여 가감점으로 산입됐다가 현재는 가점으로만 포함하고 있다.

일부 사업주는 PQ제도에 재해율을 적용하는 것은 헌법에 위배된다고 하여 헌법소원도 청구했으나 2007년 헌법재판소에 의해 각하됐다. 그럼에도 불구하고 건설업계에서는 여전히 PQ제도에 환산재해율을 포함하는 것에 대한 불만이 많다.

환산재해율에 대한 이해

재해는 경미한 것보다 사망 등 중대한 재해에 의한 피해가 크므로 PQ제도에 의한 재해율을 산정할 때 사망재해는 가중치를 주고 있다. 이를 환산재해율이라고 한다. 사망재해에 대한 가중치는 1993년 시작 당시에는 일반재해의 15배로 정했으나 몇 차례 변경돼 현재는 10배로 하고 있다. 그러나 사망재해라도 사업주의 책임이 없는 경우에는 가중치를 부여하지 않고 일반재해와 같은 비중으로 산정한다.

처음에는 환산재해율 산정에 모든 산재가 포함됐다. 여기서 말하는 산재는 산재보상이 되었거나 고용노동부에 신고한 밝혀진 산재만을 의미한다. 그러나 산재 보상된 사례 중에는 사업주의 귀책사유보다는 근로자 복지를 위한 사회복지 차원에 의한 보상사례도 있어 이를 모두 포함하는 것은 제도의 취지에 어긋나는 면이 있었다. 그래서 뇌심혈관계 질환과 같은 개인 지병, 천재지변, 삼자 과실, 체육행사 등에 의한 사망사고는 가중치 부여에서 제외한다.

환산재해율을 산정할 때는 시공사뿐만 아니라 시공에 관여하는 모든 하청업체의 재해도 포함하고 있다. 시공사는 하청업체의 계약에 결정권을 가지고 있다. 그런데 시공사의 PQ점수에 하청업체의 재해자 수도 포함되므로 시공사는 당연히 자기 업체는 물론, 공사 참여 하청업체의 재해발생에도 관심을 갖게 된 것이다. PQ제도에 가점되는 환산재해율의 점수는 2점으로 매우 작지만, 시공사 간의 다른 지표가 비슷해지면 환산재해율의 점수에 의한 영향력은 상대적으로 높아질 수도 있다.

본말 전도된 환산재해율 줄이기

환산재해율의 점수는 '재해 수가 적거나 아니면 적게 나타나거나,[60] 가중치가 높은 사망재해가 적으면' 낮아진다. 그러므로 환산재해율을 줄이기 위한 첫 번째 방법은 산재예방을 적극적으로 하여 재해발생 자체를 줄이는 것이다. 두 번째는 재해가 발생하더라도 가중치가 높은 사망재해가 적게 발생하거나 또는 발생하지 않도록 하는 것이다.

---

60) 그러나 일부 시공사와 하청업체에서는 재해를 줄이려는 노력과 동시에(또는 별도로) 경미한 재해는 자체적으로 처리하는 경향도 있다. 이를 예방하기 위해 보고의무 위반에 대한 감점을 하고 있지만 여기에서는 논외로 치기로 하자.

사망재해에 대해 최초에는 모두 가중치를 두었다. 그러나 사업주의 귀책사유가 없는 사망재해에 대해 가중치를 두어 제재하는 것은 부당하다고 하여, 현재는 사업주가 귀책사유가 없다고 근거를 제시하는 사망재해의 경우는 가중치를 부여하지 않고 있다. 그런데 이 규정 때문에 시공업체에서는 일단 발생한 사망재해에 대해 과실책임을 면하기 위해 많은 노력을 한다. 과실책임 여부는 법적으로 판단하는 것이므로 변호사를 선임하거나 대형 로펌에 의뢰하게 되고, 자연히 높은 법률비용을 지불하고 있다. 이런 경향은 특히 시공능력이 큰 업체에서 심하다.

최근 3년간 건설업 사망사건 중에서 사업주 과실에 대해 무혐의 처분을 받는 백분율은 점차 증가하고 있다. 무혐의 처분 등으로 가중치를 부여받지 않는 비중이 사망자 수를 기준으로 2007년에 18.4%에서 2009년에는 38.7%로 높아지고 있다.[61] 그리고 가중치가 부여되지 않는 사망재해의 백분율은 시공순위 1,000위 이내 기업보다 100위 이내 기업에서 높게 나타나고 있다. 2007년에는 1,000위 이내에서 사망재해의 4%가 가중치 부여에서 제외된 데 비해, 100위 이내는 26.6%가 제외됐다. 2009년에는 1,000위 이내에서 사망재해의 17%가 제외된 데 비해, 100위 이내는 48%가 제외됐다.

PQ제도에 환산재해율을 포함시킴으로써 안전을 지키면서 우수한 시공능력을 가진 건설업체가 입찰에 참여할 수 있게 됐다. 우수한 건설업체에서는 자연히 재해예방에 많은 투자를 하여 재해자 수를 줄

---

61) 이것은 사업주의 문제제기로 인하여 고용노동부(지청)에서 내사 종결, 검찰의 불기소, 법원의 무혐의 판결결과를 받아 사망자이더라도 가중치를 부여하지 않고 일반 재해자 수로 계산된 분율을 말한다.

이고 있다. 특히 가중치가 높은 사망재해가 발생하는 중대재해를 줄이려고 노력하고 있다. 그런데 사망재해자 가중치 산정에서 사업주의 귀책사유가 없다고 사업주가 요청하는 사례[62]는 제외하다 보니 사업체는 사고예방보다 사고처리에 더 많은 노력을 기울이는 본말전도 현상이 나타나고 있다. 그리고 이 과정에서 발생하는 높은 법률비용 때문에 환산재해율에 대한 불만이 증가하고, 이를 폐지해 달라는 요구도 하고 있다.

환산재해율 산정의 근거

환산재해율 산정에서 사업주의 귀책사유가 없는 사망재해에 대한 가중치 제외는 적절한 것인가?

산재보험법은 사업주의 무과실 책임에 대한 보상을 원칙으로 하기 때문에 산재보상을 받는 모든 재해의 귀책사유가 사업주에게 있는 것은 아니다. 사고에 대한 귀책사유는 사업주의 고의와 과실일 수도 있고, 근로자의 과실일 수도 있으며, 아니면 사유를 밝힐 수 없는 경우도 있다. 그런데 사업주의 귀책사유가 없다고 해서 예방할 수 없는 사고라는 의미는 아니다. 사업장에서 발생하는 사고는 이론적으로는 어떠한 경우든 예방이 가능하다. 그러므로 PQ제도에 환산재해율을 산정하는 것이 재해예방을 위한 목적이라면 일단 발생한 재해에 대해서는 사업주의 귀책사유 여부에 관계없이 모두 포함이 돼야 한다. 사고에 대한 사업주의 귀책사유가 없다는 것은 사업주에게 형사적 책임

---

[62] 사업주가 귀책사유 없음을 증명하는 것이므로 실제 사업주의 귀책사유는 없더라도 사업주가 이에 대한 근거를 제시하지 않으면 여전히 가중치는 부여된다.

을 물을 수 없다는 말이지 사고예방이 불가능함을 의미하는 것은 아니다.

만일 환산재해율 산정에서 사업주의 귀책사유가 없는 사망재해에 대한 가중치를 뺀다는 논리를 인정한다면, 이를 일반재해자 수로 처리할 것이 아니라 아주 제외해야 맞다. 그리고 일반재해자 수 중에서도 귀책사유가 없는 재해는 제외해야 맞다. 그리고 이때 귀책사유에 대한 판단은 전문기관에서 일정한 원칙에 의해야 한다. 사업주 스스로 법률적 도움을 얻어 제출하도록 해서는 곤란하다. 왜냐하면 높은 법률비용을 부담하면 할수록 사업주의 귀책사유가 없다고 판단 받을 가능성이 높기 때문이다.

아울러 우리나라는 죄형법정주의를 택하고 있기 때문에 검사는 처벌할 근거가 없다면 불기소처분을 하고, 판사는 법적 조항에 맞지 않으면 무죄판결을 한다. 검찰에서 무혐의 처리를 한다고 해서 반드시 사업주의 과실이 없다는 의미는 아니다. 사업주의 과실이 인정된다 하더라도 법적 근거가 없으면 불기소처분을 하게 된다.

이런 이유로『안전보건연구동향』2010년 9월호에 소개한, 부산 초고층빌딩 건설현장에서 세 명이 사망한 재해에 대해 검찰은 불기소처분을 내렸다. 과실도 아니고, 사고를 유발한 새로운 설비에 대한 법적 규정이 없어 처벌할 근거가 없다는 이유에 의해서이다.

따라서 환산재해율 산정에서 사회 복지적 보상(통근재해, 뇌심혈관계 질환 등)과 과거환경에 의한 직업병 사망(진폐증, 직업성 암)을 제외한 모든 사망재해에 대해 사업주의 귀책사유와 무관하게 가중치를 부여하는 것이 합당하다고 본다.

환산재해율 산정에서 합리적인 가중치

그렇다면 사망재해에 대해 가중치를 부여하는 것은 정당한가? 정당하다면 어느 수준의 가중치가 적절한가?

경제적 측면에서 본다면 사망재해는 일반재해보다 많은 보상비용이 든다. 산재사고에서 가장 낮은 등급의 장애자에 대한 보상액은 평균 임금의 55일 분이고, 사망자에 대한 보상액은 1,300일 분이다. 대부분의 경미한 재해는 장해가 남지 않는다. 따라서 사망재해는 경미한 재해에 비해 적어도 24배(1,300일 분/55일 분) 이상의 경제적 부담을 유발한다. 그러므로 사망재해에 대해서는 당연히 가중치를 부여해야 하고, 그 가중치는 현재의 10보다는 높아야 한다.

이렇게 사망재해에 가중치를 부여하는 것뿐만 아니라 일반재해도 정도에 따라서 가중치를 부여해야 한다. 일반재해라 하더라도 장애 1등급에 대해서는 장애 14등급에 비해 27배(1,474일 분/55일 분)의 보상액을 지급하고 있다. 그러므로 비용이 많이 들어가는 중대재해에 대해 가중치를 부여하는 것은 당연하다고 본다.

가중치는 요양과 보상에 소요된 비용을 근거로 하거나 장애의 정도를 근거로 할 수 있다. 그러나 이런 결과는 요양이 종결돼야 알 수 있으므로 시간이 많이 걸려 환산재해율 산정에 적용하기는 어렵다. 그렇다면 사고가 발생했을 때 손상 정도에 따라 예상되는 표준 치료기간을 적용하는 것이 가장 적절하다. 대부분 경미한 손상은 한 달 이내의 치료기간을 요하고, 중대한 손상은 3개월 이상의 치료기간을 요한다. 그러므로 가중치를 한 달 이내, 한 달 이상 3개월 이내, 3개월 이상, 사망재해의 4단계로 구분하여 가중치를 적용하는 것이 적절하다고 본다.

[2011년 규정개정으로 2012년부터 사망사고는 사업주의 귀책사유와 관계없이 환산재해율 산정에 모두 들어가고 가중치는 5로 변경됐다.]

3. 화학물질검사의 정확성을 높이는 정도관리

 지금은 전형적인 중금속 중독을 찾아보기가 힘들지만 20년 전만 해도 중금속 중독이 많이 나타났다. 중금속 중독은 증상이나 징후가 뚜렷한 것도 있지만 대부분 심각한 건강영향이 나타나기 전까지는 중금속 중독을 진단하기 어렵다. 다행히 혈액이나 소변 중의 중금속 농도를 분석하는 방법이 있어 이를 중금속 중독의 조기진단 또는 확진 방법으로 사용한다. 혈액이나 소변 중에 포함돼 있는 중금속의 농도는 매우 낮다. 따라서 분석의 정밀도와 신뢰도가 높지 않으면 오차가 매우 클 수 있다.

 근로자들이 중금속 등 화학물질에 노출되는 것을 간접적으로 파악하고 작업환경을 개선하기 위해 공기 중의 중금속 농도를 측정한다. 역시 매우 낮은 농도의 중금속이 함유된 공기를 포집해서 분석하는 것이므로 분석의 정밀도와 신뢰도가 높지 않으면 안 된다. 혈액이나 소변의 중금속 분석이 이물질을 제거하기 위한 전처리과정이 필요하다는 것을 제외하면 공기 중이나 체액 중 중금속 분석방법은 원천적으로 같다.

보통 중금속 등 화학물질의 농도는 공기 1㎥당 몇 ㎎, 혈액이나 소변은 1 l 당 몇 ㎍이 들어 있는가를 측정한다. 즉, 각각 100만분의 1(ppm)이나 10억분의 1(ppb)의 수준으로 분석을 한다. 아주 작은 농도이므로 조금만 잘못되면 분석값이 크게 달라질 수 있다. 당시에는 실제로 그러한 현상이 나타나고 있었다.

1990년대 초반의 시료분석 실태

1980년대 후반과 1990년대 초반에 납, 수은, 카드뮴, 크롬 중독 등 중금속 중독이 많이 발생했다. 그런데 일부에서는 중금속 중독이 제대로 발견되지 않기도 하고, 또는 잘못된 검사결과로 인해 중금속 중독으로 오인되기도 했다.

산업안전보건연구원의 전신 중의 하나인 근로복지공사 직업병연구소에서는 1990년 10월에 실험실 간의 혈액 중 납 농도 분석결과의 차이를 보았다. 결과는 매우 심각했다. 혈액 중의 납 농도가

● 실험실 간 혈액 중 납 농도 분석결과 차이에 대한 보도(한겨레신문 1990.10.26.)

실험실 간에 최대 4배의 차이가 있었다. 같은 혈액시료에 대해 한 기관에

서 20μg/dL라고 한 반면에, 다른 기관에서는 80μg/dL라고 보고했다. 당시 혈액 납 농도의 직업병유소견자 판정기준이 60μg/dL이었으므로 한 기관에 가면 납중독 유소견자가 되고, 다른 기관에 가면 정상 판정을 받게 되는 것이다. 이 조사결과는 한 일간지 신문에 크게 보도됐다.

실제 문제는 카드뮴중독에서 발생했다. 부산의 한 기관에서 분석한 울산의 모 사업장 근로자들의 혈액 및 소변의 카드뮴 농도가 기준값을 훨씬 초과하는 결과를 보였다. 이를 근거로 이 근로자들은 카드뮴중독으로 산재요양신청을 하게 됐다. 그런데 이 근로자들의 혈액 및 소변의 카드뮴을 다시 검사한 결과 정상범위 이내로 보고됐다. 혈액이나 소변의 카드뮴 농도의 시간별 변화를 고려한다 하더라도 적어도 둘 중 하나는 맞지 않는 분석결과였다. 같은 사람에 대한 혈액 및 소변 중 카드뮴 농도가 크게 다르니 카드뮴중독을 결정하지 못하고 많은 시간을 끌게 됐다. 결국 한 근로자는 한국의 분석결과를 믿지 못하겠다고 미국에 가서 검사를 받기도 했다.

중금속 중독 등 화학물질중독이 발생한 사업장에 대한 작업환경측정 결과는 노출기준보다 훨씬 낮은 경우도 많았다. 작업장 화학물질의 공기 중 농도는 여러 가지 작업조건에 따라 달라질 수 있다고 하지만, 중독이 발생할 정도의 사업장에서 공기 중 농도가 정상범위로 조사됐다는 것은 측정결과의 정확성을 신뢰하기 어렵게 했다.

분석결과 차이의 원인과 영향

실험실 간의 분석결과가 다른 것에는 크게 두 가지 원인이 있을 수 있다.

하나는 분석방법이 다르기 때문이다. 당시 일반적으로 사용하던 실험기구를 이용한 재래식 분석방법은 정확도가 떨어졌다. 한편에서는 정밀 분석기기를 이용한 분석이 활발히 이용되고 있었음에도 대부분의 기관에서는 재래식 분석방법을 활용하고 있었다.

다른 하나는 분석능력의 부족이었다. 이미 분석조건이 맞추어진 키트를 이용하는 임상병리검사와 달리 중금속 분석은 분석할 시료에 대해 추출, 희석, 혼합 등의 과정을 거친 후 정밀기기로 분석해야 한다. 이 과정에서 자연히 분석기기의 종류와 관리상태, 분석자의 지식과 경험에 따라 분석결과가 달라질 수 있다. 스스로 기준시료를 가지고 분석하여 비교하기도 하지만 오류를 교정하지 못하는 경우도 많다.

근로자 입장에서 보면 어떠한 분석방법과 어떠한 실험기기를 썼건 간에 같은 시료를 분석했을 경우 오차범위에서는 같은 결과가 나와야 하고 오차의 범위도 가능한 작아야 한다. 같은 시료에 대해 실험실 또는 기관에 따라 결과가 달라진다면 그 결과 전체를 믿을 수 없게 되는 것이다. 사업장이나 예방을 담당하는 입장에서도 작업장의 화학물질 농도 수준을 잘 알지 못하고서는 화학물질을 관리할 수 없다. 화학물질의 공기 중 농도를 정확히 알아야 그 수준에 맞는 환기설비를 할 수 있다. 직업병을 진단하는 입장에서도 혈액 또는 소변 중의 중금속이나 유기용제의 농도에 대한 검사결과를 믿을 수 없어서는 화학물질중독 진단을 제대로 할 수 없다. 화학물질중독은 특이적인 소견을 보이는 경우도 있지만 대부분은 일반적인 질병의 소견과 비슷하기 때문이다.

실험실 정도관리의 시작

이것을 계기로 1992년부터 우리나라에도 산업보건에서 실험실 정도관리가 시작됐다. 실험실 정도관리는 두 가지 방향으로 출발했다. 하나는 작업환경의 공기 중 시료분석 정확도를 보는 작업환경측정 정도관리이고, 다른 하나는 근로자의 생체시료 분석 정확도를 보는 특수건강진단 정도관리이다. 작업환경측정 정도관리는 1992년 출발 당시부터 산업안전보건연구원에서 담당했고, 특수건강진단기관 정도관리는 출발 당시에는 대한산업보건협회에서 담당했다가 1995년부터 산업안전보건연구원으로 이관돼 오늘에 이르고 있다.

작업환경측정 정도관리를 시작한 초기에는 시료 분석결과의 적합률이 50% 정도였다. 연구원에서는 부적합 판정을 받은 기관에 대해 문제점을 분석하고 방향을 제시해 줌으로써 기관들의 분석능력 향상을 도모했다. 많은 기관이 작은 과정상의 실수로 인해 적절하지 못한 결과값을 내고 있었다. 분석결과의 문제점을 지적해 주고 나서 실시한 2회부터는 80% 수준으로 향상돼 현재는 95% 수준의 적합률을 보이고 있다.

2011년은 작업환경측정 정도관리를 시작한 지 20년이 되는 해이다. 현재 작업환경측정 정도관리는 매년 두 차례 실시되고 있다. 중금속은 6종의 물질 중에서 세 가지 물질을 선택하고, 유기용제는 10여 종의 물질 중에서 세 가지를 선택하여 각각 20개의 다른 농도로 표준시료를 제작·배포하고 있다. 정도관리에 참여하는 기관은 배포된 시료를 분석하여 그 결과를 연구원에 보내고, 연구원에서는 기준 실험실의 자료와 통합하여 통계처리를 한다. 통계처리결과, 표준편차의 3

배수가 넘는 결과는 적합하지 않은 것으로 판정하고 있다.

한편, 연구원은 자체의 분석능력 및 정도관리 운용능력을 점검하고 유지하기 위해 1992년부터 미국의 정도관리(IHPAT: Industrial Hygiene Proficiency Analytical Testing program)에 참여하고 있다. 미국의 정도관리는 국립산업안전보건연구원(NIOSH)이 시작하여 지금은 미국산업위생학회(AIHA: American Industrial Hygiene Association)가 운용하는 프로그램이다. 매년 4회씩 정도관리를 받고 있는데, 우리 연구원은 참가기관 중 20여 년간 분석결과의 오차범위가 적은, 즉 결과의 적합성이 최상위 수준을 보이는 몇 안 되는 기관에 속하고 있다.

● 혈액검사용 정도관리 시료 제조과정

정도관리의 향후 방향

정도관리가 실험실 분석능력 향상에 크게 기여했음에도 불구하고 아직도 부정적인 인식이 있다. '전문가 영역에 행정이 지나치게 관여한다', '일부 기관들은 기관끼리 결과를 맞추어 본다', '분석은 잘하지만 정작 중요한 공기 중 시료 채취과정은 관리되지 않고 있어 분석결과가 실제 작업장 노출 농도와는 차이가 있다' 등등이다. 일부 일리가 있는 주장이다.

작업환경측정 결과가 작업장에서 발생하는 상황을 정확히 반영하기 위해서는 세 가지 단계를 모두 만족시켜야 한다. 첫째는 시료에 대한 분석결과가 정확해야 한다. 두 번째는 분석하는 실험실의 전 과정이 체계적으로 잘 관리돼야 한다. 마지막으로는 작업장에서 시료를 포집하는 과정부터 오류가 없게 관리해야 한다. 현재 우리나라에서 실시하고 있는 정도관리는 첫 번째 단계, 즉 실험실에서 분석이 정확한가만을 보는 것이다.

공기 중에 있는 화학물질의 농도를 알기 위해서는 공기시료를 포집해야 하고 이를 실험실로 운반해야 하며 실험실에서 분석해야 한다. 이 모든 과정에서 오차가 발생할 수 있으며 이를 최소화하여야 한다. 현재 하고 있는 결과만을 보는 정도관리만으로는 부족하다는 이야기이다. 그래서 이미 정도관리를 잘 구축하고 있는 선진국에서는 실험실 인증을 하고 있다.

실험실 인증이란, 일회성의 분석결과만 보는 것이 아니라 실험실에서 이루어지는 전 과정을 점검하여 오류를 최소화하도록 한다. 결과도 중요하지만 과정과 절차를 더 중요하게 본다. 절차가 표준화돼 있으면 결과의 오류 가능성은 그만큼 적어지기 때문이다. 더 나아가서는 작업환경측정 전 과정에 대한 질관리가 필요하다. 이것은 작업환경측정대상 선정부터 시작하여, 측정과정, 운반과정, 분석과정에 대한 전반적인 규정준수를 보는 것이다.

분석결과 위주의 정도관리와 달리 실험실 인증이나 작업환경측정 질관리는 현장을 방문하고 정해진 기준에 맞는지를 점검한다. 따라서 현재의 정도관리는 전체적인 질관리 프로그램 중의 한 부분이고, 궁극적으로는 실험실 인증이나 작업환경측정 질관리가 돼야 비로소 작업환경측정 결과에 대한 신뢰성 확보라는 목표에 도달할 수 있다.

더욱더 요구되는 정확한 분석능력

화학물질의 농도가 낮아짐에 따라 정확한 분석능력이 더 요구된다. 화학물질을 대량으로 사용하여 발생하는 중독이 줄어들면서 역설적으로 분석의 정확성은 더욱 중요하게 됐다. 이제는 과거의 높은 농도는 없고 화학물질을 사용하여 노출되는 근로자들도 일반인과 구별이 쉽지 않은 낮은 농도에 노출되고 있기 때문이다. 낮은 농도를 분석하기 위해서는 더욱 정밀하고 정확한 분석능력이 필요하다.

일반인은 물론 전문가들도 자기가 잘 모르는 수치에 대해서는 발표된 자료를 곧이곧대로 믿는 경향이 있다. 미량물질에 대한 분석결과는 같은 시료를 분석하더라도 항상 일치할 수 없다. 일정한 범위의 오차가 있을 수 있다. 좋은 실험실은 이러한 오차를 최소로 줄이기 위해 노력한다. 전문가들은 분석결과 값을 보고 해석할 때 항상 그 값을 낸 실험실의 능력과 경험, 검사결과의 오차범위를 생각해야 한다. 최근의 환경오염에 대한 많은 사건에서 분석능력에 따른 오차를 고려하지 않고 단지 보고된 숫자만을 보고 비교하여 실제 상황을 오해하는 경우도 적지 않게 관찰된다.

산업안전보건연구원이 시작한 작업환경측정분석 정도관리는 2011년에 20주년을 맞아 국제 심포지엄을 개최했다. 이미 실험실 분석과정이 잘 표준화된 미국의 사례와 우리와 비슷하지만 이미 정도관리 수준을 넘어 인증단계로 접어든 대만의 사례가 발표됐다.

PART 6

문제의 직업병 사례

1. 삼성반도체에 백혈병은 정말 많은가?

반도체 업종의 림프조혈기계암(백혈병, 비호지킨 림프종 등)에 대한 역학조사를 마친 지 1년이 넘었다. 대부분 역학조사 결과를 이해하고 수긍하고 있으나 일부에서는 아직 이견을 표출하고 있고, 언론에 가끔 기사가 나니 국회에서도 지속적으로 관심을 보이고 있다. 지난달 외국에서 열린 국제회의에 참여할 기회가 있었는데, 일부 단체의 활동으로 외국의 전문가 중에서도 관심을 보이는 사람이 있었다. 외국의 산업안전보건연구원 원장들도 이 건에 대해 이야기를 들어 궁금해 하고 있었다. 사건의 전말을 설명하자 쉽게 자신들이 알고 있었던 것이 일부 정보이었음을 이해했다.

삼성전자의 반도체공장에서 한 조에 근무하던 두 명의 여성 근로자에게 백혈병이 순차적으로 발생했다. 한 근로자가 산재신청을 했다. 산업안전보건연구원에서는 이 사례에 대해 역학조사를 실시했으나 백혈병을 일으킬 만한 유해요인, 즉 벤젠이나 방사선 노출의 증거는 찾을 수 없었다. 반도체산업의 직업성 유해성이 잘 알려지지 않았고, 한 조에서 두 명의 근로자에게 백혈병이 발생한 것에 의미를 두어 반도체산업 전체에 대한 역학조사를 실시했다. 반도체 업종에서 사용하는 화학물질에 대한 조사를 했으나 백혈병을 일으키는 것으로 알려진 화학물질은 없었다. 한편, 반도체산업에 종사하는 근로자에게 일반인보다 백혈병 발생이 높은가에 대한 조사를 실시했다. 약 10만 명의 근로자에 대해 10년간의 질병발생과 사망을 조사한 결과 백혈병의 발생이 일반인보다 증가하지는 않았다. 조립업무를 하는 여성 근로자에게서 악성림프종이 증가했으나 그 원인이 되는 요인을 찾을 수 없었다. 산업안전보건연구원은 반도체 업종의 질병발생 양상을 지속적으로 모니터링하기 위해 10년의 연구계획을 세워 추진하고 있다. 근로복지공단에 산재신청을 한 백혈병 사례 5건은 모두 불승인됐다. 이들은 이에 불복하여 법원에 행정소송을 제기했다.[63]

이것이 삼성전자 반도체공장 백혈병 사건의 전말이다. 전문가들의 참여와 검증을 거친 역학조사가 끝났음에도 삼성전자 반도체공장의 백혈병 사건에 대한 관심이 사라지지 않는 이유는 무엇일까? 반도체 업체에 근무하거나 근무하다가 퇴직한 근로자가 백혈병 등 악성종양이나 희귀질환으로 진단받은 후 사망했는데, 업무상 질병, 즉 산재로 인정받지 못했기 때문이다.

질병에 걸린 근로자나 유족들은 자신은 잘 알지 못하지만 일하다가 질병에 걸렸으니 산재로 인정받아야 한다고 생각한다. 백혈병은 치료비가 무척 많이 들고, 치료에도 불구하고 예후가 좋지 않을 수도 있다. 산재로 인정받는 것과 인정받지 못하는 것 사이에는 너무 큰 경제적 차이가 있다. 일부 전문가들도 과거 작업환경에 대한 정보 부재와 신산업에 대한 불확실성 등의 이유를 들어 산재로 인정해야 한다

---

63) 이후 2명에 대해서는 행정법원이 불승인을 취소했고 현재 고법에서 심리 중이다.

고 주장한다. 특히 사업장에서 의뢰한 평가에서 일부 물질에 벤젠이 검출되었으니 벤젠 노출이 없다고 한 역학조사는 잘못됐다고 하며, 잘못된 역학조사에 근거한 불승인은 부당하다고 주장한다.

그런데 역학조사를 담당하는 산업안전보건연구원은 자연과학적 근거에 의한 전문가 의견만을 낼 뿐 산재 여부 판단은 근로복지공단의 소관이라고 한다. 근로복지공단은 산업안전보건연구원의 역학조사 결과에서 인과관계를 찾지 못했으니 업무상 질병으로 인정해 줄 수 없다고 한다.

게다가 일부 사람들은 이 건은 화학물질을 사용하는 근로자에게 발생해 당연히 업무상 질병으로 인정받아야 하는데, 힘 있는 대기업에서 발생한 사례라서 인정을 하지 않는 것이라고 의심도 한다. 이러한 주장이 외국까지 알려져 회사에 대한 국제신뢰에 문제가 불거지자 평소에 직업병문제에 관심도 없던(?)[64] 해당 사업장의 최고경영자는 역학조사를 다시 하겠다고 기자회견도 했다.

이러한 주장들은 각각의 입장에서는 모두 일리 있는 것일지도 모른다. 그러나 대부분 사실의 일부만을 취했기 때문에 균형감이 있는 주장이라고 하기는 어렵다. 특히 업무상 질병으로 인정해 주지 않는 것이 역학조사의 잘못이라고 공격하는 것은 적절치 않다.

역학조사와 업무상 질병 관련성

역학조사 결과와 업무상 질병 인정은 관련은 있지만 그 목적과

---

64) 실제 이 회사의 CEO가 직업병에 관심이 있었는지 또는 없었는지 알 수는 없으나, 이 회사의 산업보건 조직이나 그간의 작업환경 및 근로자 건강관리업무형태를 볼 때 관심이 없었다고 판단할 수밖에 없다.

방향은 전혀 다르다. 역학조사는 작업환경과 질병발생의 인과관계를 보는 것이다. 질병발생이 작업환경과 관련성이 높으면 당연히 업무상 질병으로 인정될 것이다. 그러나 대부분의 질병과 작업환경의 관련성을 정확히 밝혀 주기는 어렵다. 질병발생에는 다양한 원인이 있기 때문이다. 백혈병의 원인은 유전자의 이상[65] 때문이거나 바이러스에 의한 원인이 가장 많을 것으로 추정하고 있다.

그러면 우리나라에 백혈병과 비호지킨 림프종[66]은 얼마나 발생하는지 알아보자. 2007년에 우리나라에서 발생한 백혈병은 2,375명 (10만 명당 4.5명), 비호지킨 림프종은 3,244명(10만 명당 5.6명)이었다. 2008년에 우리나라에서 백혈병으로 사망한 사람은 1,507명(10만 명당 3.1명), 비호지킨 림프종은 1,299명이었다. 이들 중 산재보험 적용을 받는 근로자가 몇 명인지는 알기 어렵다. 그러나 우리나라 인구 중 산재보험을 적용받는 근로자는 28% 정도이므로 2007년에는 근로자 중 665명에게 백혈병, 908명에게 비호지킨 림프종이 발생한 셈이다.

이렇다 보니 삼성전자에서 10년에 걸쳐 10여 명의 백혈병과 10여 명의 비호지킨 림프종이 발생한 것이 정말 많이 발생한 것인가에 대해 의심이 들 수 있다. 왜냐하면 삼성전자는 수만 명이 근무하는 대규모 회사이기 때문이다. 그래서 정말 삼성전자 또는 반도체 업체에서 일반인에 비해 백혈병이나 비호지킨 림프종의 발병이 높은지 조사

---

65) 이것은 질병이 발생한 개인의 유전자 복제과정에서 이상이 생겼다는 것으로 집안에 유전적인 소인이 있다는 의미가 아니다. 일부 근로자나 유족들이 집안에 백혈병 환자가 없으니 유전적인 요인이 없다고 주장하는데 서로 의미가 다른 이야기이다.

66) 악성림프종의 대부분을 차지한다.

를 한 것이고, 이것이 역학조사의 골자이다. 결과는 백혈병은 발생이나 사망률 모두 높지 않았고 비호지킨 림프종은 조립생산직 여성 근로자에서 높게 나타났다는 것이다. 물론 조사에는 당연히 여러 가지 제한점이나 한계가 있다. 그러나 현재의 자료로는 최대한 조사를 한 것이고, 오늘날까지 외국에서도 이 정도의 조사연구를 수행한 곳은 없다.

이 결과를 보면 삼성전자에서 발생한 백혈병은 업무와 관련이 있다고 할 수 없다. 하지만 백혈병 발생률이 높지 않다 하더라도 백혈병을 일으킨다고 알려진 확실한 요인, 벤젠과 방사선에 일정 수준 이상으로 노출된 것이 확인된다면 이들의 백혈병이 업무와 관련이 있을 것으로 추정할 수도 있다. 그런데 반도체 업종에서는 근로자들이 노출되는 공기 중에 벤젠은 검출되지 않았다. 벤젠에 노출된다고 모두 백혈병이 발병하는 것이 아니고 일정 수준[67] 이상의 벤젠에 노출돼야 백혈병이 발병한다. 방사선 노출도 확인되지 않았다. 그래서 역학조사에서는 삼성전자 근로자의 백혈병과 업무와의 관련성을 발견할 수 없었다고 한 것이다.

벤젠 노출의 실질적 의미

벤젠 노출 여부에 대한 이견도 있다. 사업주가 의뢰한 위험성 평가에서 한 원료물질에 벤젠이 8.9ppm 함유됐다는 보고서 때문이다.

---

67) 일정 수준이라 함은 10ppm · 년을 말한다. 공기 중 농도 1ppm 수준으로 40년을 일할 때 백혈병 발생 확률이 두 배 증가하는 것으로 알려져 있다. 이 수준을 40ppm · 년이라고 한다. 그러나 40ppm · 년은 두 배 이상으로 발생하는 수준을 말하는 것이므로 그 이하에서도 발생이 가능하다. 그래서 우리나라에서는 10ppm · 년을 기준으로 하고 있다.

여기서 공기 중 벤젠의 기준이 1ppm인데 8.9ppm이나 함유돼 있다는 것은 매우 높은 농도로 보이고, 더구나 벤젠은 그냥 검출됐다는 것만으로도 백혈병 발병의 원인으로 생각할 수 있다는 주장이 나왔다. 이는 일리가 있어 보이는 주장이지만 일부 사실만을 강조하여 전체를 균형있게 전달하지는 못하고 있다.

원료물질에 8.9ppm이 있다는 것은 원료물질에 0.00089% 포함돼 있다는 것이다. 금에 이 정도의 불순물이 있으면 순도 99.999% 순금이 된다. 이 정도의 벤젠이 함유된 물질이라면 공기 중에 증발돼 확산되면 훨씬 더 낮은 농도가 되고, 이는 백혈병 발생과는 아무 관련이 없는 아주 낮은 농도가 된다.

휘발유에는 벤젠이 함유돼 있다. 우리나라의 환경기준은 가솔린은 0.7% 이내(즉, 7,000ppm)의 벤젠 함유량만을 허용한다. 그럼에도 자동차를 사용하면 공기 중에는 벤젠이 배출된다. 도로변 벤젠 농도는 0.5ppb 수준[68]이 된다. 따라서 매일 휘발유를 사용하는 우리 주변의 공기에는 아주 낮은 농도의 벤젠이 있다. 성능이 좋은 기기로 아주 낮은 농도 수준[69]까지 분석하면 우리 주변 어디건 벤젠이 나오지 않는 곳이 없다. 따라서 사업장의 역학조사에서 0.1ppm 이하 수준은 조사 자체를 하지 않는다. 의미가 없기 때문이다.

연구원은 반도체 공정 전체에 대해 추적관리를 하고 있다. 2009년에 작업장 내외의 공기를 채취하여 고성능기기로 분석했는데 벤젠 농도는 자연노출 수준인 0.3ppb 이하이었다. 2006년도 환경관리공

---

(68) 1ppb는 10억 분의 1로 1ppm의 1/1,000 수준이다. 공기 중 벤젠 1ppb 수준에 1,000년 노출되면 1ppm · 년의 누적량에 노출된다.

(69) ppm의 1/1,000인 ppb(10억 분의 1), 또는 ppm의 1/1,000,000인 ppt(1조 분의 1)

단이 발표한 서울지역 벤젠 농도 0.33~0.46ppb보다 낮고, 2000년 대구지역 도심 도로의 평균 1.18ppb보다는 훨씬 낮은 수치이다.

[2011년도 추적조사에서는 조립공정에서 부산물로 추정되는 벤젠이 자연노출 수준 이상으로 검출됐는데, 공기 중 농도는 0.1~9.9ppb 으로 여전히 노출기준에 비해 매우 낮은 수준이었다.]

역학조사 방법의 타당성 여부

역학조사에서 평가한 작업환경은 과거에 백혈병 환자들이 근무한 환경과는 다르기 때문에 결과를 신뢰하기 어렵다는 주장도 있다. 직업성 암 질환은 대부분 5~10여 년 전의 발암물질 노출에 영향을 받기 때문에 암질환의 업무 관련성을 조사하는 역학조사는 과거의 작업환경을 완전히 똑같이 평가하기는 어렵다. 현재의 작업환경을 조사하고, 해당 공정의 과거자료를 취합하여 검토하며, 국제적으로 문헌에서 보고되고 있는 그 업종에서 노출될 가능성이 있는 화학물질에 대해 전문가들이 추정하게 된다. 산업안전보건연구원의 역학조사평가위원회 또한 이러한 과정을 거쳐 삼성전자 반도체공장의 백혈병 발생이 벤젠이나 방사선 등의 노출에 영향을 받은 것은 아니라고 다수가 판단하였다. 물론 과거 작업환경 자료의 모호성을 들어 관련이 있다는 소수의 의견도 있었다.

혹자는 사업장이 제출한 자료만으로 과거의 노출을 평가했기 때문에 믿을 수 없다거나, 숨겨진 자료에서 벤젠 또는 방사선 등이 고농도로 사용되었을 증거가 있을 텐데 연구원이 조사하지 못했다고 의심하고 있다. 물론 연구원은 사업주가 보유한 자료가 100% 연구원으로 제출되었는지 확인할 수 있는 방법은 없다. 그러나 만에 하나 사업주가 그러한 자료를 숨겼고, 과거에는 벤젠이나 방사선 등의 노출이 심각했다면 반도체 업종의 백혈병이나 림프종 발생자가 현재보다 더 많았어야 하는데 반도체 제조업 역학조사 결과 과거에 환자가 더 많이 발생했다는 근거는 없었다.

특정한 업무 근무자에서 암이 더 많이 발생했으므로 특정 라인만을 대상으로 발생률을 다시 계산해야 한다는 주장도 있다. 그러나 현재까지 연구원이 확인한 삼성전자 반도체공장의 백혈병 환자는 특정 라인에 근무한 근로자나 특정 업무를 수행한 근로자에 편중된 현상은 보이지 않고, 다양한 라인과 전체업무에서 흩어져 있다.

업무상 질병 인정의 원칙과 방향

업무상 질병 인정은 근로자에게 발생한 질병을 산재보험으로 보상해 줄 것인가를 결정하는 것이다. 질병의 원인은 매우 다양하다. 직업적 원인에 의해 발생할 수 있으나 이를 확실히 증명하기는 매우 어렵다. 그래서 일정한 기준(직업병 인정기준)을 마련해 놓고, 이 기준에 맞으면 인정을 해 주는 것이다. 합당한 기준이 없으면 관련 전문가들이 모여 합의해 판단한다. 근로복지공단에서는 역학조사 결과와 관련 전문가들의 판단에 의해 업무상 질병으로 인정할 수 없다고 판단했다.

그렇다면 왜 산업안전보건연구원과 근로복지공단은 판단의 근거를 서로 떠넘기기 하는 것처럼 보일까? 이는 서로 다른 역할 때문이다.

연구원의 역학조사는 자연과학적 인과관계를 판단한다. 그래서 결과에 대한 토의도 직업환경의학, 산업위생을 전공한 자연과학 전문가로만 구성된 역학조사평가위원회에서 한다.

반면, 근로복지공단에서는 사회과학적 판단을 한다. 업무상 질병은 의학적 정의가 아니라 사회적 정의이기 때문이다. 즉, 일정한 기준을 넘으면 업무와 관련이 있다고 생각해서 보상을 해 주자고 합의하게 된다. 그래서 의사, 변호사, 사회복지학자, 노무사, 행정가로 구성된 질병판정위원회가 있다. 자연과학적 판단을 한 역학조사 보고서를 참고하여 사회과학적 판단을 한다. 역학조사 보고서가 인과성이 있다고 보고하면 판단이 쉬울 것이다. 그러나 인과성을 발견하지 못했다 하더라도 사회과학적 판단에 의해 업무상 질병으로 인정할 수도 있다.

뇌심혈관계 질환을 업무상 질병으로 인정하는 것이 대표적인 예이다. 엄격한 의학적 의미에서 뇌심혈관계 질환 발생은 대부분 업무와 관련이 없다. 그러나 과로나 스트레스가 있다면 관련성이 있다고 사회적으로 정의하고, 이에 부합하면 업무상 질병으로 인정하여 보상해 주고 있다.

따라서 근로복지공단에서 불승인했다면 그것은 단지 역학조사 결과만을 근거로 하는 것이 아니라 사회과학적 판단을 더해서 관련이 없다고 판단했을 것이다. 결국 역학조사 때문에 업무상 질병으로 인정받지 못했다는 주장은 옳지 못하다.

역학조사에서 관련성이 있다고 한다면 자연과학적 근거가 있어야 하고, 이는 예방에 환류돼야 한다. 역학조사에서 백혈병에 업무 관련성이 있다면 그 원인이 있을 것이고, 이 사업장을 포함한 동종 사업장에서는 그 원인을 제거하여 향후 같은 질병이 발생하지 않도록 해야 한다.

사회과학적 판단에 의해 화학물질을 사용하는 환경에서 일했고 이 사람들의 백혈병의 원인을 달리 찾을 수 없으므로 업무상 질병으로 인정한다면 같은 조건의 다른 근로자들, 즉 매년 수백 명이 될 수 있는 백혈병 발병 근로자들도 모두 업무상 질병으로 인정해야 한다.

역학조사, 산재보상, 그리고 사회복지

이도 저도 아니라면 일을 하다가 원인 모르는 치명적인 질병에 걸린 근로자로서는 불만이 생긴다. 일하던 중 발생한 질병이 업무상 질병으로 인정이 되지 않는다면 도대체 산재보험은 왜 존재하는지에 대한 반문이 있을 수 있다. 그런데 산재보험에서 근로자의 모든 질병을 해결하는 것은 아니다. 이것은 건강보험이나 상병연금[70]과 같은 사회보험 또는 사회보장에서 해결해야 할 일이다.

매년 약 600여 명의 근로자에게 백혈병이 생긴다고 추정할 수 있는데, 이들 모두를 업무상 질병으로 인정할 수는 없을 것이다. 이를 인정한다면 다른 질병들도 모두 업무상 질병으로 인정하고 산재보험에서 부담을 해야 하는데, 이는 사업주의 책임 범위를 넘어선다. 그래서 근로자가 질병에 걸렸을 때 최소한 경제적인 이유로 치료를 중단하는 일은 없도록 하고, 무소득상태에 빠지지 않도록 사회복지가 발

---

70) 질병에 걸린 사람에게 소득을 보전시켜 주는 것이다. 우리나라에서는 일을 하지 못할 때 실업급여를 받을 수 있으나 개인적인 질병에 의한 경우는 실업급여도 받지 못한다. 유럽의 국가에서는 질병의 업무 관련성과 무관하게 질병으로 소득이 없는 경우 사업주 또는 국가가 일정 수준의 소득을 보전해 주고 있다.

전해야 한다. 영국과 같은 사회복지형 국가에서는 국민건강서비스가 이 역할을 담당하고, 사회보험을 추구하는 국가에서는 일정 기간(수 주~수개월)은 질병의 원인과 관계없이 사업주가 부담하도록 하며, 그 이후에는 국가가 책임지는 사회복지제도를 운영하고 있다.

결국 삼성전자 반도체공장 백혈병 문제의 시작은 업무와 질병과의 연관성 문제였으나, 결과는 사회보장의 문제이고 사회복지가 본질이다. 업무와 질병과의 연관성 문제는 역학조사로 일단락됐다. 이제는 역학조사의 정확성 문제가 아니라 업무상 질병에 대한 사회적 판단의 문제이다. 또는 산재보험에 의한 보상이 아니라 사회복지를 어떻게 확대할 것인가에 대한 문제이다.

산업보건의 발전을 위해서 다양한 주장이 제기되고 논의되는 것은 열린 사회의 필수적 조건이다. 삼성전자 반도체공장 근로자들의 백혈병이 정말 직업에 의해 발생한 것인지, 산재보험으로 보상이 돼야 하는지, 아니면 어떤 방식으로든 사회가 책임져야 할 의무가 있는지에 대해 여러 주장이 제기될 수 있다. 여러 의견 중에서 업무 관련성에 대해서는 자연과학적 근거에 의해서, 보상에 대해서는 사회적 합의를 통해서 합리적 방안이 제시될 수 있을 것이다. 근로자 복지에 대한 제도적 미비를 지적하는 것과 직업병의 인과성을 규명하는 것을 혼동하여, 역학조사과정을 의심하거나 역학조사 자체를 폄하하는 것은 직업병 예방을 위한 역학조사나 산재보상 또는 사회복지제도의 발전 등 어느 쪽에도 도움이 되지 못한다.

2. 한국타이어 근로자 사망
—본질은 무엇인가?

역학조사

2006년부터 2007년 사이 1년 6개월 동안에 한국타이어에서 13명의 근로자가 사망했다. 이 중 7명은 심혈관계 질환 또는 심장질환으로 사망했다. 타이어 제조공정에서는 고무제조와 관련된 각종 화학물질이 사용된다. 제조과정에서 분진이 많이 발생하는 공정도 있고, 유기용제나 고무에서 나는 특유한 냄새가 나기도 한다. 카본블랙이라는 물질에 의해 주변 환경도 시꺼멓게 보인다. 타이어를 가공하는 과정에서 고열이 발생하고 소음도 심하다. 이미 벤젠에 의한 백혈병이나 노말헥산에 의한 말초신경염이 발생하여 직업병으로 인정받은 사례도 있다. 근로자들은 사망의 원인이 이러한 화학물질에 의한 것이라고 의심했다. 당연한 생각이다.

대전지방노동청에서는 2007년 10월에 안전보건공단에 역학조사를 의뢰했다. 산업안전보건연구원은 짧은 시간에 역학조사를 하여 2008년 2월에 결과를 발표했다. 결과는 한국타이어에서 2006년에 심혈관계 질환에 의한 사망률이 일반인에 비해 5.6배 높은 것으로 나타났다. 심혈관계 질환 사망의 원인은 유기용제 등 화학물질은 아니었다. 심혈관계에 독성 영향을 주어 급성 사망을 일으키는 것으로 알려진 화학물질은 이 사업장에 없었다. 심혈관계 질환에 의한 사망은 고열 및 교대근무가 영향을 주었을 가능성, 즉 개연성이 있었다. 농도는 낮았지만 폐암의 원인이 될 수 있는 다핵방향족화합물도 검출됐다. 이에 따라 개별 산재신청에 대한 평가에서는 고혈압 등 기존의 위험이 있는 근로자에게 고열작업이나 교대근무 또는 과도한 업무가 있는 경우에 발생한 심혈관계 질환 사례와 발암물질 노출이 추정되었던 일부 폐암의 경우에는 업무 관련성이 인정됐다. 이들은 산재요양 승인을 받았다. 그러나 그 이외의 질병, 즉 뇌암이나 비인두암 같은 암이 고무타이어 제조업에서 많이 발생한다는 것은 보고된 바 없으며 유기용제가 이러한 암의 원인이 된다는 것도 아직 과학적으로 인정되지 않는 사실이다.

나노분진의 건강영향

역학조사 발표 후에도 일부 근로자들은 결과를 믿지 않았다. 여전히 한국타이어의 전·현직 근로자에서 사망자가 많고, 이것은 유기용제 등 화학물질 중독에 의한 것이라고 생각하고 있다. 일부 전문가들이 주장한 타이어 제조공정에서 발생할 수 있는 나노분진 또는 미세분진에 의한 심혈관계 질환 사망이 증가한다는 의견과 작업환경측정이 적절하지 않을 수도 있다는 의견은 이들의 의심을 더 공고하게 했다.

나노분진은 기왕에 알려진 입자보다 크기가 매우 작아 건강에 영향을 줄 가능성은 있다. 그러나 나노분진에 의한 건강영향에 대해서는 아직 제대로 알려진 바가 없다. 나노분진 자체의 독성 여부에 대해서 논란이 있을 정도로 초보단계의 연구가 진행되고 있다. 타이어 제조공정에서 나노분진이 발생하는지, 발생한다면 어떤 나노분진인지에 대해 조사된 적이 없었다. 그러므로 근로자가 설사 나노분진에 노출됐다 하더라도 이것과 한국타이어 근로자들의 심혈관계 질환이나 다른 질환에 의한 사망과 직접적으로 연결하여 생각할 수는 없는 형편이다.

나노분진을 포함하는 미세분진과 심혈관계 질환 사망과의 관계에 대해서도 현재로는 알려진 것이 없다. 대기오염물질로 10um 이하의 크기가 작은 미세분진이 증가할 때 심혈관계 질환 사망이 증가한다는 보고가 있을 따름이다. 아직 대기오염물질이 심혈관계 질환 사망의 원인임이 확정되지도 않은 상태에서, 그리고 타이어공장에서 발생하는 분진의 성격에 대해 알지 못하는 상태에서 이것이 심혈관계 질환의 원인일 가능성이 있다는 주장은 지나친 논리의 비약이다.

역학조사에서 작업환경측정을 실시했다. 한국타이어에서 사용하는 화학물질에 대해 조사하고 노출 가능한 모든 근로자에게 작업환경측정을 실시했다. 조사대상 화학물질은 사업장에서 취급하는 물질뿐 아니라, 현재 취급하지 않더라도 심혈관계 질환이나 암을 일으키는 것으로 알려진 물질을 포함했다. 조사대상은 직접 유기용제를 쓰는 근로자뿐 아니라 그 주변에서 작업하여 간접적으로 노출될 수 있는 근로자까지, 노출이 가능한 모든 근로자를 포함했다. 그 결과 심혈관계 질환의 급성 발생의 원인이 되는 화학물질은 검출되지 않았다. 그리고 그 외 모든 유기용제는 노출수준이 매우 낮아서 심혈관계 질환에 영향을 줄 수 없다고 판단했다. 백혈병의 원인이 되었던 벤젠이 함유된 솔벤트는 더 이상 사용하지 않았다. 그런데 이 측정결과 중 일부가 다른 기관이 역학조사 전이나 후에 측정한 결과와 차이를 보여 믿기 어렵다는 이견이 있었다. 그러나 그 차이는 노출기준보다 훨씬 낮은 수준의 범위 내에서 나타나는 차이였다. 측정결과는 측정시점에 따라 당연히 차이가 날 수 있는데, 그 차이가 노출기준을 초과하는 수준으로 차이가 나거나 십 수 배의 차이라면 당연히 측정의 오류를 생각해 봐야 하지만 여기에서는 그러한 차이는 아니었다. 그 외 작업 전 청소를 했다는 것, 회사 측 직원이 측정기기 한 대를 측정 직후 이송했다는 것은 전체 결과에 영향을 주는 사안이 아니다. 아울러 심혈관계에 영향을 주는 물질이 아니라면 노출기준을 초과했다 하더라도 이건의 원인과는 무관하다는 것이다.

추가 역학조사

산업안전보건연구원에서는 이들의 주장과는 별도로 역학조사 평가위원회의 권고에 따라 2008년에 추가 역학조사를 했다. 조사내용은 분진 중의 미세분진을 확인하고, 건강관리행태에 영향을 미치는 조직문화를 알아보기 위한 것이었다. 2009년 4월에 추가조사결과를 발표했다.

추가조사에서는 한국타이어에서 발생하는 고무분진의 입자크기를 나노입자 수준의 미세분진까지 분석했다. 외국에서도 아직 작업환경측정에서 고무흄을 나노입자 수준까지 조사한 자료는 없었다. 한국타이어에서 발생하는 미세분진의 입자크기 분포는 대기오염물질에서 발생하는 미세분진의 입자크기와 달랐다. 대기오염물질의 주성분인 디젤배출연소분진은 5nm 입자크기가 가장 많은 반면에 한국타이어의 고무흄은 100nm 크기가 가장 많았다. 따라서 현재의 결과로는 나노분진을 포함한 미세분진이 한국타이어 심혈관계 질환의 사망과 관련이 있을 것이라는 추론을 뒷받침하기 어렵다. 만일 미세분진과 관련이 있다면 심혈관계 질환 사망이 발생한 부서와 미세분진이 많이 발생하는 부서가 일치하여야 하는데, 심혈관계 질환은 분진농도와는 무관하게 산발적으로 발생했다. 그러므로 현재의 결과로서는 한국타이어에서 발생한 심혈관계 질환이 나노입자를 포함한 분진이나 화학물질에 의해 발생했을 가능성은 거의 없다고 할 수 있다.

조직문화

조직문화조사에서 한국타이어는 통제적인 조직구조와 생산을 경쟁적으로 장려하는 조직문화를 가지고 있었다.

회사 측에서 추가 역학조사에 크게 거부감을 보여 조사 착수시기가 늦어지게 됐다. 회사 측과 협의로 선정한 근로자들에 대한 사내집중조사 결과와 회사를 퇴직하고 산재를 신청한 근로자에 대한 퇴직근로자 조사결과에서 회사의 조직문화를 바라보는 시각은 매우 큰 차이가 있었다. 사내집중조사 근로자는 과거보다는 현재와 미래를 강조한 반면, 퇴직 근로자는 과거의 상황에 대해 주로 진술했다.

추가 역학조사에 대한 저항적 태도, 조사대상 근로자 선정에 대한 적극적 관여, 회사 측의 산재처리 태도에 대한 퇴직 근로자들의 불신감 등을 볼 때 한국타이어의 조직문화는 통제적이고 경직되며 경쟁적인 특성을 가지고 있었다. 그러나 일반적으로 생각하는 것처럼 한국타이어의 근로자는 직무요구도가 지나치게 높거나 직무자율성이 떨어진다고 보기는 어려웠다. 직무안정성도 높았다. 생산성 측면에서 볼 때 이러한 조직문화가 반드시 부정적이라고만 할 수는 없다. 다만 이러한 조직문화는 개인의 건강관리행태에 긍정적인 영향을 미치지 않으므로 반드시 보완적인 보건관리체계를 가지고 있어야 한다.

그렇지만 한국타이어의 보건관리 실태는 매우 취약했다. 많은 유해요인을 가진 사업장에서 보건관리는 작업환경·작업조직·인적 관리가 체계적으로 이루어져야 한다.

법적인 보건관리자 인력은 확보하고 있었으나 수많은 물리화학적 유해요인이 있는 사업장임에도 불구하고 산업위생분야 전문인력이 없었다. 근로자의 고령화가 진행됨에도 불구하고 근로자의 기초질환을 관리할 직업환경의학 전문인력을 채용하거나 자문을 받은 사실이 없었다. 산업간호인력은 확보하고 있었으나 잦은 이직으로 인해 전문성이 뛰어나다고 볼 수도 없었다. 보건관리가 전문영역으로 분리되지 않고 환경과 안전의 일부로 포함돼 있었다. 2008년 이후 많은 부분이 개선됐으나 보건관리의 전담조직은 현재로도 확보되지 않고 있다.

이러한 보건관리체계의 미흡은 근로자의 낮은 건강수준으로 나타났다. 2007년 임시건강진단에 의한 한국타이어 근로자들의 고혈압 유병률은 2005년 국민건강영양조사의 일반국민 고혈압 유병률보다 높다. 고혈압 유병률이 높으면 심혈관계 질환 사망이 증가하는 것은 잘 알려진 사실이다. 2007년 흡연율은 67.3%로 국민건강영양조사의 흡연율 53%보다 높았다. 2008년도의 흡연율도 60%를 넘고 있다. 흡연은 심혈관계 질환 발생 및 사망의 주요한 원인 중의 하나이다. 다빈도 음주율도 높았다.

한국타이어에서 2008년 이전에 건강증진을 위한 운동프로그램을 운영했다는 근거는 없었다. 금연도 휴게실을 금연공간과 흡연공간으로 구분하는 초보적인 단계였다. 심혈관계 질환으로 사망한 근로자 7명 중 3명은 비만, 3명은 과체중, 1명은 정상체중이었다. 한국타이어 근로자의 75%가 교대근무를 하고 있고, 일부는 고온환경에서 근무하고 있다.

그러므로 한국타이어에서 심혈관계 질환 사망이 2006~2007년에 갑자기 증가한 것은 고혈압, 동맥경화증 등 기초질환이 있는 근로자가 적절한 보건관리를 받지 못해 심혈관계 질환이 발생하고 사망하게 된 것이다. 이 과정에서 교대작업 또는 고열작업도 영향을 받았을 것으로 추정할 수 있다.

근로자 건강관리

그럼에도 불구하고 일부 근로자들은 역학조사 결과를 믿지 못하고 있다.

분명히 유기용제 등 화학물질이나 나노분진 등 미세분진에 의한 것이라고 생각하고 있다. 그들이 그렇게 믿게 된 이유는 한국타이어에서 사용하는 화학물질의 특성 때문이 아닌가 싶다. 카본블랙은 조금만 사용하여도 작업장을 더럽히기 때문에 일반인의 입장에서 보면 아주 나쁜 작업환경처럼 보인다. 일부 유기용제는 건강상의 영향이 없는 낮은 농도에서도 냄새가 난다. 일반인들은 냄새가 나면 건강에 영향을 줄 것으로 생각하게 된다.

한국타이어의 산재 처리에 대한 입장도 영향을 주었을 것이라고 추정된다. 한국타이어에서는 산재를 산재로 처리하지 않고 회사에서 일반 또는 공상 처리한 경우가 많았다. 그 결과 2007년에는 21건이었던 것이 2008년에는 203건으로 급증했다.

재직 중 산재질환을 산재로 처리하지 않았던 것을 보고 일부 근로자들은 회사의 건강관리 태도에 대해 부정적인 인식을 하게 된 것 같다. 이로 인해 집단 돌연사가 언론에 보도되면서 질병에 이환된 많은 퇴직 근로자가 이에 동조하는 현상을 보이고 있다.

심혈관계 질환의 원인이 되는 동맥경화증은 나이가 들면 누구나 발생한다. 평소의 건강관리에 따라 정도의 차이가 있을 뿐이다. 동맥경화증은 나이가 들면서 동맥 안쪽에 과잉 지방이 쌓여 좁아지는 것을 말하는데, 심하게 진행돼 증상이 나타나기 전까지는 일반적인 검사로는 잘 알 수가 없다. 건강하다고 생각하던 사람에게서 심혈관계 질환이 발생하여 갑자기 사망하는 것이 이 때문이다. 동맥경화증이 있는 사람에게 심혈관계 질환을 일으키는 요인으로는 비만, 고지혈증, 흡연, 스트레스 등이 잘 알려져 있다.

심혈관계 질환 중 급성심근경색증이 발생하여 사망하면 마치 건강한 사람이 갑자기 사망한 것처럼 보인다. 실제로는 심혈관계 질환을 일으킬 수 있는 동맥경화증을 가지고 있는 경우가 대부분이다. 외형적으로는 고혈압, 비만, 고지혈증으로 나타날 수도 있지만 육안이나 검사에서 이상이 없는 것처럼 보일 수도 있다.

한국타이어 사건은 두 가지의 중요한 교훈을 주고 있다. 첫째는 근로자의 기초질환에 대해 관리하고, 기초질환이 없는 근로자라 하더라도 중년 이후에는 건강증진을 통해 관리를 해야 한다는 것이다. 사업장의 보건관리는 법적인 작업환경측정이나 특수건강진단을 했다고 해서 완결되는 것이 아니다. 작업환경측정은 안전하고 쾌적한 작업환경을 만들기 위한 수단이고, 특수건강진단은 근로자의 건강을 관리하기 위한 수단인 것이다. 작업장의 환경관리와 근로자에 대한 건강관리가 완결돼야 비로소 사업장에서 보건관리가 제대로 된다고 할 수 있다.

두 번째는 사업장이 취급하고 있는 화학물질에 대해 근로자에게 올바른 정보를 제공하여 교육하여야 한다는 것이다. 모든 화학물질에는 각각 특성이 있어, 그 특성에 따라 독성을 나타내는 장기가 다르다. 혈액에 영향을 주는 화학물질이 반드시 심혈관이나 다른 장기에 독성을 일으키는 것은 아니다. 근로자들에게 평소에 화학물질의 유해성에 대한 정확한 정보를 주어, 화학물질에 의한 건강장해에 대하여 부정확한 판단을 하지 않도록 하여야 한다.

3. 이황화탄소 중독 인정기준 제정 배경

　　업무와 관련하여 발생하는 손상과 질병에 대해 보상을 해 준다. 보상을 하기 위해서는 업무와 관련하여 발생했다는 사실을 확인하는 것이 핵심사항이다.

　　사고에 의한 손상은 사고가 발생한 상황이 있고 업무시간 중에 작업공간 내에서 발생하므로 사실 확인이 어렵지 않다. 이에 비해 질병은 발생상황이 있는 것도 아니고 업무시간 중이거나 작업공간 내에서만 발생하는 것도 아니다. 그러므로 업무상 질병은 개별 사례를 조사하여 원인과 결과를 따져야 업무 관련성을 판단할 수 있다. 조사과정은 시간이 많이 걸리고, 비용이 많이 든다. 그래서 조사를 줄이고 업무 관련성 여부를 신속히 결정하기 위해 각국에서는 업무상 질병 인정기준을 가지고 있다.

　　업무상 질병 인정기준은 과학적 사실을 근거로 하지만 사회적 합의도 중요하다. 같은 질병에 대한 각국의 인정기준이 차이가 나는 이유이다. 20여 년 전에 문제가 되었던 이황화탄소 중독사건도 마찬 가지이다. 질병이 발생하지 않아야 하지만 일단 발생하면 빨리 적절한 보상이 돼야 문제가 해결되는데 당시에 인정기준이 없어 그러하지 못했다. 그래서 회사 측 추천 의사와 근로자 측 추천 의사가 모여 일일이 합의해서 결정할 수밖에 없었다.

이황화탄소 중독 인정기준 개정 과정

이황화탄소 중독 환자 발생이 증가하면서 1991년에 인정기준이 만들어졌지만 두 개의 질병이 나타나야 이황화탄소 중독으로 인정했기 때문에 실제 질병이 나타나도 중독으로 인정받기는 어려웠다.

1992년에 노동부는 직업환경의학회에 인정기준 개정을 의뢰했다. 직업환경의학회는 고려대학교가 중심이 돼 개정안을 만들었다. 이때 서울대학교 보건대학원이 원진레이온 근로자 전체에 대해 역학조사를 실시하고 결과를 발표했다. 역학조사 결과를 바탕으로 개정안도 제시했다. 인도주의실천의사협의회는 별도의 인정기준안을 제시했다.

세 가지의 인정기준은 서로 크게 차이가 나서 노동부의 입장이 곤란하게 됐다.[71] 원진 근로자와 재야 세력은 역학조사 결과를 바탕으로 인정기준을 대폭 확대하도록 연일 노동부를 압박했다. 노동부에서는 산업안전보건연구원(당시는 산업보건연구원)에 세 가지 안을

---

71) 당시는 노동부의 재해보상과가 직접 산재보상을 담당했다. 산재보상업무는 1995년에 근로복지공단이 신설돼 이관됐다.

검토하여 최종 인정기준을 만들어 줄 것을 요청했다. 산업안전보건연구원은 1993년 2월 18일에 서울 팔레스호텔에서 직업병심의위원회를 열어 전문가의 의견을 모아 합의된 인정기준안을 만들었다.

세 가지 안의 이견은 '한 가지의 질병만 나타나도 인정할 수 있는 항목'과 '복수로 나타나야 인정할 수 있는 질병에 추가돼야 할 항목' 이었다. 두 가지 이상의 질병이 나타나야 하던 인정요건을 특이 소견은 한 가지만 나와도 인정하자는 것인데, 어느 것까지 인정할 것인가에 대한 이견이 있었다.

직업병심의위원회는 각 대학의 직업환경의학 교수들과 서울대학교 협력위원, 그리고 연구원 내부위원으로 구성돼 있었다. 질병에 대한 임상적 소견에 논란이 있어서 해당 임상분야별로 전문가를 초청했다. 안과·신장내과·신경과·가정의학과 교수를 초청했다. 일부 교수는 서면 의견으로 대신했고, 진단에 참여했던 일부 위원은 참

● 1993년 이황화탄소 인정기준을 토의하기 위한 직업병심의위원회

석하지 않았다. 근로자들도 회의장 밖에서 시위를 하고 있었다. 근로자들의 요구를 받아들여 원진 노동조합 산업안전부장을 포함 3명이 회의에 참관하도록 했다. 노동부의 담당 국장, 과장, 사무관도 참관했다.

이황화탄소 중독 인정기준의 방향

작업환경 노출요건을 10ppm 이상에서 10ppm 내외로 변경하는데는 이견이 없었다. 사실 당시까지 연구 결과에 의하면 10ppm 이상으로 해도 충분하지만 과거의 기록을 확인하기 어려운 상태에서 환경이 좋아진 현재의 결과만을 기준으로 하면 적합하지 않았기 때문에 여유를 둔 것이다. 아직도 대부분의 국가는 10ppm 또는 20ppm을 기준으로 하고 있다.

질병에서 단독으로 인정 가능한 항목을 망막의 미세혈류, 다발성 뇌경색증, 신장 조직검사상 모세관 간 사구체경화증으로 정했다. 다발성 말초신경염을 넣자는 주장도 강했으나 이는 제외했다.

레이온 공장의 이황화탄소 중독은 독일에서 처음 시작돼 약 30년을 주기로 대륙을 옮겨 다니며 발생했다. 이황화탄소 중독은 전신에 손상을 주어 아주 다양한 종류의 질병으로 나타났고, 발생하는 시기와 지역에 따라 특징적인 소견이 발견됐다.

가장 흔한 것은 유기용제의 일종이므로 뇌 조직에 손상을 주는 중추신경계질환이었다. 노출 정도가 낮은 경우에도 동작이 둔해지며, 단기 기억력이 감퇴하고, 집중력이 떨어지는 것 같은 신경행동기능의 장애가 나타났다. 그 외에 정신질환, 말초신경질환, 망막변성, 신장장해, 감각신경성난청 등이 나타났다.

일본에서 발생했을 때는 망막에 미세혈관류가 많이 발견됐다. 형광 안저촬영이라는 검사방법이 도입된 덕분이었다. 우리나라에서도 형광 안저촬영에서 망막에 미세혈관류가 많이 발견됐다. 망막색소변성의 소견도 나타났다.

우리나라에서는 신장질환이 독특하게 나타났다. 당시 서울기독병원[72]에서 입원하고 있던 30여 명의 근로자는 대부분 요단백이 나타났고 만성신부전을 앓고 있었다. 신장질환이 많이 나타나서 근로자들이 초기에 신장내과를 주로 가게 되고 다수가 조직검사를 하게 됐다. 조직검사 소견은 당뇨병에서 보이는 소견과 유사한 사구체경화증이 나타났으나 위치가 달라 모세관 간 사구체경화증으로 명했다.

이황화탄소 중독은 동맥경화증도 유발하여 유럽에서는 허혈성 심질환이 증가했다. 그러나 우리나라에서는 허혈성 심질환보다는 다발성 뇌경색증(뇌졸중)이 더 많이 발생했다. 혈관을 손상시키는 기전에 의해 노출 인구집단에서 흔한 질병이 많이 나타난 것이다. 그래서 이 세 가지, 즉 망막색소변성을 동반한 망막 미세혈관류, 모세관 간 사구체경화증, 다발성 뇌경색증은 한 가지만 나타나도 이황화탄소 중독으로 인정하는 단독 요건으로 정리했다.

서울대학교 보건대학원 역학조사에서 많이 나타나서 문제가 되었던 다발성 말초신경염은 단독 요건에서는 배제했다. 신경검사에서

---

72) 현재의 원진 녹색병원 자리에 있던 병원이다. 이곳은 1979년에 한국노동운동과 민주화의 한 획을 그은 YH무역농성사건의 YH무역회사가 있던 장소이다.

체온보정이 되지 않아 과다 평가됐고, 다발성 말초신경염의 원인이 워낙 다양하여 단독 요건으로는 인정하기 어려웠기 때문이다.

서울대학교 보건대학원 역학조사를 근거로 당뇨는 제외됐고 고혈압은 추가됐다. 관상동맥질환 이외의 심장질환도 제외하여 현재 사용하고 있는 최종안을 도출했다.

미완의 인정기준

이황화탄소 중독 인정기준을 개정하면서 해결하지 못한 것도 있다. 중독증 인정 기간의 제한에 관한 것이다. 직업병심의위원회에서 논의를 했으나 결론을 내지 못하고 다음과 같이 정리를 하여 노동부에 보고했다.

일본의 이황화탄소 중독증 인정기준에 의하면 일부 항목은 이직 후 6개월 이내에 증상이 나타났을 때에만 인정하고 있고, 이황화탄소 중독증에서 나타나는 대부분의 증상과 소견이 노화 현상과 무관하지 않으므로 이직 후 기간을 제한하지 않고 인정기준에 적합하면 이황화탄소 중독증으로 인정해 주는 것은 적절하지 않다. 그러나 현재 우리나라에서는 퇴직 당시 이황화탄소 중독증에 대한 정확한 진단이 되지 않았고, 아직 우리나라 근로자들의 예후에 대한 연구가 충분히 나오지 않았으므로 이러한 문제는 차후에 논의하자고 했다. 그렇지만 15년이 지난 현재까지 인정기준의 제한에 대한 검토는 이루어지지 않았고, 지금도 과거의 기준을 그대로 사용하고 있다.

중지성성(衆志成城)

원진레이온 근로자들은 정부에 인정기준 확대를 강력하게 요구했다. 그런데 전문가 단체에서 제시한 개정안이 달라 서로 대립하고 있었다. 인정기준 확대를 요구하던 어떤 전문가는 "회의를 한다고 해서 참석하지만 합의가 되겠느냐?"라고 걱정을 했다. 그러나 제각각 이야기하던 전문가가 처음으로 한 자리에 참석하고, 서로의 주장을 경청함으로써 합의안을 도출해 낼 수 있었다. 모두 서로 다른 분야의 전문성을 인정하고 그들의 의견을 받아들였기 때문이다.

첨예하게 대립했던 내용에서 설득과 양보로 합의안을 도출해 냈던 당시에 비해 20년이 지난 오늘의 직업병 논쟁을 보면 오히려 퇴보한 듯하다. 최근의 직업병 사태를 지켜보면 일부 전문가는 상대 전문가의 전문성조차 인정하지 않고 자신의 의견만을 끝까지 주장하는 경향이 있다. 자료를 정확히 판단할 수 없는 근로자나 국민을 대상으로 자신의 주장만이 가장 공정한 것처럼 설명하기도 한다. 그러나 이러한 행태는 일반 근로자들에게 전문가 전체에 대한 불신을 유발하여 결국에는 자신의 전문성이나 권위를 떨어뜨릴 수도 있다는 것은 나만의 생각일까? 의견이 다를 때 서로 양보하면서 합의해 나가는 것은 우리 모두에게 필요한 전문가의 윤리는 아닐까?

4. 죽은 자는 알고 있다

군에 다녀온 남자들에게 잊지 못할 기억이 있다. 피티(PT)체조이다. 총기를 다루는 위험한 작업을 하기 전에 정신을 바짝 차리라고하는 훈련이다. 숫자를 세면서 힘이 드는 체조를 하는데 같은 동작을 4의 배수로 반복하면서 마지막에는 구령을 넣지 않는다. 만일 마지막에도 구령을 넣는 훈련병이 있으면 그 배수인 8회를 하여야 한다. 다시 했을 때도 역시 마지막에 구령을 넣는 훈련병이 한 명이라도 나오면 16회를 반복해야 한다.

이쯤 되면 마지막에 정신 차리지 못하고 구령을 붙인 친구에게 모두 짜증을 낸다. 그런데 모두에게 마지막까지 구령을 붙이라고 하면 실수함이 없다. 아니 실수가 드러나지 않는다. 실수를 없애기 위한 가장 좋은 방법은 바보도 틀리지 않도록 제도를 만들면 되는 것이다.

하인리히의 주장에 의하면 산재사고 원인의 88%는 근로자의 불안전한 행동이고, 10%는 불완전한 기계나 물리적 환경이며, 2%는 예방할 수 없는 것이 원인이라고 한다. 근로자가 조금 정신을 차리고 안전수칙을 지켰더라면 사고가 나지 않았을 것이라는 주장이다. 이를 근거로 근로자의 안전에 대한 무지를 지나치게 강조하는 분위기도 있다.

그러나 다시 보면 이렇게 황당한 주장도 없다. 88%의 근로자가 불안전한 행동을 해서 발생하는 사고라면 그것은 근로자의 행동을 개선하여 해결할 수 있는 것이 아니고 기계나 설비의 개선을 통하여 해결할 수 있는 문제이기 때문이다. 사람이 정신을 차려서 사고를 예방할 수 있는 것이 아니라 기계나 설비를 안전한 것으로 바꿔야 한다.

하인리히의 주장은 기계산업이 발달하지 않았던 1920년대의 상황에 근거한 것으로 현재의 산업환경과는 큰 차이가 있으나 아직도 그가 주장한 재해원인에 대한 사고(思考)가 우리의 안전의식을 지배하고 있는 것이 안타깝다.

이해하기 어려운 추락사고 상황

2010년 7월 27일 부산 아이파크 건설현장에서 3명의 근로자가 220m 높이에서 작업발판이 추락하여 사망했다. 아직 최종 조사결과가 나오지 않았지만 언론에 보도된 자료에 의하면 65층 높이에서 약 3.5톤의 거푸집 및 외벽공사용 작업발판(RCS: Rail Climbing System, 이하 작업발판이라 함)을 제거하던 중 작업발판을 크레인으로 고정하기 전에 작업자들이 작업을 서두르기 위해 미리 안전핀과 레일고정 덮개(슈라고 부름)를 제거해서 추락했다고 한다. 그 근거로 작업발판

● 크레인으로 외벽공사용 작업발판을 고정하고 안전핀을 제거하는 실험광경

을 벽체에 고정했던 안전핀과 레일고정덮개는 파손 없이 모두 개방돼 있었다는 것이다. 만일 레일고정덮개가 파손돼 추락했다면 파손된 흔적이 남았을 것이기 때문이다.

　작업 현장에는 사망한 근로자 3명과 크레인을 조종하는 기사, 그리고 크레인 작업 보조자 2명 등 6명이 있었다. 사고가 발생한 후 회사 측이 경찰에 연락해서 경찰이 현장에 가서 1차 조사를 했고, 그다음에 관할 고용노동부 지청이 현장으로 조사를 갔다. 그다음에는 관할 고용노동부 지청의 요청에 의해 관할 지역 안전보건공단 직원이 맨 마지막으로 현장을 방문했다. 공단 직원이 현장에 도착했을 때는 사고가 발생한 지 두세 시간 정도밖에 지나지 않았지만 현장은 모두 잘 정리돼 있었다고 한다.

　여기서 상식적으로 생각하면 220m의 상공에서 외벽에 매달린 작업발판을 제거할 때 어떤 사람이 작업발판 고정 등의 안전조치를 하지 않은 상태로 그 작업발판을 안전하게 건물 외벽에 매달아 주고 있는 안전핀과 레일고정덮개를 제거할까 하는 의문이 든다. 더구나 한 사람도 아니고 세 사람이 작업을 했는데……. 사람은 심리적인 위험과 공포를 느끼면 한 발짝도 움직일 수도 없는데…….

작업발판의 구조는 3층으로 돼 있는데 각 층마다 건물과 작업발판을 고정시켜 주는 고정 장치(Climbing Shoe를 포함한 고정 장치 일체를 말함)가 2개씩 있으며, 중간층 고정 장치의 걸림쇠에 작업발판의 걸림 볼트를 올려놓고 고정장치의 레일고정덮개(Shoe)로 작업발판의 레일을 잡은 다음 안전핀을 꽂아 레일고정덮개가 열리는 것을 방지한다. 작업발판은 외벽작업을 할 때 유압실린더를 이용하여 상승시키며, 맨 아래층의 고정장치를 맨 위층에 이동 설치해서 작업한다. 그리고 건물 외벽작업이 끝나면 작업발판을 해체하게 되는데 해체작업은 타워크레인으로 작업발판을 들어서 안전한 상태로 유지하고, 고정장치의 안전핀을 뽑고 레일에 걸려 있는 레일고정덮개를 개방하면 작업발판과 건축물은 완전 분리된다. 분리된 작업발판은 크레인을 이용하여 지상으로 운반된다.

이번 재해에서는 건물 외벽작업을 끝내고 작업발판을 해체하는 과정에서 작업발판에 있던 근로자 3명이 추락했다. 작업발판 3개 층에 설치된 6개의 고정 장치 중 맨 아래층 2개와 맨 위층 2개는 쉽게 해체할 수 있다 한다. 그러나 힘을 가장 많이 받는 중간층의 고정 장치 2개 중 1개만 제거하여도 3.5톤이나 되는 작업발판의 모든 무게가 고정 장치 1개로 집중되므로 작업자가 안전핀과 레일고정덮개를 쉽게

풀지 못할 것으로 예상할 수 있다. 그런데 잠정 조사결과는 작업발판이 크레인에 고정되지도 않은 상황에서 근로자들이 작업을 서두르기 위해 안전핀과 레일고정덮개를 모두 풀었고, 풀자마자 떨어졌다는 것이다.

불안전한 행동 이전에 인간은 본능이 있다. 인간은 위험한 상황에 처하면 반사적으로 움직인다. 그리고 위험이 예측되면 실행에 옮기지 못한다. 더구나

● 작업발판 추락실험에서 위쪽 연결부 위를 제거하자 발판이 분리되는 모습

사망한 사람 중 한 명은 안전관리자로 항상 안전교육을 하고, 안전조치를 하지 않으면 어떠한 상황이 벌어질 것이라고 예견할 수 있는 위치에 있었다.

그간의 많은 추락사고 사례를 보면 전문가들조차도 추락사고는 정말 이해하기 어려운 상황이 많다고 자조한다. 소위 근로자의 불안전한 행위가 사고를 유발했다는 것이다. '죽은 자는 말이 없으니' 정말 그런지 알 수 없다. 불안전한 행동에 의한 사고가 많다면 불안전한 행동이 있어도 사고가 나지 않도록 해야 하는 것 아닌가?

산업안전보건연구원에서는 작업발판에 설치된 6개의 고정장치 중 5개의 안전핀과 레일고정덮개를 풀고도 정말 나머지 1개를 쉽게

풀어 작업발판이 추락할 수 있는지를 직접 실험해 보기로 했다.

작업발판을 임대해 주는 회사에 설치된 동일 기종의 작업발판으로 안전핀과 레일고정덮개를 제거해 보기로 했다. 이동식 크레인으로 작업발판을 연결한 후 줄걸이를 약간 느슨하게 하여 작업발판이 고정하지 않은 상태의 무게를 유지하도록 했다. 만일 안전핀과 레일고정덮개가 모두 풀려 작업발판이 추락하여도 바로 크레인으로 잡아 주도록 하여 안전을 유지했다. 작업발판 맨 아래층과 맨 위층 고정장치의 안전핀과 레일고정덮개는 손 또는 가벼운 힘만으로도 쉽게 제거됐고 제거한 후에도 작업발판에 아무런 변화는 없었다. 다음에 가운데에 고정된 2개의 안전핀과 레일고정덮개 중 한쪽을 제거했다. 제거하는 데는 큰 힘이 필요했다. 안전핀은 망치로 아래에서 위로 쳐 주어야 제거됐고, 레일고정덮개는 지렛대를 이용하여 풀어 주어야 가능했다.

그런데 지렛대를 이용하여 한쪽의 레일고정덮개를 풀자마자 작업발판은 한쪽으로 덜컹 주저앉았다. 크레인으로 잡아 주고 발판이 지면 30cm 위 정도에 설치됐으므로 그 이상 내려앉지는 않았으나 고공에서는 한쪽으로 얼마나 기울어질지, 아니면 나머지를 풀지 못하고 추락할지 알 수 없었다. 작업발판 한쪽이 바닥에 닿아서 남아 있는 1개의 연결 부위에 3.5톤의 하중이 모두 걸리는 것은 아니었지만 마지막 안전핀과 레일고정덮개도 망치와 지렛대를 이용하여야만 제거할 수 있었다. 아울러 모든 안전핀과 레일고정덮개가 없다면 중간층의 양쪽 고정장치의 걸림쇠에 레일 걸림 볼트를 걸친다 하더라도 작업발판은 측방향 중량 때문에 즉시 이탈되는 것을 확인했다.

사고는 220m 상공에서 3.5톤의 작업발판이 건물의 외벽에 걸린 채 벌어진 것이니 실제 상황이 어떠했을까 짐작이 간다. 만일 근로자가 정말 무지하고 안전의식이 없어 작업을 서두르기 위해 크레인으로 고정되지 않은 상태에서 작업발판 중간층 한쪽의 안전핀과 레일고정덮개를 제거했다면 작업발판은 한쪽으로 크게 기울어졌을 것이다. 220m의 고공에서 작업발판이 한쪽으로 기울어지는 상황에서 마지막 안전핀과 레일고정덮개를 제거하는 담력 있는 사람이 몇이나 될까? 이것은 지적 판단에 의한 것이 아니고 본능적 반사이므로, 설사 지적 능력이 떨어지는 사람이라도 하지 않을 행동이다.

과연 이 사건도 기술이 발달되지 않았고 사업주의 시각에서 보았던 1920년대의 하인리히 법칙을 들어 근로자의 불안전한 행동이 추락의 원인이라고 할 수 있을까? 위 상황을 잘 이해해 본다면 작업발판이 고정되지 않은 채 근로자가 여섯 군데의 안전핀과 레일고정덮개를 모두 분리하는 상황은 거의 일어나지 않을 것이라고 추정할 수 있다. 그렇다면 근로자들이 안전수칙을 무시하고 안전핀과 레일고정덮개를 미리 분리한 것이 추락의 원인이라고 생각하는 것은 가장 가능성이 적은 것을 유력한 원인이라고 생각하는 선택의 오류가 아닌지 걱정된다.

전문가에 의한 초동조사 필요성

우리나라에서 사고에 의한 사망이 선진국에 비해 3~5배 높다는 것은 잘 알려진 사실이다. 그런데 사망사고는 특히 건설업에서 많고, 건설업에서도 높은 장소에서 발생한 추락사고에 의한 사망이 많다. 높은 곳에서 추락하여 사망하는 사고를 근로자의 불안전한 행동에 의해 발생한 것이라고 치부한다면 동종의 사고 감소에 대한 희망은 요원하다. 산업안전을 하는 전문가조차도 근로자의 불안전한 행동이 사고의 원인이라고 생각한다면 앞으로도 중대사고 감소는 물론 산업안전의 미래도 없을 것이다. 중대사고 조사가 소홀히 돼 사고의 원인을 제대로 알 수 없기 때문이다.

영국의 산재사고 중 사망의 90% 이상이 '근로자의 불안전한 행동'이 아니고, 설비기계의 결함 또는 사업주의 과실로 밝혀지는 이유는 사고에 대한 초동 조사를 조사 능력이 있는 산업안전보건연구소(HSL)에 직접 의뢰돼 조사하기 때문이라고 한다. 정말 사고를 줄일 생각이 있다면 사고 발생 현장을 정리하기 전에 전문가가 먼저 조사하여야 하는 이유가 여기에 있다.

5. 요통, 갑자기 생기나?
오래 일해서 생기나?

십수 년간 슈퍼마켓에 생선을 배달하는 업무를 하던 40대 초반의 근로자에게 요통이 발생했다. 운반차량에서 생선상자 10개를 가게로 옮기는데 7번째 상자를 들다가 허리가 삐끗했다고 한다. 산재신청을 하여 사고성 요통으로 인정됐다. 생선상자 운반은 이 근로자가 평소에 수없이 반복하던 작업인데, 과연 생선상자 하나를 드는 작업이 허리에 일시적인 급격한 힘의 작용을 주어 '사고성 요통'을 유발시켰을까?

산업재해통계의 연도별 근골격계 질환자 수에서는 조금 이상한 점이 보인다. 2000년에 1,009건이던 근골격계 질환이 2003년에 4,532건으로 크게 증가했다가 2005년에는 2,901건으로 감소했는데 2006년과 2007년에는 다시 각각 6,233건, 7,723건으로 크게 증가하고 있다. 그렇다면 근골격계 질환은 감소하다가 2006년부터 다시 증가하는 것일까?

업무상 사고에는 '무리한 동작'에 의한 재해가 있다. 2000년에는 4,521건에서 2003년에는 7,000건, 2005년에는 6,535건이었는데 2006년과 2007년에는 각각 3,131건, 1,426건으로 크게 감소하고 있다. 과연 '무리한 동작'에 의한 업무상 사고는 감소하고 있는 것일까?

'사고성 요통'을 업무상 질병으로 분류

업무상 질병에서 '신체부담작업'에 의한 질환을 보면 2004년을 정점으로 점차 감소하고 있고 '비사고성·작업 관련성 요통'도 2003년을 정점으로 감소하고 있음에도 불구하고 근골격계 질환은 2006년 이후로 크게 증가하고 있다. 이는 2006년부터 업무상 질병에 '사고성 요통' 항목이 생겼기 때문이다. '사고성 요통'은 2006년에 3,612건, 2007년에 5,769건이 보고됐다. 다시 말해서 2006년부터 증가하는 근골격계 질환자는 실제 새로운 증가라기보다는 과거에 업무상 사고의 '무리한 동작'으로 분류되던 '사고성 요통'이 업무상 질병으로 분류되기 때문이다. 그래서 산업재해통계에서 업무상 사고의 '무리한 동작', 업무상 질병의 '비사고성·작업 관련성 요통'과 '사고성 요통'을 모두 더하면 매년 7,000~8,000명 선으로 일정하다.

그러면 그동안 왜 '사고성 요통'이 업무상 사고로 분류되었을까? 이는 근로자들이 사고에 의해 요통이 발생했다고 주장했기 때문이다. 사람이 허리에 통증을 느끼게 되는 것은 어느 한순간이다. 만성적으로 허리에 부담을 주는 작업수행 여부와는 무관하게 대부분의 근로자들은 처음 통증을 느낄 때 허리에 힘을 주었던 작업이 요통의 원인이라고 생각한다. 산재심사를 담당하는 직원도 대부분 이렇게 생각한다. 심지어는 자문의사나 질병판정위원회의 의사도 이와 같은 생각을 하는 경우가 많다.

그래서 근로자들이 요통을 산재로 신청할 때 평소에는 아무런 이상이 없었는데, 갑자기 무거운 것을 들다가 허리가 삐끗하고 요통이 발생했다고 주장한다. 아니, 이렇게 주장하지 않으면 요통을 산재로 잘 인정받지 못한다. 허리를 삐끗하는 특정 사건을 지목하지 않고 허리에 부담을 주는 작업을 십수 년 하다가 언제부터인가 허리가 아프다고 주장을 하면 산재심사에서 불승인되기 십상이다. 엑스선 소견에서 퇴행성 변화라도 보이면 이 요통은 퇴행성 질환에 의한 것이라고 하여 불승인되기 쉽다. 그래서 너나 할 것 없이 요통이 발생했다고 하는 사람은 특정한 일(무거운 물체를 드는 일)을 하다가 갑자기 허리 통증이 왔다고 진술한다.

요통 발생과 관련한 편견

요통은 크게 세 가지로 분류할 수 있다. 먼저, 일반적으로 허리를 계속해서 구부리거나 무거운 물체를 옮겨야 하는 작업을 오랫동안 하는 경우 허리에 만성적인 부담을 받아 요통이 발생할 수 있다. 이것을 '직업성 만성 요통'[73]이라고 한다. 물론 '직업성 만성 요통'이라도 증상발현에는 계기가 있고, 그것은 급성 요통의 형태로 나타날 수 있다. 그러나 이러한 근로자의 요통은 기본적으로 장기간의 허리부담

---

73) 산업재해보상보험법에서는 비사고성 · 작업관련성 요통으로 기술하고 있다.

작업에 의해 발생한 것이다.

만성적으로 중량물 취급을 하지 않더라도 갑자기 무거운 것을 들다가 요통이 발생하는 경우도 있다. 이것을 '사고성 요통'이라고 한다. '사고성 요통'은 과거 작업과는 무관하게 발생한다. 이는 증상이 발생할 당시에 허리에 받았던 힘과 근육 방어력 사이의 불균형에서 기인한다. 한편, 허리부담 작업과 무관하게 외상에 의해 발생하는 요통을 '이차성 요통'이라 한다. 이때 요통은 허리에 부담을 주는 작업이나 무리한 동작에 의한 것이 아니라 사고로 인한 외상에 의해 이차적으로 발생한 것이다.

「산업재해보상보험법」 시행령의 업무상 질병 인정기준에서 '직업성 만성 요통'과 '사고성 요통'을 잘 기술하고 있다. 근골격계에 발생한 질병의 인정기준 가항[74]에서 기술하는 것이 '직업성 만성 요통'이고 다항[75]에서 기술하는 것이 '사고성 요통'이다.

이와 같이 '사고성 요통'은 갑작스런 무리한 힘에 의해 발생한 것임에도 불구하고 대부분의 근로자들은 '직업성 만성 요통'을 사고에 의한 것으로 기술했고, 산재심사에서도 사고에 의한 요통으로 승인했기 때문에 2005년까지는 대부분의 요통이 업무상 사고의 '무리한 동작' 항목으로 분류돼 왔다. 그런데 업무상 질병 인정기준은 '사고성 요통'을 포함하고 있으므로 이를 업무상 사고가 아니라 업무상 질병으로

---

74) ……근골격계에 부담을 주는 업무로서 다음의 어느 하나에 해당하는 업무에 종사한 경력이 있는 근로자의…… 또는 허리 부분의 근골격계 질환이 발생하거나 악화된 경우 1) 반복동작, 2) 무리한 힘, 3) 부적절한 자세, 4) 진동, 5) 기타 신체 부위에 부담.

75) 신체부담업무의 수행과정에서 발생한 일시적인 급격한 힘의 작용으로 근골격계 질환이 발병.

분류하는 것이 맞다. 따라서 2006년부터는 '사고성 요통'을 업무상 질병으로 분류하고 있다. 그러나 '사고성 요통'도 실제는 '직업성 만성 요통'인 경우가 많다. 요통은 허리에 급격한 힘이 작용하는 사건에 의해 발생한다는 편견 때문이다.

'직업성 만성 요통'에 대한 올바른 인식

서두에 제시한 사례도 일회성 사건에 의한 '사고성 요통'이 아니라 장기간 무거운 물체를 취급하여 만성적으로 발생한 '직업성 만성 요통'으로 보는 것이 맞다. 비록 증상이 어떠한 계기에 의해 발생했다 하더라도 같은 작업을 수없이 반복하던 업무에서 발생한 요통은 '사고성 요통'이 아니라 '직업성 만성 요통'에 해당한다. '사고성 요통'은 평소에 하지 않던 중량물을 갑자기 취급하다가 일시적으로 허리에 급격한 힘이 작용하여 허리가 손상되는 경우를 말한다. 따라서 우리나라에서 '사고성 요통'이라고 인정되는 사례 중 상당수가 '직업성 만성 요통'에 합당하다.

별것 아닌 것 같지만 '직업성 만성 요통'과 '사고성 요통'을 정확히 구분하는 것은 작업장에서 요통을 예방하는 데 매우 중요하다. 사고성 요통이라고 하면 갑자기 허리에 급격한 힘이 작용하는 상황만을 피하면 되지만, '직업성 만성 요통'이라고 하면 작업환경 전반에 대한 점검과 개선이 필요하기 때문이다.

산재심사에서도 만성적으로 허리에 부담을 받는 업무를 하던 근로자에게 요통이 생겼을 때 급격한 힘을 받는 사건이 없거나 엑스선에서 급성 손상의 소견이 없다고 해서 불승인되는 일은 없어야 되겠다. 젊은 나이에 엑스선 소견에서 골극[76]이 보이고 퇴행성 소견을 보이는 것은 오히려 만성적인 부담에 의한 근골격계 질환이라는 반증일 수도 있다.

---

76) 나이가 들면서 뼈끝에 뾰족한 이상조직이 자라는 것으로 흔히 퇴행성 질환 소견이라고 한다. 그러나 이는 장기간 반복적으로 자극을 받아도 생길 수 있다.

6. 석면 사용금지
—국제적으로 어디까지 왔나?

제3회 아시아석면선도(AAI: Asian Asbestos Initiative) 세미나가 2010년 11월 2일부터 4일까지 일본 후쿠오카에서 개최됐다. AAI 세미나는 일본 키타규슈에 소재한 산업보건환경대학(産業醫科大學, UOEH)의 노동생태과학연구소(IISE: Institute of Industrial Ecologic Science)가 주관하여 일본 과학연구재단의 재정 지원과 국제보건기구(WHO), 국제노동기구(ILO)의 후원을 받아 아시아 지역의 석면 사용금지와 석면 관련 질환예방을 위해 개최한 세미나로 이번이 세 번째이다.

첫 번째 세미나는 2008년 일본의 키타규슈에서 개최됐고, 두 번째는 2009년도에 태국의 방콕에서 개최됐다. 이번 회의에는 국제기구와 15개 국가에서 74명의 행정가, 전문가, NGO 활동가들이 참여하여 각국의 석면 사용 실태, 석면 관련 질환, 석면 사용중단을 위한 정책적 방향에 대해 발표했다.

세계에서 매년 9만 명의 근로자가 석면 관련 직업병으로 사망

WHO에 의하면 전 세계적으로 매년 9만 명의 근로자가 폐암, 석면폐, 악성중피종과 같이 석면에 의해 발생하는 직업병으로 사망한다. 그리고 이보다 많은 숫자가 위 세 가지 질환 이외의 석면 관련 질환이나 환경적 노출에 의한 석면 질환으로 사망한다.

석면에 노출되면 악성중피종이나 폐암이 증가한다는 것은 1950년대부터 알려지기 시작했다. 석면공장에서 폐암이 일반인구집단에 비해 10배가 증가하고 석면솜을 이용하여 단열작업을 하는 절연공에서는 악성중피종이 수십 배 증가한다는 연구 결과가 발표됐다. 그 결과로 미국에서는 1975년부터는 단열 목적으로 석면솜을 사용하는 것을 금지했다. 스웨덴에서는 1986년에 세계에서 가장 처음으로 모든 석면 사용을 완전히 금지했다. 이후 유럽연합(EU)에서는 석면 사용 금지 정책을 시행하여 1990년대에 대부분의 국가에서 석면 사용을 전면 금지했고, 2005년부터는 모든 EU 국가에서 석면 사용을 전면 금지하고 있다.

영국에서는 1900년대 초반부터 석면을 사용했다. 제2차 세계대전 중인 1940년대부터 사용이 급속히 증가하여 1965년경에 최대로 사용했다. 석면은 초기에 선박의 난방배관을 감싸는 단열재로 널리 사용됐다. 단열 목적으로 벽체에 분무제로 사용했다. 석면 사용 증가에 따라 1968년에는 153명이 석면에 의한 악성중피종으로 사망했는데 2008년에 2,249명이 사망했다. 이 중에 1,500명 이상이 산재로

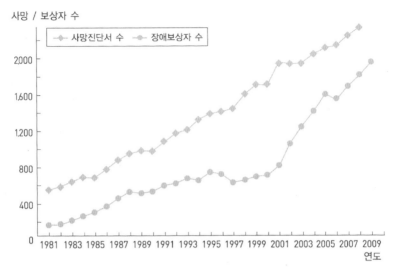

사망 / 보상자 수

— 사망진단서 수   — 장애보상자 수

● 그림 1. 악성중피종 사망자 및 보상자(영국, 1981~2009)

보상을 받았다(그림 1). 2008년에 영국에서 산재사고로 인한 사망이 200명을 넘지 않았는데, 석면에 의한 악성중피종만으로 사망사고자의 7~8배가 넘는 근로자가 사망한 것이다.

석면 사용 약 35~50년이 지난 후에 악성중피종 증가

석면에 의한 직업병이 이렇게 심각해지도록 선진국에서 제대로 대처를 하지 못한 가장 큰 이유는 석면에 노출된 후 오랜 기간이 지나서 질병이 발생하기 때문이다. 영국에서 악성중피종은 처음 석면 사용이 증가하기 시작한 35년 후인 1975년부터 증가하기 시작했다. 석면 사용은 1999년에 완전히 금지했는데, 악성중피종 발생은 계속 증가하여 2016년경에 정점을 보일 것으로 예상하고 있다. 석면 사용과 악성중피종 증가는 약 35~50년의 차이가 난다. 이것은 유럽의 모든 국가에서 나타나는 공통적인 현상이다.

　일본은 유럽에 비해 악성중피종 증가가 늦게 나타났다. 2000년 이전에는 악성중피종의 숫자가 많지 않다가 2000년 이후 들어 폭발적으로 증가하기 시작했다. 2001년까지는 악성중피종으로 산재 보상된 사례는 연간 40건 미만이었으나 2009년에는 536명으로 10배 이상 증가했다. 석면에 의한 폐암 보상자도 500여 명을 넘는다. 악성중피종이나 폐암은 치료에도 불구하고 예후가 좋지 않아 대부분 발병 1~2년 후에 사망한다. 석면에 의해서만 연간 1,000여 명의 직업병 사망자가 발생하는 셈이다. 이것은 일본에서 매년 산재사고로 사망하는 숫자와 유사하다. 사망사고자는 앞으로도 계속 감소할 것으로 예측하지만, 2006년에 석면 사용을 전면 중단했음에도 불구하고 석면에 의한 암 발생과 이로 인한 사망은 더 늘어날 것으로 예측하고 있다.

　일본에서 석면 사용량을 보면 1950년대부터 증가했고 1970년대 중반부터 1990년대 초반까지 연간 약 25만 톤 이상씩을 사용했다. 우리나라에서 사용한 것보다 10~20년 앞서서 사용하기 시작했으므로 우리나라에서도 곧 비슷한 양상을 보일 것으로 예상된다. 우리나라는 아직 석면에 의한 암 발생은 높지 않으나 악성중피종은 매년 40~60명 정도 발생하고 있고, 그중 극히 일부만이 산재로 인정을 받고 있다. 그러나 우리나라도 머지않아 악성중피종 발생이 급격히 증가하는 시기가 다가올 것이 확실하다. 석면에 의한 직업성 암은 치료비도 많이 들어가므로 산재보험에서 지불하는 급여비용이 매우 높다. 과거 약간의 경제적 이익이 미래에 엄청난 경제적 부담으로 되돌아오고 있다.

개발도상국에서는 아직 석면에 대해 무관심

석면에 의한 피해가 이렇게 명확히 알려졌는데도 아직도 많은 국가에서 계속 석면이 사용되는 이유는 무엇일까? 석면 사용과 직업병 발생 간에 30년 이상의 시간적 차이가 있기 때문에 석면을 많이 사용하는 당시에는 석면에 의한 직업성 암 발생을 직접 보지 못하기 때문이다. 반면에 석면의 최대 수출국인 캐나다에서는 자국산 석면은 안전하다고 선전하고 있다. 우리나라에서 석면 문제가 처음 제기된 것은 1990년대 초반인데, 당시에는 석면에 의한 악성중피종이 공식적으로 확인된 것이 없었다. 그래서 많은 사람이 우리나라에도 정말 석면에 의한 질병이 발생할 것인가에 대한 의구심을 가졌다. 게다가 캐나다 정부에서는 관련자를 초청하여 석면광산을 보여 주고 암 발생이 증가하지 않았다는 연구결과도 소개했다. 그러나 그로부터 약 20년 후 캐나다산 백석면만을 사용한 석면방직공장 근로자와 주변 주민에게 악성중피종 발생이 크게 증가한 것을 알 수 있다.

이 같은 현상은 개발도상국에서 계속 반복되고 있다. 최근에 석면 사용이 크게 증가하고 있는 인도에서는 석면에 의한 건강장해에 대한 세미나가 열리면 석면회사와 캐나다 정부가 후원하여 석면 안정성에 대한 세미나를 더 크게 연다고 한다. 다른 개발도상국에서도 석면에 의한 직업병자가 없다는 이유로 정책결정자들은 석면 사용금지에 대해 전혀 관심을 보이지 않고 있다.

석면 관련 질환에 대한 예방 방법

석면에 의한 건강피해를 예방하는 방법은 명확하다.

첫 번째는 석면을 사용하지 않는 것이다. 석면의 대체물질은 이미 개발돼 있다. 과거에는 석면대체물질의 가격이 비쌌지만 지금은 20~30% 차이가 날 정도로 가격 차이도 없어졌다.

두 번째는 기존에 사용하던 석면을 잘 관리하는 것이다. 석면은 잘 부수어지지 않으므로 한번 사용하고 나면 오랫동안 우리 주변에 남는다. 석면이 함유된 건축물을 철거할 때 특히 주의를 요한다.

마지막으로는 추적 건강관리를 하는 것이다. 이미 석면에 노출된 사람은 석면 관련 질환이 발생할 가능성이 매우 높다. 그래서 이들에 대해서는 주기적인 건강진단을 통해 질병 발생을 감시하고 질병을 조기에 진단하여 치료해 주는 것이다.

석면 사용중단에 대한 국제적 추세

구미국가에서는 제2차 세계대전과 그 이후에 석면을 많이 사용했으나 이제는 대부분 석면 사용을 완전히 중단했다. ILO는 1986년부터 청석면 사용을 금지하고 백석면을 제한적으로 사용하는 조약을 발효했고 2006년부터 석면을 전면 사용 금지하도록 권고하고 있다. 2010년 현재 석면 사용을 전면 금지한 국가는 우리나라를 비롯하여 50개국이 넘는다. 아시아 지역에서는 일본과 한국만이 석면 사용을 완전히 금지했다. 싱가포르는 전면 사용금지를 선언하지는 않았지만 실제적으로 사용을 하지 않고 있다.

이렇게 전 세계적으로 석면 사용을 금지하고 있으나 아시아 지역에서는 오히려 석면 사용량이 증가하고 있다. 현재도 전 세계적으로 약 1억 2,500만 명의 근로자들이 석면에 노출되는 것으로 추정하고 있는데 대부분은 중국, 인도, 태국, 베트남, 중앙아시아 국가 등 아시아 지역의 근로자들이다. 이들 국가에 대해 이미 석면에 의한 건강 피해를 겪고 있고, 석면 사용금지에 대한 정책적 결정을 한 한국과 일본의 정보공유와 행정 기술적 지원이 절실히 필요하다.

대부분의 화학물질은 아무리 독성이 강하다 하더라도 일단 사용을 중단하면 더 이상 건강장해를 일으킬 염려는 없으므로 추가적인 관리는 불필요하다. 그러나 석면에 의한 피해를 줄이기 위한 대책은 현재 사용하는 나라뿐 아니라 이미 사용을 금지한 나라에서도 계속 필요하다. 석면 사용을 중단했다 하더라도 석면 노출이 완전히 사라지는 것은 아니기 때문이다. 이미 석면을 사용했던 건축물 등이 노후되면서 또는 철거과정에서 석면을 배출한다. 그래서 석면 함유 건물을 관리 또는 해체하는 데 특별한 조치를 하여야 하는데 이에 대한 비용은 석면을 사용하여 얻은 이익의 수십 배에서 수백 배에 달한다. 이미 석면에 노출되는 근로자에 대해서는 평생토록 추적하여 석면에 의한 질병을 조기에 발견하여 치료를 받도록 해 주어야 한다.

국제 사회 선도국가로서 책임을 다해야 할 때

일본은 과거의 유산이 미래의 짐이 되는 경험을 자국 내에서 국한하지 않고 아시아 각국에 전파하려고 노력하고 있다. 그래서 일본 과학연구재단에서는 아시아 지역의 정부, 전문가들이 모여 석면 사용을 중단하고 석면 관련 질병을 예방하려고 하는 프로젝트에 조건 없이 많은 비용을 지불하고 있다. 국제 사회를 선도하는 국가로서 책임을 다하는 모습이 부럽게 느껴진다.

일본 보건노동부는 WHO와 ILO에 매년 150만 달러를 지원하고, 이 중 2/3는 WHO가 아시아 지역에서 석면 예방사업에 사용하도록 하고 있다고 한다. 태국, 베트남과 몽골에 대해 석면 피해를 줄이기 위한 기술 및 전문가 지원도 하고 있다. 물론 우리나라 노동부에서도 ILO 아태사무소에 매년 일정액을 지원하고, 이 중 일부는 산업안전보건 사업에 사용하도록 하고 있으나 아직 일본에는 많이 미치지 못하는 느낌이다. 우리나라의 산업과 산업안전보건 발전에 선진국의 도움을 많이 받았듯이 우리나라도 개발도상국가에 우리의 경험을 알려 주고 행정 기술적 지원을 강화해야 할 시기이다.

7. 후쿠시마 원전사고—우리는 안전한가?

　　1989년에 영광원자력발전소 주변에 거주하던 주민이 무뇌아를 출산하는 사건이 발생했다. 현재는 초음파 등을 이용하여 출산 전에 산전검사로 선천성 기형을 미리 발견하여 조치를 하지만 당시에는 산전검사가 일반화되지 않아 분만하면서 기형을 처음 아는 경우도 많았다. 필자가 서울의 대학병원에서 전공의 수련을 받던 1980년대 중반에 산부인과로 두 달간 파견되었을 때도 경험했을 정도로 무뇌아는 아주 희귀한 사례는 아니었다. 그러나 남편이 원자력발전소에 근무했기 때문에 방사선에 피폭돼 무뇌아가 발생했다는 잘못된 근거에 의한 기사로 인해 이 사건은 삽시간에 원자력 발전에 대한 공포로 변했다.

　　이후 과학기술부(현 교과부)에서는 막대한 비용을 투입하여 원자력발전소 주변에 사는 주민에 대한 방사선 영향 역학조사를 실시하게 됐다. 발전소 주변 주민, 근거리 주민과 원거리 주민으로 구분하여 아주 체계적인 코호트 연구를 했다. 연구결과 원자력발전소 주변 주민들의 방사선 피폭량은 자연적인 수준이었고 암이나 기형의 발생률도 일반인과 차이가 없었다. 조사기간이 짧아 방사선에 의한 영향이 충분히 관찰되지 않았을 것으로 판단돼 2001년부터 2010년까지 10년간 추적 역학조사도 실시했다. 역시 원자력발전소 주변 주민들에게 방사선 피폭에 의한 영향은 없었다. 이 조사에 투입된 예산은 100억 원이 넘었다.

방사능물질은 자연에도 존재

일본에서 지진해일로 손상된 후쿠시마 원자력발전소에서 누출된 방사능물질에서 발생하는 방사선 피폭에 대한 공포가 전 국민에게 확산되고 있다. 방사선으로 인한 건강영향에 대한 시각도 극과 극이다. 우리나라가 일본에 인접해 있으니 방사선에 의한 피해가 클 것이라는 주장과 그렇지 않다는 주장이 팽팽히 맞선다. 방사능 오염의 기준치가 몇 베크렐인데 그 수십 배가 증가했다고도 한다.

물리학이나 원자력공학을 전공하지 않았으면 알 수도 없는 베크렐이란 단위도 전 국민이 알게 됐다. 이는 방사능을 표시하는 단위인데 1큐리가 370억 베크렐일 정도로 미량을 표시한다. 물질을 측정하거나 분석할 때 양이 적어지면 적어질수록 오차의 범위는 커진다. 미량 물질은 오차의 범위를 생각하지 않고 몇 배가 증가했다거나 감소했다거나 해서는 곤란하다. 또한 물질은 공기나 물속에서 확산되면 급격히 농도가 낮아진다. 방사능물질도 예외는 아니다. 당연히 가까운 곳에 있는 사람이 먼 곳에 있는 사람보다 훨씬 높은 농도에 노출되게 된다.

지구상에 살고 있는 한 누구든 방사선에 피폭된다. 방사능물질은 공기 중에도 있고, 먹는 물속에도 있다. 비행기를 타고 상공으로 올라가면 더 많은 양의 방사선에 피폭된다. 지하로 가면 라돈과 같은 자연 방사능물질에 의해 더 많은 방사선에 피폭된다. 다만, 그 양이 매우 적을 뿐이다. 간혹 자연에서 방출되는 방사선량이 많아 이로 인해 건강장해가 생길 수 있다. 일부 지역에서 라돈에 의해 폐암 발생이 증가한다는 것이 그것이다.

방사능물질이 누출돼 인위적인 방사선에 피폭된다 하더라도 아주 먼 거리에서는 피폭선량이 적어 자연방사선량에 미치지 못한다. 방사선이 아무리 건강장해를 유발하는 확실한 물질이라도 노출량이 낮으면 건강장해를 일으키지는 못한다. 단지 건강영향이 크다고 해서 극미량에 노출되는 것에 대해 지나친 공포심을 갖는 것은 풍성학려이다. 적군에 패해 놀란 나머지 바람소리나 학 울음소리에 겁을 먹는 것과 같다.

방사선 노출과 건강영향

방사선은 인류가 다양한 방면에서 유익하게 사용하지만 사람의 건강에 영향을 주는 물질임에 틀림이 없다. 다량에 직접 피폭되면 피부염과 화상을 입게 되고, 만성적으로 피폭되면 각종 암을 유발한다.

방사선을 최초로 발견하고 노벨상을 탄 퀴리부인과 그 딸도 방사선 피폭에 의한 백혈병으로 사망했다. 20세기 초부터 방사선을 흉부엑스선 촬영에 사용하게 되면서 방사선에 노출되는 의료인들에게 백혈병 등 방사선 피폭에 의한 질환이 많이 발생했다. 그때는 방사선의 건강영향과 예방법에 대해 잘 몰랐기 때문이다.

방사선에 의한 대규모 사망은 일본에서 원폭에 의해 발생했다. 원폭으로 히로시마에서 16만 명, 나가사키에서 7만 4,000명이 사망했다.[77] 사망원인은 대부분 열 폭풍에 의한 폭발이나 화상이었다. 이후 살아남은 사람들에게 다양한 종류의 암이 발생했다. 체르노빌 원전사고에서는 134명이 급성 방사선 질환으로 진단됐고 그해에 28명이 사망했다. 2004년까지 19명이 다양한 이유로 사망했다. 주변지역 소아에서는 약 4,000명의 갑상샘암이 발생하여 9명이 사망했다.[78]

이처럼 원전사고가 발생하면 주변지역은 큰 피해를 입는다. 이들의 피폭 수준은 자연방사선이나 대기 중의 극미량의 방사선 수준은 물론, 우리나라에서 방사선에 피폭되는 업무에 종사하는 근로자들의 피폭 수준과도 비교할 수 없을 정도로 높다. 우리나라의 원전에서 사고가 나지 않는 한, 또는 상층기류의 직접적인 영향권에 있는 중국 동부에서 사고가 나지 않는 한, 방사선 피폭을 걱정해야 할 사람은 일반인이 아니라 방사능물질을 직간접적으로 취급하는 근로자들이다.

직업적 방사선 노출

우리나라에서 방사선에 직업적으로 노출되는 근로자는 크게 세 부류이다. 국가 방사선작업 종사자 안전관리센터(KISOE)에 의하면 원자력발전소 근로자, 방사선 발생장치를 취급하는 보건의료 종사

---

77) 이 중 한국인이 각각 3만 명, 1만 명으로 추정되고 있다.

78) 체르노빌 사고로 수천 명이 암으로 사망했다는 신문기사도 있는데, 이는 당시에 2005년까지 발생할 암의 추정치를 잘못 전달한 것이다. 실제 추적조사에 의하면 주변주민에서 백혈병의 발생률은 높지 않았다.

자, 산업체나 비파괴검사 근로자 등으로 각각 1만 명 정도로 파악되고 있다. 이들 중 가장 많은 양의 방사능물질을 취급하는 근로자는 원전 근로자이지만 가장 높은 수준의 방사선에 피폭되는 근로자는 비파괴검사 근로자이다. 2008년에 비파괴업체 근로자의 평균 노출선량은 2.71mSv(밀리 시버트)이고, 원자력발전소는 0.93mSv이다. 1mSv는 일반인이 자연상태에서 1년간 피폭되는 선량이니 원자력발전소는 그 두 배 정도 피폭되고, 비파괴검사업체 근로자는 4배 정도 피폭된다.

이것은 평균값이고 중요한 것은 개별적으로 노출되는 선량이다. 우리나라는 다른 나라와 마찬가지로 연간 피폭선량을 50mSv로 규정하고 있는데, 2008년에 이를 초과한 근로자는 없고 10mSv를 초과하는 근로자는 비파괴에서 약 320명, 원전에서 182명으로 약 550명 정도가 10~50mSv 수준의 방사선에 피폭되고 있다.

방사선 피폭과 급성 골수성 백혈병

방사선에 노출되는 근로자에서 백혈병이 발생한 사례도 있다. 1999년에 원자력발전소에서 용접공으로 10여 년 근무하던 한 근로자에게 백혈병이 발생했다. 이 근로자가 노출된 방사선량은 18.53mSv이었다. 방사선 피폭량은 크지 않았지만 방사선에 의해 가장 잘 발생하는 급성 골수성 백혈병이었다. 방사선 피폭과 암 발생 관련해서는 미국에서 개발된 수식에 의해 인과확률을 계산해 볼 수 있다. 이 사람의 인과확률[79]은 50% 이하로 나왔다. 그러나 계산의 변수가 되는 백

---

79) 인과확률 50% 이상이란, 암이 다른 원인에 의해 발생했을 확률보다 방사선에 의해 발생했을 확률이 높다는 것을 의미한다.

혈병 발생률을 우리나라보다 높은 미국의 자료를 그대로 쓴 점, 오차를 줄이기 위한 신뢰범위를 높일 때는 50% 수준에 이르는 점을 고려하여 업무 관련성이 인정됐다.

이 사건은 원전 근로자 관리에서 중요한 전환점이 됐다. 영광 무뇌아사건 이후 원전 주변 주민에 대해서는 방사선 피폭 여부와 무관하게 역학조사를 실시하고 있었다. 그러나 원전 근로자에 대해서는 측정과 검진 이외의 역학적 관리는 하지 않고 있었다. 이 건을 계기로 원전 종사자에 대한 역학연구도 시작됐고, 국제 공동연구에도 참여했다. 백혈병은 비교적 드문 암이므로 방사선에 의한 발생위험을 보기 위해서는 많은 관찰 수가 필요해서 어느 한 나라만의 관찰로는 결론을 내기 어렵다. 15개국이 참여하는 국제 공동연구를 수행했고, 그 결과 원전에서 저선량의 방사선 노출에 의해 백혈병 발생은 1.93배 증가했으나 통계적으로는 유의하지 않은 결론을 얻었다. 반면, 원폭 생존자 연구에서는 3.15배가 유의하게 증가했다.

2005년에는 방사선이 발생하는 치과용 기기를 생산하는 업체에서 연구를 하던 29세의 근로자에게 급성 골수성 백혈병이 발생했다. 원전 근로자는 안전관리자가 있고 필름배지를 달아 이중으로 방사선 피폭량을 측정하는 데 반해, 동위원소를 직접 취급하거나 비파괴검사를 하는 근로자는 관리자 없이 소규모로 실험이나 검사를 하는 경우가 많아 방사선 피폭관리가 제대로 되지 않을 수도 있다. 이 근로자는 방사선에 대한 주의 없이 직접 방사선 발생장치를 취급하여 상당량의 방사선에 노출되었을 것으로 추정되나 기록은 없었다. 비파괴검사 근로자들이 다른 분야보다는 방사선 피폭량이 많은 것은 업무의 장소나 성격으로 볼 때 피폭 예방관리가 잘 되지 않은 것으로 보인다.

방사선 피폭에 대한 지나친 걱정은 불필요

인간은 자연방사선 이외에도 인공방사선에 많이 노출된다. 대표적인 것이 의료용 검사와 치료과정에서 피폭되는 방사선이다. 가슴 엑스선 촬영을 하면 0.1mSv 이하의 아주 낮은 선량이지만, 컴퓨터 단층촬영을 하면 1mSV 이상의 방사선에 노출된다. 암을 치료하기 위해 사용하는 방사선량은 이보다 훨씬 높다. 그래서 항암 목적으로 사용한 방사선에 의해 이차적으로 백혈병이 생기기도 한다. 암을 치료하기 위해 다량의 방사선을 사용하는 것이 아니라면 일상적인 진단검사에서 사용하는 방사선 양이 건강장해를 일으키지는 않는다.

연간 50mSv 이하의 저선량에 피폭될 때 암(특히 백혈병)이 발생할 수 있는지에 대해서는 아직 이견이 많다. 아무리 낮은 선량이라도 피폭되면 암을 유발할 수 있다는 주장과 아주 낮은 선량에서는 건강장해가 없다는 주장이 맞서고 있다. 그러나 일반적인 발암물질의 특징을 볼 때 낮은 선량이라도 암이 발생할 수 있다고 보고 관리하는 것이 올바른 방향일 것이다. 다만, 그 확률은 매우 낮으므로 실제 근로자들이 걱정을 할 이유는 없다.

원전사고는 주변에 막대한 피해를 주므로 원전사고가 나지 않도록 안전관리에 최선을 다해야 한다. 그러나 일본의 태평양 쪽에서 발생한 원전사고로 누출된 방사능물질에 의해 일반인이 지나친 걱정을 할 필요는 없다. 국내에서 방사선에 노출될 수 있는 양은 자연방사선 수준인 1mSv보다도 훨씬 낮기 때문이다. 일반인이 방사선 피폭에 대해 걱정하는 것은 마치 벤젠은 백혈병을 유발하는 강력한 발암물질이므로 도로를 지나가며 백혈병에 걸릴 염려를 하는 것과 같다.[80]

---

80) 자동차에서 가솔린을 사용하는 한 도로에는 항상 벤젠이 존재하기 때문이다. 그러나 그 농도는 사업장의 관리기준 1ppm의 1/1,000인 1ppb 이하의 아주 낮은 수준으로 백혈병 발생과는 무관한 의미 없는 수준이다.

PART 7

국제기구와 국제대회

1. 국제기구와 국제대회

세계에는 산업안전보건과 관련되는 여러 개의 기구 또는 기관이 있다. 국가적으로는 산업안전보건을 연구하는 기관이 있고, 국제적으로는 정부 간 기구나 비정부기구가 있다.

정부 간 기구로 대표적인 것은 유엔(UN) 산하의 특별 전문기구인 세계보건기구(WHO)와 국제노동기구(ILO)가 있다. 모든 암에 대해 연구하는 국제암연구소(IARC)와 화학물질에 대한 정보를 제공하는 국제화학물질안전프로그램(IPCS)도 유엔 산하기구이다.

비정부기구로는 국제산업보건위원회(ICOH: International Commis-sion on Occupational Health), 국제산업위생협회(IOHA: International Occupational Hygiene Association), 국제인간공학협회(IEA: Internation-al Ergonomic Association)가 있다. ILO 산하에는 국제사회보장협회(ISSA: International Social Security Association)가 있다.

기타 산업안전보건 관련 기구로 원자력이나 비파괴검사에서 노출될 수 있는 전리방사선에 의한 건강영향을 다루는 국제방사선방호위원회(ICRP: International Commission on Radiation Protection), 전자파, 레이저, 자외선 등 비전리방사선에 의한 건강영향을 다루는 국제비전리방사선방호위원회(ICNIRP: International Commission on Non- Ionizing Radiation Protection)가 있다. 독성학분야는 국제독성조합(IUTOX: International Union of Toxicology)이 있다.

비정부기구는 전문가 단체로서 Commission은 개인회원 위주의 조직, Association은 단체회원 위주의 조직을 운영하고 있다.

국제정부 간 기구

국제노동기구(ILO)

ILO는 국제노동기준을 만들고 조정하는 국제기구이다. 1919년 제1차 세계대전 직후에 설립됐고 현재 189개국이 회원국이다. ILO는 정부, 경영주, 근로자의 대표가 모이는 삼자기구이다. ILO는 모든 근로자에게 양질의 노동을 추구한다.

ILO는 사무총장 아래에 사회보호본부(Social Protection Sector)가 있고, 그 아래 노동보호국(PROTRAV: Labor Protection Department)이 있으며, 다시 그 아래 산업안전보건국(SAFEWORK: Programme on Occupational Safety and Health)이 있다. 산업안전보건국에는 20명이 근무하고 있다. 본부는 스위스 제네바에 소재한다.

ILO는 5개의 지역사무소가 있다. 아프리카, 미주, 아랍, 아태, 유럽 및 중부아시아 지역이 있다. 우리나라는 방콕에 위치한 아태지역에 속해 있다. 각 지역사무소에는 산업안전보건 조정관이 있어 소속 국가의 산재 손상과 직업병 예방업무를 지원하고 있다.

ILO는 노동에 관련된 각종 협약을 선포하여 회원국이 비준한 뒤 이를 준수하도록 하고 있다. 산업안전보건 분야는 13개의 협약이 있고, 한국은 현재 4개를 비준하고 있다.

ILO는 1964년도에 직업병 목록을 만들어 각국이 활용하도록 권고하고 있으며, 가장 최근 목록은 2010년에 개정된 것이다. 또한 ILO는 산업안전보건 백과사전을 발간하고 있으며, 현재 4판이 발간돼 있고 5판을 준비 중이다. ILO는 진폐증의 진단기준과 표준필름을 만들어 보급하고 있는데, 대부분의 국가에서 진폐증 진단에 ILO 표준필름을 이용하고 있으며, 개발도상국의 진폐 판독능력 향상을 위한 세미나를 순회하여 개최하고 있다. ILO는 1955년부터 세계산업안전보건대회를 후원하고 있다.

세계보건기구(WHO)

WHO는 인류의 건강을 조정하고 총괄하는 유엔 산하 국제기구이다. 1948년에 설립됐고 2010년 현재 193개국이 회원국으로 가입돼 있다. WHO는 국제적 건강문제에 대한 정책방향을 제시하고, 건강 연구주제를 제시하며, 규범과 기준을 만들고 근거중심의 정책을 표방한다. 또한 회원국에 대해 기술지원을 제공하고, 건강 관련 추세를 평가하며, 모니터링한다.

WHO 사무총장 산하에는 보건안전환경(HSE: Health, Security and Environment) 부총장이 있고, 그 아래 공중보건환경국(PHE:

● 스위스 제네바에 위치한 세계보건기구(WHO)

Department of Public Health and Environment)이 있어 산업안전보
건을 담당한다. PHE는 3개의 부서가 있고, 그중 한 부서가 산업 및 환
경보건을 담당한다. 25명의 산업 및 환경보건팀 중 7명이 산업보건을
담당하고 있다. WHO 본부는 스위스 제네바에 소재한다.

　　WHO는 6개의 지역사무소가 있다. 지역사무소는 본부와 독립
적으로 지역의 건강업무를 담당하고 있다. 아프리카(AFRO), 미주
(PAHO), 남동아시아(SEARO), 동지중해(EMRO), 서태평양(WPRO),
유럽(EURO)에 지역사무소가 있다.

　　우리나라를 비롯한 동아시아 지역은 마닐라에 사무소가 있는 서
태평양지역에 속하고, 북한은 뉴델리에 사무소가 있는 남동아시아지
역에 속한다. 각 지역사무소에는 산업보건담당 조정관이 있다. 각 지
역사무소는 조정관을 통해 회원국가의 산업보건 업무를 지원하고 있
다. WHO의 업무 상대 부서는 각국의 보건부 또는 복지부이다.

　　WHO에서는 1980년대에는 산업보건실(Office of Occupational

Health)이 있어 산업보건 업무가 활발했다. 그러나 1990년대 들어서 ILO와 역할 조정을 통해 산업보건 조직이 약화됐다. 그러나 2000년대 들어서 미국 국립산업안전보건연구원(NIOSH)과 핀란드의 산업보건연구원(FIOH)이 중심이 돼 WHO협력센터(CC: Collaborating Center)를 이용한 산업보건 활동을 강화하고 있다.

WHO는 전 세계의 1,000여 개 정부조직, 연구기관, 대학을 협력센터로 지정하고 있다. 국내에도 10여 개의 대학, 연구소 협력센터가 있다. 산업보건분야는 37개국의 58개 기관이 지정돼 있다. 국내에는 가톨릭 직업환경의학센터가 1960년대부터 지정을 받았고, 안전보건공단이 2005년에 신청하여 2008년에 지정을 받았다.

2007년에는 각국의 보건장관이 서명한 '국제산업보건 10개년 계획'을 작성하여 발표했다. WHO는 이 계획에 의해 3년 단위로 중기사업을 수행하고 있다. 제도 개선, 국제간의 협력 강화, 콘트롤 밴딩과 같은 사업이 있다.

국제 비정부기구

국제산업보건위원회(ICOH)

ICOH는 1906년에 창립된 국제 비정부 전문가 기구이다. ICOH는 알프스를 관통하여 프랑스와 이탈리아를 연결하는 심플론터널 건설 당시 사전조치로 직업병을 예방한 것을 기념하기 위해 설립된 산업안전보건 분야에서 가장 오래된 조직이다. 현재 93개국 2,000여 명의 산업보건 전문가들이 회원으로 있고, 각국의 산업안전보건연구원과 학회가 단체회원으로 가입돼 있다. 개인회원은 의사가 가장 많지만, 산업위생, 산업간호, 산업안전, 독성학, 역학, 통계학, 산업보건행정 등 다양한 전문가들이 참여하고 있다.

ICOH는 35개의 독립된 분과위원회를 두고 있다. 분과위원회는 대부분 ICOH 회원이지만 ICOH 회원이 아닌 경우도 참여하고 있고, 매년 또는 격년으로 해당 분야 전문가들이 모인 소규모 국제대회를 개최한다. 참가자는 분과위원회의 규모에 따라 100~300명 수준이다.

분과위원회는 유해요인별·질병별·직능별 등으로 구성돼 있다. 직능별은 직업환경의학, 산업위생, 산업간호 등이 분과위원회로 활동하고 있다. ICOH는 전문분야별로 성명서나 의견서를 만들어 발표하고 WHO나 ILO를 기술적으로 지원한다.

매 3년마다 분과위원회가 모두 모인 종합대회를 개최한다. 종합대회는 통상 2,000여 명의 외국인이 참가하고, 총 참가자 수는 자국인 참가규모에 따라 달라진다. 2006년에 100주년 기념대회를 이탈리아 밀라노에서 개최됐고, 2012년에는 멕시코 칸쿤, 2015년에는 한국의 서울에서 ICOH 대회가 개최된다.

국제산업위생협회(IOHA)

IOHA는 1987년에 창립된 산업위생 분야의 국제전문가 단체이다. 각국의 산업위생학회를 회원으로 받고 있다. 현재 25개국 27개 단체가 회원으로 가입돼 있다. 한국은 산업위생학회가 회원으로 가입돼 있다.

IOHA는 현재 각국의 작업장 노출기준 또는 허용농도에 대한 정보를 공유하고 있고, ILO의 콘트롤 밴딩 사업도 지원하고 있다. 1987년 첫 대회 이후 2년마다 대회를 개최하고 있다.

국제인간공학협회(IEA)

IEA는 1961년에 창립된 인간공학 분야의 국제 비정부기구이다. 각국의 인간공학회를 회원으로 받고 있고 현재 46개국이 회원국으로 가입돼 있다. 기관에 대해서는 특별회원을 받고 있어 안전보건공단은 기관회원으로 가입돼 있다.

인간공학회는 국가별로 구성원의 전공이 차이난다. 미국은 인간공학을 주로 공학적 기술로 해결하므로 산업공학 등 공학을 전공한 전문가가 많고, 유럽의 인간공학회는 인체의 생체역학적 반응을 중심으로 하므로 생체역학이나 물리치료학을 전공한 전문가가 많다. 인간공학회는 인지공학 등 생산성과 관련되는 분야 등 추구하는 범위가 넓어 산업안전보건이 차지하는 부분은 크지 않다.

매 3년마다 종합대회를 개최하며 한국에서는 2003년에 제15회 대회를 개최했다. 차기 대회는 2012년 2월 브라질 헤시피에서 개최된다.

국제사회보장협회(ISSA)

ISSA는 1927년에 ILO 산하에 설립된 국제 비정부기구이다. 각국의 사회보장기관을 회원으로 하고 있다. 현재 150개국의 350개 기관이 회원으로 가입해 있다. 한국은 건강보험공단, 국민연금공단, 근로복지공단과 안전보건공단이 회원이다. 일부 개인회원을 받기도 한다.

ISSA는 주로 사회보장과 보상을 다루므로 이와 관련된 조직이 많다. 산재보험이 발달한 독일이 주도적인 역할을 하고 있다. ISSA에는 12개의 기술위원회가 있고, 그중에 하나가 예방특별위원회이다. 예방특별위원회에는 다시 12개의 분과가 있다. 안전보건공단은 금년에 예방문화분과를 조직해서 12번째 분과가 됐다.

ISSA는 ILO와 함께 세계산업안전보건대회를 후원한다. 세계산업안전보건대회는 ILO, ISSA와 개최국이 주관이 돼 1955년부터 매 3년마다 개최되고 있다. ICOH 대회가 기술적 · 전문적인 분야의 대회라면 세계산업안전보건대회는 현장, 행정적인 분야의 대회라고 볼 수 있다.

세계산업안전보건대회가 올림픽이라면 ICOH 대회는 월드컵과 같다. 세계산업안전보건대회는 다양한 분야에서 참여하고, ICOH 대회는 최고의 전문가가 참여하기 때문이다.

2. 2015년 제31회 국제산업보건대회 서울 유치

안전보건공단과 대한직업환경의학회가 2015년에 개최되는 제31회 국제산업보건대회를 서울에 유치하는 데 성공했다. 2009년 3월 22일부터 3월 27일까지 남아프리카공화국 케이프타운에서 개최된 제29회 국제산업보건대회 기간 중 대회에 참석한 회원의 직접투표로 실시된 대회 개최지 선정에서 호주의 멜버른, 아일랜드의 더블린을 제치고 한국의 서울이 제31회 개최지로 선정됐다.

국제산업보건대회는 국제산업보건위원회(ICOH)가 주최하고 개최국가가 주관하는 산업보건 국제대회이다. ICOH는 93개국 2,000여 명의 개인회원과 단체회원으로 구성된 100년의 역사를 가진 국제단체이다. ICOH는 비영리, 비정부단체로 산업보건에 관한 과학적 지식 개발 및 보급을 목표로 하고 있다.

국제산업보건대회의 역사

국제산업보건대회의 주최기구인 ICOH는 1906년 밀라노 세계박
람회 기간 중에 설립됐다. 1902년에 이탈리아 밀라노대학의 직업환
경의학과(Clinica del Laboro, 노동진료소)가 중심이 돼 알프스 심플
론(Simplon)터널 공사의 산재예방 성공을 기원하는 국제대회를 개최
했다. 안전설비와 작업환경의 획기적인 개선 결과[81]로 심플론터널 공
사의 산재는 이보다 20년 전에 개통된 생고타드(Saint Gotthard)터널
공사에 비해 크게 감소했다. 심플론터널 공사에서는 사전 검진을 통
해 심장 질환을 최소로 줄였으며 정제된 음료수를 제공하여 고타드터
널 건설 때 많은 사망자를 내었던 풍토열이나 십이지장충 감염을 완
전히 예방했다.[82]

첫 대회에는 이탈리아를 비롯한 유럽 12개국의 전문가 285명이
참가했다. 의사뿐만 아니라 엔지니어, 기업가, 공장 책임자 및 이탈리
아 지역의 시장들이 참석했다. 첫 대회 후 매 3년마다 대회를 개최하
고 있다.

국제산업보건위원회(ICOH)

회원

개인회원은 의사가 가장 많지만 산업위생사, 산업간호사, 안전
기사, 심리사, 화학자, 독성학자, 물리학자, 인간공학사, 통계전공자,
역학자, 사회과학자 및 물리치료사 등으로 다양하다. 개인회원은 이

---

81) http://www.icoh2006.it/en/100annidiICOH.htm

82) Hobson J. ICOH one hundred and the Simplon tunnel. Occupational Medicine, 2006 56(4): pp.221~222.

탈리아, 미국, 일본, 핀란드에서 100명 이상이 가입돼 있고 유럽국가에 회원이 많고 한국은 13명의 회원이 있다.

단체회원은 기관회원과 학회회원이 있는데, 기관회원은 미국 국립산업안전보건연구원(NIOSH) 등 15개의 연구기관이 있고 학회회원은 영국 직업환경의학회 등 16개의 산업보건단체가 가입해 있다.

임원진 구성과 대회지 선정

ICOH는 회원들의 직접투표로 선출한 회장단과 이사회로 구성한다. 회장단은 회장과 두 명의 부회장, 사무총장, 그리고 16명의 이사로 구성된다. 연임이 가능한 사무총장을 제외하고 모든 ICOH 임원진은 중임만 가능하다. 임원진은 차기대회 9개월 전에 입후보하고 사무국에서 준비한 비밀투표 용지로 우편 투표한다. 대회 1개월 전까지 도착한 투표지를 모아 두었다가 대회기간 중에 개표하여 발표한다.

차차기 개최지는 대회 6년 전 참가회원들의 직접투표로 결정한다. 유치 신청국가는 대회 3개월 전까지 회원 5명 이상이 서명한 신청서 및 관련 서류를 사무국에 서면으로 제출한다. 투표는 대회기간 중 월요일부터 목요일 오전에 대회에 참가한 회원들의 직접투표로 하고 금요일 오후 이차 총회에서 공식으로 발표한다.

분과위원회(Scientific Committee)

ICOH는 35개 분과위원회의 활동으로 운영된다. 분과위원회는 ICOH 정회원으로 구성된 회원들이 선출한 회장과 총무가 운영한다.

분과위원회는 유해요인, 건강영향, 업종별, 전문분야별, 사회심

● ICOH 2009~2012 임원진: 2열 왼쪽에서 두 번째가 필자

리분야별로 구성되며 1~3년 간격으로 100~300여 명의 전문가가 참여하는 분과별 학술대회를 개최하고[83] 3년에 한 번은 전체가 모여 종합대회를 개최하는데 이것이 국제산업보건대회이다.

분과위원회는 유해요인분야에서는 산업독성, 중금속 중독, 실내공기오염, 유기분진, 소음진동, 직업성 방사선, 온도분과위원회가 있고, 건강영향분야에서는 신경독성(NeuroTox), 직업성 피부질환, 알레르기 및 면역독성, 직업성 심장질환, 호흡기 질환, 생식독성, 작업과 시각, 산업역학분과위원회(EPICOH)가 있으며, 업종별 분야에서는 화학공장 산업보건(MedChem), 건설업산업보건, 의료산업보건, 농업보건분과위원회, 사회심리분야에서는 고령근로자, 작업조직 및 직무 스트레스, 교대근무 및 작업시간, 실업과 건강, 장애예방 및 중재, 산업보건 서비스연구 및 평가, 소규모 사업장 및 비정형근로, 산업보건과 개발, 산업보건의 교육과 수련분과위원회, 전문분야

---

83) 한국에서는 1998년 가톨릭대학의 주관은 제4회 생물학적모니터링학회, 2005년에 산업안전보건연구원의 주관으로 제9회 직업성신경독성학회를 개최했고, 2014년 부산대학 주관으로 근골격계질환학회(PREMUS)가 개최될 예정이다.

별로는 직업환경의학, 산업위생, 산업간호(SCOHN), 근골격계 질환(PREMUS), 산업안전(사고와 손상), 산업보건역사, 여성근로자건강분과위원회가 있다.

ICOH 대회

ICOH 대회는 ICOH가 주최하고 개최국가가 주관한다. 최근 ICOH 대회에는 통상 약 3,000여 명이 참가하고 있다. 2003년 브라질 이과수대회는 3,300명, 2006년 이탈리아 밀라노대회에는 3,200여 명(외국인 2,400여 명)이 참가했다. 이번 대회는 81개국 1,352명이 참가했다. 이번 대회의 참가자 수가 최근 들어 가장 적은 숫자이었던 이유는 높은 여행경비, 비싼 등록비와 주최 측에서의 개발도상국 참가자에 대한 지원예산 부재[84] 등으로 생각된다.

2009~2012년 회기의 임원진 선출에서 두 명의 회장후보가 출마하여 Kazutaka Kogi(일본)가 560표 중 352표를 얻어 Rene Mendes(브라질)를 제치고 회장에 당선됐다. ICOH 100년 역사에서 아시아인으로는 처음이다. 부회장에는 Suvi Lehitinen(스웨덴), Bonnie Rogers(미국)가 당선됐다. 이사에는 27명의 후보 중 16명이 선출됐는데, 필자가 한국인으로는 처음으로 이사로 당선됐다.

대회유치신청

한국의 국제산업보건대회 유치노력은 이번이 처음이 아니다.

---

84) ICOH는 FIOH, NIOSH 등의 후원으로 예산을 확보하여 개발도상국 참가자 40개국 99명에 대해 참가경비의 일부 또는 전부를 지원했다.

2003년에 브라질 이과수에서 개최된 대회에서 2009년 대회유치를 신청했다. 일본의 후쿠오카, 한국의 서울, 남아공의 케이프타운이 경합하여 남아공이 선정됐다. 한국과 일본이 사전에 유치 의사를 밝혀 유리한 위치에 있음에도 불구하고 뒤늦게 유치를 신청한 남아공이 유럽과 제3세계의 지원을 받아 유치에 성공했다. 이는 회원 개인이 투표하는 것이므로 지역적 고려나 대회 개최능력보다는 매력적인 도시가 유리함을 보여 주는 것이었다.

2000년 싱가포르대회 이후에 아시아지역에서 개최되지 않았기 때문에 한국, 일본, 중국 모두 2015년 대회 개최에 적극적이었다. 일본은 2007년에 대회유치 준비위원회를 구성했다. 2008년 5월 중국 소주에서 개최된 한 · 일 · 중 학술집담회에서 어느 한 나라가 개최를 하면 다른 두 나라에서 적극 지원하기로 약속했다.

먼저 중국이 개최 의사를 포기했다. 한국은 2008년 6월 세계산업안전보건대회 성공을 계기로 노민기 이사장이 대회 유치를 결정하여 7월부터 신청을 추진했다. 일본은 유치를 포기하고 한국을 지원했다.

노동부의 승인을 받고, 기획재정부의 국제대회개최 사전심의위원회에서 승인을 받았다. 직업환경의학회를 비롯한 5개 학회장의 협조서한도 받았다. 경총, 한국노총, 민노총과 서울시장의 협조서한을 받아 2008년 12월 22일에 신청서를 ICOH 사무국에 제출했다.

사전 유치활동

세계대회의 성공에도 불구하고 유치 전망은 밝지 않았다. 개인 투표를 하고 회원의 50% 이상이 유럽인임을 감안할 때 한국에 대한 지원약속을 끌어내기는 쉽지 않았다. 2009년 2월 26일 ICOH 회장단을 공식으로 초청하여 대회장소인 코엑스(COEX)를 보여 주고 안전보건공단의 대회 준비상황을 설명했다. ICOH 사무국에서 제공한 회원명단을 이용하여 개최안내 소책자, 동영상을 제작하여 발송했다. 특히 안내문은 영어, 프랑스어, 스페인어로 만들어 보냈다.

유럽회원이 다수인 것을 감안하여 3월 초에 핀란드 산업보건연구원, 네덜란드 코로넬연구소, 이탈리아 밀라노대학, 로마가톨릭대학, 산업안전보건연구원을 방문하여 유치 당위성을 설명하고 지원을 요청했다. 참가가 유력한 회원 350명에게는 두 차례에 거쳐 개인별로 메일을 발송하여 협조를 구했다. 이사들에게는 국제전화를 통해 한국 유치의 당위성에 대해 설명하고 지지를 호소했다.

● 대회기간 중의 한국의 밤 행사광경: 왼쪽부터 Vainio FIOH 원장, 박칼린 씨, 한 명 걸러 Kogi 현 ICOH회장, 한 명 걸러 필자, 캐나다 산업안전보건센터의 아비통가 박사, 판티노 아르헨티나 직업환경의학회장

현지 유치활동

현장 발표를 위해 동영상과 파워포인트를 준비했다. 동영상은 한국과 서울을 소개하고 코엑스의 시설을 보여 주고 노민기 이사장과 오세훈 서울시장의 초대 인사말로 구성했다. 파워포인트 발표는 서울 컨벤션뷰로에서 지원한 전문 프리젠터(박칼린 씨)가 맡았다.

이사회에서는 노민기 이사장이 한국 유치의 당위성을 설명했고, 학회를 대표하여 노재훈 직업환경의학회장, 이세훈 ICOH 한국 사무국장, 필자가 각각의 입장에서 한국 유치 연설을 했다. 이사회와 총회에서의 발표는 성공적이었다. 이사회에서는 무기명 투표를 하여 과반수가 한국을 지지했고 총회에서 회원들에게 한국을 개최 적격지로 권고했다. 전문 프리젠터는 파워포인트를 이용하여 지역 순환개최 원칙과 개도국 지원 프로그램을 강조했다.

전시회장에 호주와 아일랜드와 마찬가지로 홍보부스를 운영했다. 한국에서 출발 전에 부스의 위치를 확인하여 입구에 들어서면 바로 보이는 곳에 배치해 주도록 요청했다. 월요일 저녁에는 '한국의 밤' 행사를 열었다. 200명 정도가 올 것으로 예상했는데 420명이 와서 대성공이었다. 준비해 간 선물을 추첨을 통해 준 행사가 큰 인기를 끌었다. 아일랜드는 팝 레스토랑을 빌려 아이리시나이트를 개최했다. 호주는 호주산 와인을 가져와서 홍보기간 내내 시음회를 개최했고 이미 확보한 7억 원의 예산으로 저렴한 등록비와 개발도상국 참가자에 대한 지원을 약속했다.

이 사회에서 한국 서울이 가장 적격한 개최지임을 권고했음에도 불구하고 개별 유럽인들의 호주 멜버른 선호도는 크게 높았다. 노재훈, 이세훈, 강동묵 교수가 공단직원들과 함께 수시로 ICOH 회원을 붙잡고 한국 유치의 당위성을 설명하고 적극적으로 직접 투표소로 안내했다. 일본, 중국, 태국, 베트남의 회원들이 전폭적으로 한국을 지지해 주었다. 회원은 많지 않았지만 남미와 아프리카의 회원들도 한국을 많이 지지했다. 핀란드 산업보건연구원에서는 31명의 참가회원이 연구원 차원에서 한국을 지지해 주었다. 밀라노대학을 포함한 이탈리아 회원들과 네덜란드 회원들도 다수가 한국을 지지해 주었다.

필자가 분과위원회에서 총무로 활동한 것도 도움이 됐다. 직업성 신경독성분과위원회에는 70명의 회원 중 50명이 ICOH 회원인데 국가별로 분포하여 해당 국가의 다른 회원을 설득하도록 요청했다. 몇몇 사람은 한국인보다도 열정적으로 한국 유치 홍보를 해 주었다.

개표 결과

4일간의 현장투표를 마치고 목요일에 개표를 했다.

REPUBLIC OF KOREA (Seoul)	172	**Votes**
AUSTRALIA (Melbourne)	127	Votes
IRELAND (Dublin)	64	Votes

대회에 참가한 ICOH 회원은 455명이었다. 이 중 364명이 투표를 했다. 1명의 무효표를 제외하고 한국이 172표, 호주가 127표, 아일랜드가 64표를 획득했다. 전반적인 분위기가 한국 대세이었음에도 불구하고 총투표의 과반에 미치지 못했다. 외견상으로는 호주와 45

표라는 적지 않은 차이를 보였지만, 선거과정에서 어느 하나만 소홀히 했어도 승리를 장담하기 어려운 결과였다.

대회 개최의 의의

대회 유치는 종료됐으나 대회 준비는 이제부터 시작이다. 단지 대회를 한국에서 개최하는 것은 의미가 없다. 이 대회를 한국의 산업보건 발전에 활용하기 위해서는 몇 가지 준비를 해야 한다.

우선 사업장, 대학, 학회, 공단이 협조하여 좋은 연제를 발표할 수 있도록 해야 한다. 국제산업보건대회에서는 통상 1,500편 이상의 각종 연구, 정책 및 우수사례가 발표된다.[85] 한국의 발표가 10% 이상은 돼야 할 것이다. 구연발표 논문은 분과위원회에서 심사하여 통상 제출된 초록의 50% 이내로 승인을 하므로 논문의 질을 높여야 한다.

분과위원회 활동에 적극적으로 참여하여야 한다. 종합대회인 ICOH 대회보다 분과위원회가 1~2년 간격으로 주관하는 대회는 해당 분야의 전문가 100~200명이 모이는 대회이므로 아주 심도 있는 발표와 토의가 이루어진다. 분과위원회는 회장과 총무가 중심이 돼 운영하는데 현재 35개 분과위원회에 70명의 회장단이 있다. 이번에 산업안전보건연구원 직업병연구센터의 김은아 소장이 직업성신경독성분과위원회의 총무로 당선이 됐는데, 2015년에는 적어도 5명 이상의 한국 전문가가 임원으로 당선돼 활동하기를 기대한다.

ICOH 회원 수도 늘어야 한다. 회원이 돼야 대회 운영이나 분과

---

85) 2006년 밀라노 대회에는 1,811편이 접수돼 1,600여 편이 발표 승인됐고 800여 편이 구연 발표됐다.

위원회 활동에 적극적으로 참여할 수 있다. 전체회원 2,000명 중 한국 회원 13명은 매우 적은 수이다. 그동안 ICOH의 각종 대회에 적지 않은 수의 한국인이 참여했으나 회비를 내는 회원의 수는 이에 미치지 못하고 있다. 어떤 단체를 통해 새로운 지식과 경험을 얻으려면 그 단체에 회원으로 가입하고 대회에 참여하는 시민정신이 필요하다. 여러 면을 고려해볼 때 한국인 회원 수는 50명 이상이 적절한 수라고 생각된다. 이번에 참가한 여러 명의 한국인이 회원에 가입했다.[86]

---

86) 2011년 말 한국인 회원 수는 29명이 됐다.

3. 2011년 제19회 세계산업안전보건대회

제19회 세계산업안전보건대회(이하 세계대회)가 2011년 9월 11일 부터 15일까지 터키의 이스탄불에서 개최됐다. 이번 대회에는 140개 국에서 5,400명이 참가했다. 외국인 참가자는 1,800여 명으로 서울대 회보다 300여 명이 많고, 자국민 참가자 규모도 3,000명을 상회하여 규모 면에서는 역대 가장 큰 대회가 됐다. 터키정부는 이번 대회기간 중에 자국의 산업안전보건 관련 학회나 대회를 병행해서 개최하여 자 국민의 참가 기회를 크게 늘렸다. 세계 저명인사들이 참석하여 기조 연설을 하고, 30여 개의 심포지엄에서는 안전보건에 관한 최신 동향 을 발표했으며, 200여 편의 다양한 형태의 안전보건 관련 필름 및 동 영상을 발표하는 자리에 자국의 전문가를 많이 참여하게 하여 안전 보건 수준을 한 단계 발전시킬 수 있는 계기를 마련한 것이다. 터키의 직업환경의학회도 같이 개최돼 필자가 아는 여러 명의 터키의 직업환경의학 전문의도 만날 수 있었다.

'서울 선언' 지지 선언

제19회 세계대회 직전에 28개 국가의 노동부장관이 모여 '이스탄불 선언'을 채택했다. '이스탄불 선언'은 산업안전보건 분야에서 노·사·정 등 각 주체별 책임을 강조한 '서울 선언'을 지지하는 것이다. ILO, ISSA, 터키와 더불어 '서울 선언'의 주관국가 자격으로 한국의 고용노동부 장관이 증인으로서 선언서에 배서했다.

세계대회는 2008년 서울대회에서 재정립한 구성대로 진행됐다. 전시회 개막식을 일요일 오후에 하고, 이어 대회 개막식을 가졌다. 월요일부터 수요일까지는 기조연설, 기술 세션, 심포지엄, 지역별 회의, 발표자 코너, 포스터 발표 등으로 구성했다. 수요일 오후와 목요일에는 기타 관련 회의를 열게 하고, 참가자에게 사업장 방문 프로그램을 제공했다. 심포지엄은 주제별로 전문가를 초청하여 참가자들이 관련 지식을 넓히는 기회로 활용하게 하고, 연구나 우수사례 발표는 발표자 코너를 마련하여 젊은 참가자들에게도 많은 교류의 기회를 제공했다.

일요일 저녁 개회식에는 터키의 노동부장관, ILO의 아산디옵 사회보호 본부장, ISSA의 스투베 회장, 국제노동연맹과 국제경영자기구의 대표도 축사를 했다. 마지막으로는 터키의 에르도한 총리가 참석하여 축사를 했다.

대회 첫날에는 터키의 노동부차관, ILO의 마찌다 산업안전보건국장, ISSA의 콘콜레브스키 사무총장이 대회 개막연설을 했다. 그 후 핀란드의 리식코 보건사회부장관, 싱가포르의 다이피 선임의회장관, 영국의 하킷 HSE 청장, EU 산업안전보건청 타칼라 청장의 기조연설로 매일 대회를 시작했다. 기조연설자들은 각국의 재해율 감소나 사망사고자 감소에 대한 전략을 발표했다. EU-OSHA는 2007~2012에 사망사고 재해 25% 감소를 추진하고 있고, 싱가포르는 2004~2010에 사망사고 재해를 50% 감축한 성과를 보고했다. 영국 HSE는 새로운 전략으로 2009년부터 '대안과 함께(Be part of the solution)'를 전개하고 있다. 이를 통해 2012년 런던올림픽 공사현장에서 6,600만 노동시간에 사망재해 없이 109건의 경미한 손상만을 기록하고 있다고 했다.

기술 세션은 동시에 3개가 진행됐고, 심포지엄은 동시에 10개씩 진행됐다. 발표자 코너는 중식시간을 이용하여 동시에 11개 세션이 진행됐다. 서울대회와 마찬가지로 시간을 절약하기 위해 발표자 코너 시간에는 도시락을 제공했다.

논의 주제

이번에 논의된 주제는 석면, 성별에 의한 차이, 소규모 사업장, 산업보건서비스, 산업안전보건에서 노조의 참여문제, 경제분석, 노동감독, 나노기술, 건설재해, 광산재해, 농업재해, 교육, 평가, 사고예방, 산업보건에 경영을 접목하는 방안 등이었다. 주제에서 보여 주듯이 이번 세계대회에서는 산업안전보건 문제에 대해 다양한 방향의 접근방법에 대한 논의가 있었다.

구체적 예방활동 전략으로 캠페인, 연구, 교육과 훈련, 감독(조정과 방향제시), 산업보건서비스를 활성화하는 방안이 제시됐다. 그리고 각 업종별로 특수 유해요인의 발굴과 관리, 산업안전보건 수단

● KOSHA 주관 석면 관련 질환 심포지엄

을 계획하고 적용할 때 성별 차이에 대한 고려가 필요하다는 점, 소규
모 사업장 특히 자영업자에 대한 지원과 지도가 필요한 점, 우수사례
에 대한 정보교환이 더 필요하다는 점 등이 제시됐다. 향후의 산업안
전보건 방향은 지엽적인 것에서 좀 더 포괄적으로 접근하는 것이 필
요하다는 점, 세계적인 예방문화의 확산을 위해 국제 간 네트워크가
강화돼야 한다는 점이 강조됐다. 새롭게 제기되는 산업안전보건 문제
는 신기술(나노나 생명공학), 경제적인 측면에서 효과 및 편익 분석,
기후변화 대비, 세계화의 영향 즉 이주 근로자 및 비정형 근로의 확산
등이었다. 이를 위해서는 사전적·예방적 접근 노력이 필요하고, IT
를 이용한 해결방법 모색도 필요하다고 했다.

한국의 주도적 역할

대회기간 중에 열린 ISSA의 이사회에서는 안전보건공단

을 의장국으로 하는 예방문화분과가 정식으로 발족했다. 부
의장국으로는 FIOH(핀란드 산업보건연구원), ASEE(미국 안
전기술자협회), 일본의 중재방, 독일의 DGUV(산재보험조
합) 등이 선출됐고, 60여 개 기관과 조직이 회원으로 참여했다.

이번 대회에서 공단은 '서울 선언의 실행과 확산', '석면 관련 질
환 제거에 대한 전망'이라는 주제로 두 개의 심포지엄을 주관했다.

석면 심포지엄에는 러시아 석면회사에서 후원한 노조대표들이
대거 참가하여 백석면 사용중단에 대한 국제 공조에 강한 반대의사
를 표시했다. 반면, 퀘벡의 노조대표는 아직 석면 사용을 정당화하고
있는 퀘벡정부의 입장과는 달리 노조에서는 석면 사용 중단 캠페인
에 공조하기로 했음을 선언했다.

다른 심포지엄에서는 대한산업보건협회 이명숙 이사, 순천향대
우극현 교수가 초대돼 소규모 사업장 보건관리와 집단보건관리 사례
발표를 했다. 한국방송통신대 박동욱 교수, 서울대학교 보건대학원

● 제19차 세계산업안전보건대회에서 공단 백헌기 이사장의 기조연설

윤충식 교수, 인제대학교 신용철 교수도 참가하여 구연과 포스터 발표를 했다. 건설분야에서는 안전관리자들이 참석했고, 경총과 노총, 민간 관련 단체 및 사업장의 안전보건 전문가들이 참여하여 새로운 지식을 공유하고 정보를 교환했다.

서울대회를 계기로 이번 대회에서 한국은 아시아 국가 중 단연 주도적 역할을 했다. 통상 국제대회에 참가해 보면 일본의 참석자가 한국의 참석자보다 십 수 배가 되는데, 이번 대회에서는 한국이 심포지엄 주관, 발표자, 참가자, 분과위원회 활동 등 모든 면에서 압도적이었다. 특히 폐막식에서는 공단의 백헌기 이사장이 기조연설을 했다. 대회공식 언어로는 영어, 불어, 스페인어, 독일어, 터키어를 사용했는데, 폐막연설에서는 한국어도 공식 언어로 추가돼 난생처음으로 외국 개최 국제대회에서 한국말로 발표를 들을 수 있었다.

4. 세계의 산업안전보건연구기관

대부분의 국가에는 산업안전보건에 대한 감독기관이나 연구기관이 있다. 감독기관은 고용부, 인력부 또는 노동부에서 속해 있다. 연구기관은 고용부나 노동부 또는 보건부에 속해 있기도 하고, 독립적인 기관으로 있기도 하다. 독립기관으로서 대표적인 기관은 영국의 보건안전연구원(HSL: Health and Safety Laboratory)이다. 미국의 국립산업안전보건연구원(NIOSH: National Institute for Occupational Safety and Health)은 보건부에 속해 있고, 독일의 연방산업안전보건연구원(BAuA: Federal Institute of Occupational Safety and Health)은 노동부 산하이다. 프랑스의 국립안전연구원(INRS: National Research and Safety Institute)은 산재보험기금에 속해 있다.

보건부에 속한 연구기관은 대개는 정부의 일반회계 예산을 사용한다. 고용·노동부에 속한 연구기관은 일반회계 예산을 사용하는 경우도 있지만 산재예방기금 등의 특별회계 예산을 사용하는 경우가 많다. 특별회계 예산을 사용하는 경우에는 근로자건강보험기금(또는 산재보험기금)에 속한다.

안전연구와 보건연구는 대부분 한 기관으로 통합되어 있다. 출발은 안전연구로 시작한 경우도 있고 직업환경의학 또는 산업위생실험실로 시작한 경우도 있는데, 대부분 현재의 연구방향은 근로자의 건강에 관한 분야가 더 활발하다. 인도와 같은 일부 국가에서는 안전연구원과 보건연구원이 별도로 있기도 하다.

● 영국 Buxton에 위치한 보건안전연구원(HSL) 전경

독립형 연구기관

영국의 보건안전연구원(HSL)

영국의 HSL은 산업안전보건분야에서 전 세계 연구기관 중 가장 오래된 곳이다.

1911년에 광산폭발사고를 계기로 윈스턴 처칠 장관의 서명으로 광산안전에 대한 광산안전연구실험실이 설립됐다. 이후 직업환경의학실험실, 산업위생실험실이 설립됐다. 1975년에 보건안전청(HSE: Health and Safety Executive) 신설을 계기로 직업환경의학 및 위생연구소, 안전공학연구소, 화재폭발연구소를 통합하여 HSE의 연구부로 재출발했다. 1995년에는 이 세 연구소를 보건안전연구원(HSL)으로 통합하고 HSE의 산하기관으로 변경했다. 2004년에는 각지에 흩어진 연구실험실을 중부의 Buxton지역으로 통합하여 현재에 이르고 있다.

HSL의 모기관인 HSE는 행정적으로는 고용부, 통상부 등에 속하지만, 예산과 인력을 독립적으로 운영하는 차관급의 외청이다. HSE는 북해유전 폭발사고를 계기로 1975년에 각 부서에 흩어져 있던 안전 관련 업무를 하나로 모아서 총괄하기 위해 설립된 행정감독기관이다.

HSL은 360명의 조직으로 2011년도 예산은 약 4,000만 파운드(약 680억 원)이며 80%가 정부의 일반회계로 지원받고 20%는 자체 수입에 의존한다. HSL은 기존의 직능중심의 단선조직에서 과제중심의 다원조직으로 변경하여 운영하고 있다. 작업장 건강, 나노, 정도관리, 폭발인증 분야로 연구센터를 운용하고 분석 서비스를 제공하며 교통안전, 원자력안전, 우주항공안전을 포함한 8개 업종에 대한 조사와 연구를 하고 있다.

HSL의 강점은 중대사고 조사 능력이다. 산업안전에서 중대사고가 발생하면 HSE는 HSL에 조사를 의뢰한다. HSL에서 사업주 책임이 있다고 조사한 사고의 95% 이상이 법원에서 사법 처리되고 있다. 영국은 영미법의 기본대로 예방조치에는 자율성을 부과하되, 사고가 발생한 경우 강력한 행정조치를 하여 재해를 크게 감소시키고 있다. 1910년대에 5,000명 수준이던 사망사고자 수는 2011년 현재 150명 수준으로 크게 감소했다.

현재 영국은 여러 정부기관을 민영화하고 있다. HSL은 초기에는 HSE의 한 부서로 운영되었지만 점차 독립성을 강화하여 현재는 별도의 이사회를 구성하고 예산과 인력을 독립적으로 운영한다. 2010년에는 아예 HSL을 민영화시키려고 검토했으나, 중대재해 조사업무의 공공성 및 공정성 때문에 HSE 산하기관으로 유지하기로 결정했다.

보건부 산하 연구기관

미국의 국립산업안전보건연구원(NIOSH)

미국의 NIOSH는 보건부 산하의 연구기관으로 올해에 설립 40주년이 됐다. 1971년에 산업안전보건법을 제정하면서 규제와 감독은 노동부의 산업안전보건청(OSHA)이, 연구와 기술지원은 보건부의 NIOSH가 맡도록 하여 견제와 균형을 이루게 했다. 명칭에 통상적인 of 대신에 for를 사용한 이유는 근로자의 건강을 위한 연구기관이 되라는 뜻이다.

NIOSH 본부는 워싱턴과 애틀랜타에 있지만 연구부서는 신시내티, 몰간타운 등 여러 곳에 소재하고 있다. 몰간타운은 1969

년에 설립된 Appalachian Laboratory for Occupational Safety and Health(ALOSH)를 이어받아 주로 진폐증 등 호흡기계 직업병과 안전 사고에 대한 연구를 수행하고 있고, 신시내티에서는 호흡기 이외의 직업병 연구와 분석, 교육 및 홍보를 담당하고 있다.

2011년 현재 NIOSH의 인원은 1,237명이며, 예산은 미화 3억 달러(약 3,300억 원)로 정부의 일반회계 예산을 사용하고 있다. NIOSH 예산의 40%는 위탁연구, 보건대학원 교육지원, 직업환경의학 전공의 수련지원 등 외부지원에 사용하고 있다. 세계무역센터 폭파 때 소방관 등 많은 사람이 직업적 위험에 노출됐는데, 이들을 대상으로 추적 건강관리 프로그램을 운영하고 있다. 이 프로그램에는 6만 명이 등록돼 있고, 예산은 약 7,000만 달러이다.

NIOSH는 1980년대에 10대 우선과제를 선정하여 연구를 수행했다. 이 우선과제는 다른 여러 나라의 연구방향 설정에도 영향을 미쳤다. 그런데 1995년 민주당의 클린턴 대통령 시절에 공화당이 40여 년 만에 하원의 다수당이 되는 여소야대가 되면서 NIOSH와 OSHA의 활동에 대하여 의회가 견제하는 상황이 발생했다.

초기에 NIOSH에 불리하던 상황은 그 뒤 오히려 반전돼 1997년에는 몰간타운에 건강영향연구실험실을 신설하고, 광산안전 관련 연구기관까지 통폐합하여 NIOSH의 인력과 연구실험실은 더 확대됐다. 그러나 NIOSH는 이를 계기로 새로운 우선 연구방향을 설정하게 됐다. 지방정부, 학계, 노·사 등이 참여하는 지역별 미팅을 통해 1996년에 산업안전보건 국가연구과제(NORA: National Occupational Research Agenda)를 선정하게 됐다.

NORA는 기존의 단순과제에서 벗어나서 3개 분야(질병과 손상, 작업환경과 노동력, 연구방법 및 도구)의 21개 연구주제를 우선과제로 선정했다. 2006년에는 NORA 10주년을 맞이하여 우선 연구과제를 유해요인별 접근에서 업종별 접근으로 변경했다. 2006~2016년 기간의 우선 연구과제로는 10개의 업종별 프로그램과 24개의 업종 간 프로그램을 선정했다. 동시에 연구의 현장 활용성을 강조하기 위하여 R2P(Research to Practice)를 강조했다. 2011년부터는 재해를 근원적으로 예방하기 위해 사업계획 단계부터 안전보건을 고려하도록 PtD(Prevention through Design) 캠페인을 전개하고 있다. 또한 PtD에 대한 연구는 물론 공학교육과정에 PtD를 개설하도록 권고하고 있다.

NIOSH는 중대재해 조사, 역학조사, 연구, 감시체계 운용은 물론 각종 기술지침, 매뉴얼 등을 개발하여 미국을 비롯한 전 세계의 산

● 미국 웨스트버지니아 주 몰간타운 시에 있는 국립산업안전보건연구원(NIOSH) 전경

업안전보건전문가들이 활용하게 하고 있다. 특히 작업장에서 사용하는 화학물질의 분석방법에 대한 매뉴얼을 집대성하여 세계의 화학물질 분석 전문가들이 활용하도록 제공하고 있다. NIOSH의 역학조사(HHE: Health Hazard Evaluation)는 예방적 조사 기능임에도 불구하고 산재보상제도가 취약한 미국에서 근로자들에게 질병의 직업적 인과관계를 규명해 주는 매우 중요한 역할을 하고 있다.

핀란드 산업보건연구원(FIOH)

핀란드 산업보건연구원(FIOH)[87]은 1945년 보건사회부 산하에서 법률에 의해 독립된 기관이다. FIOH는 핀란드 근로자를 위한 조사와 연구뿐만 아니라 아시아, 아프리카 지역의 산업안전보건 발달을 위해 지원을 많이 한다. 2011년에 직원은 약 760명이며, 예산은 6,800만 유로(한화 약 1,020억 원)인데 60%는 정부의 일반회계 예산지원이고 나머지는 자체 수입(검진 등 서비스 수입)이다.

핀란드는 사회보장제도가 잘 돼 있어 근로자의 질병에 기인한 휴업으로 인한 손실이 매우 큰 나라이다. 근로자는 직업병이건 비직업병이건 일단 질병이 발생하면 치료를 위한 휴업을 할 수 있고, 노동능력을 상실하면 조기 은퇴를 할 수 있다. 가장 많은 원인은 탈진증후군(Burn-Out Syndrome) 같은 정신질환인데 전체 사회적 비용의 50%에 이른다. 2008년에 탈진증후군으로 인한 생산손실이 84억 유로에 이르는 것으로 추정된다. 이 때문에 직무스트레스 또는 노동시간에

---

87) 홈페이지 http://www.ttl.fi

대한 연구를 많이 하고 있다.

　FIOH의 연구에 의하면 하루 11시간 이상 일하는 근로자는 8시간 일하는 근로자보다 심혈관계 질환 발생확률이 60% 증가한다고 한다. FIOH도 2006년 이전에는 직능 중심의 조직이었다. 지역연구소는 산업안전보건 서비스나 교육을 담당했고, 본부의 부서는 연구나 교육과 정보를 담당했다. 최근에 조직을 직능 중심에서 업무분야 중심으로 개편했다. 2006년도부터 이를 통합하여 분야별로 최고전문가센터를 구성하여 다원적인 협력연구가 가능하게 했고, 2011년부터는 이를 바탕으로 연구, 전문사업, 정책지원 분야로 구분했다.

　기타 국가의 연구원

　중국의 산업보건 및 중독통제소(NIOHPC: National Institute of Occupational Health and Poison Control)[88]는 보건부 산하 질병관리본부에 속한 연구기관이다. 1954년에 산업보건연구원으로 설립됐고, 2002년에 화학물질에 의한 중독질환 예방관리기능을 추가하여 현재의 명칭으로 변경됐다. 약 150여 명의 직원이 있고, 정부 일반회계 예산을 사용한다. 산업보건 정책지원, 안전보건연구, 정도관리업무를 수행한다.

　베트남 산업환경보건연구원(NIOEH: National Institute of Occupational and Environmental Health)도 보건부 산하 연구원이다. 직업병에 대한 정책지원, 연구, 조사를 수행한다. 베트남에는 국립노

---

88) 기관 영문 소개 http://www.niohp.net.cn/zuzhijigou/yingwenjianjie.htm

동보호연구원(NILP: National Institute for Labor Protection)이라는 연구기관도 있는데, 이는 공산당 산하의 연구원으로 연구, 작업환경측정, 검진 등을 수행한다. 안전분야는 별도의 연구원이 있지 않고 노동부의 산업안전국에서 담당한다.

중국과 베트남, 그리고 동유럽 국가 일부에서는 감독조차도 산업보건은 보건부에서 담당하고, 산업안전은 노동부에서 담당했으나, 점차 노동부로 일원화되는 추세이다.

고용부 또는 노동부 산하 연구기관

연방산업안전보건연구원(BAuA)[89]은 독일 연방 노동사회부에 속한 기관이다. 2011년에 직원은 713명이고 예산은 5,000만 유로(약 750억 원)인데 연방정부의 일반회계 예산을 사용한다.

BAuA는 자체연구와 정책지원, 교육 및 정보제공, 안전보건 관련 법규 및 지침정비(직업병 인정기준 등), 화학물질의 등록관리(REACH)를 주관한다. BAuA가 최근에 중점을 두는 연구는 안전보건 분야에서 인공지능을 이용하여 작업환경과 근로자의 네트워킹을 이루는 소위 스마트 안전장치(AmI: Ambient Intelligence) 개발연구이다. AmI는 신개념의 설비 또는 장비로 근로자가 이를 착용하면 작업환경과 자동으로 정보를 교환하여 재해를 예방할 수 있는 장치를 의미한다. 스마트 안전장치를 이용하면 주변의 유해위험요인을 자동 감지하고 제어하여 사고를 근원적으로 예방하도록 하는 것이 가능하다.

---

89) http://www.baua.bund.de

예를 들면, 화재현장 환경(온도, 유해가스 등)과 소방관의 건강상태(심장박동 수, 혈액의 산소포화도 등)를 파악하여 사고를 예방하고 최적의 상태에서 작업할 수 있는 스마트 보호의를 개발하는 것이다.

덴마크는 고용부의 조직으로 작업환경연구센터(NRCWE: National Research Center for the Work Environment)[90]라는 연구기관이 있다. NRCWE는 다른 연구기관과는 달리 전문사업은 없고 순수하게 연구만 한다. 2011년에 직원은 190명이고 예산은 1,900만 유로(약 285억 원)이며 60%를 정부에서 지원받는다.

노르웨이는 노동부 산하에 산업보건연구원(NIOH, STAMI)[91]이 있다. 1947년에 화학물질분석 및 평가실험실로 시작하여 1988년에 산업보건연구원이 됐다. 이 연구원도 전문사업은 없고 산업안전보건 관련 연구만 한다. 2011년 직원은 120명이고 예산은 1,440만 유로(약 216억 원)인데 85%는 노동부에서, 15%는 연구기금에서 지원받는다.

폴란드의 산업안전보건연구원(CIOP-PIB: Central Institute for Labor Protection and National Research Institute)[92]은 2010년 개원 60주년을 맞은 역사가 깊은 연구원이다. 주로 고온, 한랭, 진동, 소음 등 물리적 인자에 대한 연구가 우수하다. 국제학술지『JOSE(International Journal of Occupational Safety and Ergonomics)』를 발간하고 있다.

대만은 노동부 조직 내에 산업안전보건연구원(IOSH: Institute of

---

90) http://www.arbejdsmiljoforskning.dk

91) http://www.stami.no

92) http://www.ciop.pl/778.html

Occupational Safety and Health)[93]이 있다. 대부분의 국가와 달리 대만 산업안전보건연구원은 산업안전보건국과 병렬적 위치에 있고, 노동부장관의 직접 지휘를 받는다.

일본 산업안전보건연구원은 원래 노동부 산하의 정부조직으로 안전연구원(산업안전연구소)과 보건연구원(산업의학종합연구소)이 있었다. 보건연구원에서는 1962년부터 국제학술지인 『Industrial Health』를 발간하여 2011년 현재 49권에 이르고 있다. 2005년에 두 기관이 통합돼 일본 산업안전보건연구원이 됐다. 이후 일본의 정부개편에 따라 노동부와 보건부가 합쳐진 복지노동부의 소속기관이 됐다가 산하 공공기관으로 변경됐다. 그러나 아직 서로 다른 지역에 위치해 있고 물리적이나 화학적으로 통합은 이루어지지 않은 듯 보인다.

산재보험조합 또는 기금에 속한 연구원

이탈리아의 산업안전보건연구원(ISPESL)은 보건부 산하의 정부연구기관이었다가 2010년 조직통합을 통해 근로자보상청(INAIL: Italian Workers' Compensation Authority) 산하의 연구부(Department of Research)로 변경됐다. 2011년 현재 직원은 1,050명이며 예산은 1억 3,500만 유로(약 1,925억 원)로 현재까지는 보건부의 일반회계 예산을 받았으나 앞으로는 산재보험기금에서 예산을 받게 될 예정이다.

독일에는 일반회계 예산을 쓰는 연방 산업안전보건연구원 외에 산재보험조합(DGUV) 산하에 연구기관이 세 곳 있다. 그중 가장 대표

---

93) www.iosh.gov.tw

적인 것이 상트아우구스틴 시에 있는 IFA(Institute for Occupational Safety and Health of the German Social Accident Insurance)이다. 과거 BGIA로 불렸으나 2010년에 IFA로 개칭됐다. 주로 화학물질 등 유해인자, 사고예방, 인간공학 등에 대한 연구를 한다. 2011년 직원은 245명이며 예산은 2,512만 유로(약 370억 원)이고 90%를 산재보험조합에서 받는다.

한편, 드레스덴 시의 IAG(Institute for Work and Health)는 주로 사회과학, 경제 분석, 심리, 작업 조기복귀 등에 대한 연구를 한다. 그리고 IPA(Institute for Prevention and Occupational Medicine)는 보쿰 시에 위치하고 산업역학, 분자생물학, 독성학 등에 대한 연구를 수행한다.

프랑스 국립산업안전보건연구원(INRS)은 노동부의 지휘를 받는, 근로자건강보험기금(CNAMTS: French National Health Insurance Fund for Salaried Workers) 산하 연구기관이다. 1947년에 안전연구소(INS: National Safety Institute)로 설립한 뒤 1968년에 INRS로 개칭돼 현재에 이른다. 2011년 현재 직원은 650명에 예산은 1억 300만 유로(약 1,545억 원)이고 97%를 산재보험기금에서 받는다. INRS는 파리와 낭시에 위치하며, 연구시설은 주로 낭시에 위치한다. 연구(35%), 전문사업(34%), 교육과 정보제공(22%) 등의 업무를 한다. 주요 연구분야는 나노물질과 독성, 심리사회, 근골격계, 화학물질 다중노출, 워크스테이션 디자인 등이다.

프랑스에는 노동부 산하에 작업환경개선공단(ANACT)[94]이 있는

---

94) http://www.anact.fr/web/english

데, 이곳은 노동환경 전반을 다루는 곳으로 자체 연구는 수행하지 않고 연구기금을 조성하여 정부의 정책연구를 발주하고 정책지침을 만들어 지원하는 역할을 한다.

캐나다의 경우는 연방정부에 산업안전보건 연구기관이 있지 않고 주 정부에 있다. 퀘벡 주에는 IRSST(Institute of Research on Occupational Health and Safety)[95]가 있는데, 2011년 현재 직원이 150명이고 예산은 2,300만 캐나다 달러(한화 약 280억 원)이다. IRSST는 중대사고 조사나 직업병에 대한 연구 조사업무와 분석 서비스 등 전문사업을 한다. 캐나다 연방정부에는 캐나다 산업안전보건센터(CCOHS: Canadian Centre for Occupational Health and Safety)[96]라는 기관이 있다. CCOHS는 1978년에 설립된 기관으로 주로 교육, 홍보, 자료제공을 한다.

● 각국의 산업안전보건연구기관의 기관장들은 정기적인 모임을 통해 업무를 협의함.

95) www.irsst.qc.ca

96) www.ccohs.ca

네덜란드는 보험조합에 속한 TNO Work and Employment[97]가 있다. 2011년 현재 직원은 170명이며 예산은 3,800만 유로(약 570억 원)로 70%는 연구기금이고 30%는 정부의 일반회계 예산이다.

민영화된 연구기관과 기타

말레이시아 산업안전보건연구원(NIOSH: National Institute of Occupational Safety and Health)[98]은 1992년에 설립됐다. 설립 초기 정부기금, 산재보험조합의 기부기금을 출연받아 투자한 수익금을 운용기금의 일부로 충당한다. 기본적인 운영경비는 작업환경측정, 건강진단, 교육 및 훈련 등의 서비스 제공으로 얻은 수익을 이용한다.

이 밖에 싱가포르와 홍콩은 별도의 연구기관이 없이 고용노동부 외에 산업안전보건위원회(Occupational Safety and Health Council)가 있어 산업안전보건에 관련된 교육과 홍보 및 자료개발 사업을 한다. 앞으로 싱가포르에서는 산업안전보건연구원을 신설할 예정이다(싱가포르는 2011년 12월 Workplace Safety and Health Institute,를 신설하였고, 전 EU OSHA청장이었던 Jukka Takala가 초대 원장으로 부임했다). 태국, 필리핀 등의 아시아 국가에도 산업안전보건연구기관은 없다.

---

97) www.tno.nl

98) www.niosh.com.my

산업안전보건연구원

1. 산업안전보건연구원의 역사와 현재

연구원 설립 배경

한국이 산업화를 시작하던 때인 1968년 국제노동기구(ILO)는 한국 정부에 대해 직업사고와 질병을 예방하기 위한 연구기관설립을 권고했다. 한국 정부는 1974년 12월 28일 유엔개발계획의 협조를 받아 산업안전보건연구기관을 설립하기로 결정하고 1977년 4월 28일 대통령령(제8522호)에 의해 국립노동과학연구소를 설립했다. 노동부 국립노동과학연구소는 36명의 인원으로 출발했으며, 유엔개발계획에 따라 1978년부터 1982년까지 외국 전문가의 지원을 받았다.

1970년대 시작한 산업화의 결과로 1980년대 후반에 산재사고와 직업병 발생이 급격히 증가하기 전까지 산업안전보건은 사회적인 주목을 받지 못했다. 1980년 중반까지의 노동정책은 경제발전에 초점을 두고, 노동분쟁을 최소화하고 산업현장에 숙련된 노동력의 적시공급을 촉진하는 방향으로 전개됐다. 1980년 산업안전보건법이 제정된 후까지도 작업장 환경을 개선하는 것은 정책당국자의 관심을 끌지 못했다. 결과적으로 급격한 산업화는 한국사회와 국민들에게 산업안전보건문제를 포함한 예측치 못한 결과를 초래하게 됐다.

산업안전보건연구원의 설립

태동기

1987년 산재사고와 직업병을 예방하기 위해 사업장에 대한 기술지원업무를 수행할 목적으로 안전보건공단이 설립됐다. 국립노동과학연구소는 1989년 2월 16일 폐쇄되고 시설과 장비는 새로 개원한 산업안전보건연구원에 이관됐다. 산업안전보건연구원은 1989년 7월 19일 66명의 인원으로 안전보건공단 산하기관으로 설립되었으며 연구담당, 검정부 및 관리조사부로 조직됐다.

● 인천시 부평구 소재 산업안전보건연구원 전경

성장기

1980년대 말과 1990년대 초에 발생한 이황화탄소 중독 집단발생 사건은 근로자의 건강과 작업환경에 대한 대중의 관심을 끌었다. 이황화탄소에 노출된 한 인견사공장에서 약 1,000명의 이황화탄소 중독자가 발생했다. 이 회사는 이미 1993년에 폐쇄되었지만, 이황화탄소 중독자에게 보상된 비용은 2008년에만 280억 원이었다. 1990년 당시 산업안전보건연구원은 전문인력과 장비의 부족으로 이황화탄소 중독을 포함한 직업병문제에 적절히 대응하지 못했다. 그래서 1991년 6월 직업병예방종합대책이 대통령에게 보고되었으며, 이 계획에 의해 1992년 1월 산업안전보건연구원은 산업안전연구원과 근로복지공단 직업병연구소를 흡수한 산업보건연구원으로 개편됐다. 1989년 4월 개소한 직업병연구소는 1980년대 사북광부 소요사태로 인해 1985년에 설립된 진폐연구소를 이어받은 것으로 21명의 인원이 직업병에 대한 연구와 직업병진단을 수행하고 있었다.

산업안전연구원은 기계전기안전연구실, 화학안전연구실, 건설안전연구실, 검정부로 구성됐고, 산업보건연구원은 산업안전보건연구원의 산업위생팀에서 출발한 산업위생연구실, 직업병연구소에서 출발한 산업의학연구실, 산업독성연구실, 직업병진단센터로 구성됐다. 산업독성연구실은 1997년 9월 별도의 장소인 대덕연구단지 내에 산업화학물질연구센터로 확대 개편됐다.

안정기

산업안전연구원과 산업보건연구원은 1997년의 경제위기로

1998년 12월 28일 산업안전보건연구원으로 재통합됐다. 몇 차례의 조직개편을 통해 2009년 현재 산업안전보건연구원은 8개 부서에 149명이 근무하고 있다. 부서는 안전경영정책연구실, 안전시스템연구실, 직업환경연구실, 직업병연구센터, 화학물질안전보건센터, 안전인증평가센터, 재해통계분석팀 및 운영지원팀으로 구성돼 있다. 산업안전보건연구원의 주 역할은 산재사고와 직업병을 예방하기 위한 연구와 각종 사업이다.

산업안전보건 연구

산업안전보건연구원은 독성학, 역학, 생물학적 모니터링, 산업위생, 보건통계, 공학적 개선 및 안전보건정책에 관련된 연구를 수행하고 있다.

연구원 설립 후 1,057편의 연구를 수행했는데 안전정책 및 관리제도분야가 154편, 산업안전분야가 320편, 작업환경분야가 137편, 건강영향분야가 270편, 화학물질안전보건분야가 170편이었다. 이 기간 중에 동료사독을 하는 국내외 전문학술지에 389편의 논문을 게재했고 1,000편이 넘는 연구논문을 국내외 학술대회에서 발표했다.

연구주제가 주로 연구원의 관심분야에 국한되었기 때문에 2002년에 연구 우선순위를 설정하기로 하고 산업안전보건전문가로부터 의견을 수렴하여 계통분석과정을 통해 우선연구 분야를 검토했다. 2005년에는 내·외부 전문가의 토론을 거쳐 연구수행 장기전략을 확정했는데 확정된 11대 중점추진 연구영역은, ① 국가안전보건관리체계, ② 노동환경변화에 따른 안전보건문제, ③ 사회·심리적 요인과

스트레스, ④ 위험요인에 대한 공학적 안전대책과 안전성 평가기법, ⑤ 중대재해 예방기술개발, ⑥ 인간공학응용 재해예방기술개발, ⑦ 화학물질의 독성과 유해 · 위험성 평가, ⑧ 작업환경 위해성 평가 및 제어, ⑨ 유해요인의 생체영향평가, ⑩ 직업성질환의 규명과 감시, ⑪ 안전보건 기초자료 및 정보생산이었다.

또한 우선연구 분야와 더불어 현재의 문제와 현장수요를 반영하기 위해 대학, 사업장, 정부에 대해 정기적으로 연구수요조사를 하여 연구주제선정에 반영하고 있다.

산업안전보건 전문사업

안전인증

통상적으로 경제발전의 수준에 비해 안전장비와 기구의 발달은 이에 미치지 못한다. 기계에 끼임과 감김은 흔한 산재사고 중의 하나이며, 이러한 사고의 대부분은 안전장치가 미흡한 장비나 기구에 의해 발생한다. 우리 연구원에서는 안전장치와 기구개발에 주력하여 감김과 끼임, 추락, 넘어짐 재해예방과 관련된 24개의 특허를 출원했다.

산업화 초기부터 안전장치와 보호구가 제공되었지만 질관리는 담보되지 않았다. 그래서 산업안전보건법은 주요 안전장치와 보호구에 대해 검사와 검정을 받은 후 사용하도록 규정하고 있다. 산업안전보건연구원에서는 개원 초부터 안전장치와 보호구에 대해 검사와 검정업무를 수행했다.

이와 더불어 산업안전보건연구원에서는 1997년 S마크 인증을 시작했는데 S마크 인증은 유해 · 위험 기계와 기구, 부품, 안전장치,

개인용 보호구 등의 안전성과 신뢰성을 검사하는 자율안전인증제도이다. S마크는 설계나 생산과정에서 근원적인 안전성을 확보하는 데기여하고 있으며, 우리 연구원은 튀프 라인란트와 같은 16개 다국적또는 국제기업과도 상호인증협정을 체결했다.

1992년 이래로 인화성 가스, 증기 또는 가연성 분진이 있는 환경에서 화재나 폭발에 의한 사고를 예방하기 위해 전기기계·기구에 대한 법적 인증을 수행하고 있으며, 1998년부터는 국제전기기구방폭제도(IECEx Scheme)에 참여하는 국가끼리 상호인증이 가능하도록 했다.

MSDS/건강보호

우리 연구원은 1996년부터 5만 800종의 물질안전보건정보(MSDS)를 제공하고 있다. MSDS는 생산자가 제공하는 것이지만 근로자는 물론 사업주의 편의를 위해 연구원이 제공하고 있다. 2008년에는 혼합물질의 MSDS를 쉽게 제작할 수 있는 MSDS 편집프로그램을 개발했다. 또한 화학물질의 분류와 표시에 대한 국제조화시스템(GHS)에서도 국내 부처와 관련 기관을 선도하고 있고, 유럽연합(EU)에서 규제하는 화학물질 등록, 평가, 승인 및 규제제도(REACH)의 대응에 중심적인 역할을 수행하고 있다.

그리고 건강에 대한 영향이 없는 경우에도 사업장의 자율적인요청에 따라 작업환경측정으로 해결하지 못하는 문제에 대해 조사해주는 건강유해도 평가제도를 운영하고 있다.

정도관리

1980년대와 1990년대의 화학물질 노출과 중독조사에서 가장 큰 논쟁은 생체시료 분석결과의 정확성이었다. 산업보건분야 실험실의 정확성을 높이기 위해 연구원은 작업환경시료와 생체시료에 대한 정도관리를 시작했다. 작업환경시료는 1992년부터 표준시료를 개발하여 정도관리를 시작했고, 생체 시료분석에 대한 정도관리는 표준시료가 개발된 1995년부터 시작했다. 정도관리제도의 법제화는 정도관리 참여기관의 작업환경 또는 생체시료 분석능력과 기술을 크게 향상시켰다.

1990년대 중반에는 소음성난청 진단을 위한 청력판정과 진폐증 진단을 위한 흉부방사선 판정의 부정확성 문제가 제기됐고 1996년부터 청력검사와 흉부방사선검사에 대한 정도관리를 시작했다.

청력검사를 담당하는 간호사들에게 정확한 검사방법을 교육했으며, 청력검사를 하는 기관에 대해서는 정기적으로 청력검사결과의 질에 대한 평가를 했다. 방사선기사에 대해서는 진폐판정을 위한 흉부방사선 사진촬영 시의 올바른 방법에 대해 교육했고, 방사선과 전문의에 대해서는 진폐판정을 위한 ILO 표준필름 판독방법에 대해 교육했다. 이러한 교육과 질관리가 특수건강진단에서 소음성난청과 진폐증 판정의 정확성을 크게 높여 주었다.

역학조사

우리 연구원이 설립되기 이전에는 직업병을 조사하는 공공기관이 없었고 노동부는 문제가 생길 때마다 대학의 전문가를 위촉하여 직업병심의위원회를 구성했다. 그러나 현장조사가 제대로 되지 않아 의견을 일치시키기가 매우 어려웠다. 산업보건연구원은 직업병연구소가 수행했던, 노동부(1995년부터 근로복지공단)가 요청하는 직업병 심의를 위한 역학조사를 계속 수행하고 있으며, 현장에 대한 심층조사를 통해 근로자와 사업주 양측으로부터 정확성과 공정성에 대한 신뢰를 얻게 됐다. 역학조사는 1999년 법제화됐고 1992년부터 2008년까지 2,096건을 수행했다.

우리 연구원에서는 근무 중 발암성 물질에 노출되었던 이직 근로자를 관리하고 있는데, 이들에 대한 건강진단은 특수건강진단기관이 실시하고 연구원이 결과를 관리하고 있다. 직업성 천식이나 악성 중피종과 같은 특정 직업병을 추적하기 위해 직업성 질환 감시체계도 운영하고 있는데, 참가기관의 의사들은 업무와 관련이 의심되는 사례가 있을 때 감시체계 운영본부에 보고하고 있다.

통계분석

우리나라의 산재사고와 직업병에 대한 공식통계는 산재보상자료를 이용하고 있다. 산재보상자료가 모든 산재사례를 포함하고 있는지에 대해서는 논란이 있지만 중대재해는 모두 보고되는 것으로 추정된다.

이 통계는 산업재해통계 연보로 발간되고 있으나 이 자료는 보상을 위한 자료를 이용하는 것이므로 산재사고와 직업병의 원인을 밝히기는 미흡하다. 그래서 산재사고와 직업병에 대한 원인조사를 실시하여 산업재해 원인조사 연례보고서를 발간하고 있으며, 이 통계는 통계청의 공식통계로 인정받고 있다.

국제협력

우리 연구원은 ILO, WHO와 같은 국제기구, 그리고 다른 나라의 산업안전보건연구기관과 긴밀히 협력하고 있다. 여러 국제학술회의도 주관했으며, 2005년에는 국제산업보건학회(ICOH) 산하의 신경독성 및 정신생리분과에서 주최하는 '산업보건에서 신경행동검사와 건강영향에 대한 제9차 국제심포지엄'을 대한직업환경의학회와 공동으로 개최했다. 2007년 11월 2일에는 제5회 아태산업안전학회를 부산에서 산업안전학회와 공동으로 개최했고, 2007년에는 아시아지역 9개 연구기관이 참여하는 제2회 아시아국공립산업안전보건연구기관회의를 개최했다.

우리 연구원은 국제표준기구(ISO)의 몇 개 분야에서 한국 측 대표로 참가하고 있으며, 그 분야는 기술위원회의 (TC)94(개인 안전—보호구), TC96(크레인), TC146(실내공기의 질), TC159(인간공학), TC199(기계안전) 등이고 국제전기기술위원회(IEC)의 기술분과위(TC)101(정전기), TC31(방폭설비) 분야에도 참여하고 있다. 이러한 국제표준기관과의 협력 경험을 바탕으로 KOSHA Code를 제정하여 보급하고 있다.

산업안전보건연구원의 미래

우리 연구원은 지난 20년의 경험을 바탕으로 그간 성과를 이룬 분야를 계속 발전시킬 것이다. 산업안전보건 정책과 제도에 대한 연구를 통해 공공연구기관으로서 정부의 안전한 작업환경을 만들기 위한 정책과 제도개선에 필요한 자료를 제공할 것이다. 또한 새로운 산업안전보건문제에 대한 연구를 강화하고 자체 연구능력을 꾸준히 배양할 것이다.

국제적으로는 연구경험을 공유하기 위해 연구원들의 논문발간과 국제학술대회 참석을 장려할 것이며, 2015년까지 학술논문 발표 수준을 현재의 두 배로 늘려 세계 5위 이내의 연구기관으로 성장할 것이다. 이를 위해 연구담당자의 성과는 학술논문 발표와 산업안전보건에 관련된 활동으로 평가할 예정이다.

2015년 서울에서 개최되는 제31회 국제산업보건대회를 연구능력 향상이라는 목표를 달성하는 좋은 기회로 활용할 것이다. 또한 제31회 국제산업보건대회의 성공적 개최를 위해 필요한 다양한 국제학회와 세미나를 개최할 예정이다.

우리 연구원은 가칭 'Health and Safety at Work'인 국제학술전문지를 2010년부터 발간할 예정이며, 이 학술지에 원저, 종설, 사례보고, 현장조사 등 다양한 산업안전보건에 대한 논문을 수록할 것이다. 그리고 이 학술전문지가 최단시간 내에 국제적 수준(SCI급)의 학술지로 인정받도록 노력할 것이다.

우리 연구원은 세계적인 연구기관으로 도약하는 한편, 국내 산업안전보건 연구기관의 중심축이 되기 위해 앞으로도 대학이나 학술단체에 연구비 지원을 계속할 것이다. 그리고 안전보건 국제대회를 유치하고 선진국뿐만 아니라 개도국과도 전문가를 교환하여 최신의 지식과 경험을 공유할 것이다.

2. 산업안전보건연구원 설립 20주년을 맞아

　산업안전보건연구원이 올해로 20주년을 맞이하게 된다. 노동부의 국립노동과학연구소를 이어받아 1989년 7월 19일 한국산업안전공단의 산하 연구원으로 출범했다. 1990년대 초 발생한 원진레이온 사건이 발단이 돼 수립된 직업병 예방 종합대책에 의해 1992년에는 산업보건연구원과 산업안전연구원으로 분리되었다. 경제위기에 따른 조직개편과 안전보건연구의 유기적 결합을 위해 1999년에 다시 산업안전보건연구원으로 통합되었다. 개원 당시에 66명이었던 정원은 2009년 현재 1실, 4센터, 9개 팀, 154명으로 확대되었다. 2008년에는 73개의 연구과제와 산업안전보건과 관련된 각종 사업을 수행했다.

　연구원 설립 초기에는 연구수준이 미약했으나 이제는 우수한 자체 연구능력을 갖추게 되었다. 연구분야는 안전보건정책, 산업안전, 산업위생, 직업병, 산업화학물질 등으로 구분하여 사고 및 직업병 예방에 관련된 기초부터 작업환경 및 설비개선까지 모든 안전보건분야의 연구를 수행하고 있다. 특히 근로자들에게 유해물질이 주로 흡수되는 경로인 호흡기를 통한 흡입독성 연구분야는 우리 연구원이 국내에서 유일하게 수행하고 있다.

연구원은 연구뿐만 아니라 산업재해 예방을 위한 통계자료의 생산과 각종 사업도 수행하고 있다. 산업재해통계, 산업재해원인조사, 3년 주기의 근로환경동향조사, 5년 주기의 제조업체 작업환경실태조사 등은 우리나라 산업안전보건환경의 현황에 대한 기초자료로 제공되고 있다. 또한 연구원은 방호장치나 보호구 안전을 위한 검인증 사업, 직업병 원인조사를 위한 역학조사 사업, 산업보건 사업의 신뢰성을 높이기 위한 특수건강진단기관 및 작업환경측정기관에 대한 정도관리 사업, 화학물질에 대한 기초정보 제공을 위한 물질안전보건정보(MSDS) 제공 사업을 하고 있다. 화학물질의 분류와 표시를 국제적으로 표준화하기 위한 유엔의 '화학물질 분류와 표시에 대한 세계조화시스템(GHS)'에 대해서도 우리 연구원이 중심이 돼 추진하고 있다. 화학물질의 등록, 평가 및 허가를 의무화한 유럽의 새로운 화학물질 관리제도인 REACH에 대해서도 사업장에서 필요한 정보를 생산하여 제공하고 있다.

연구원은 자체 연구뿐만 아니라 외부 위탁연구를 많이 발주하여 국내 산업안전보건연구의 토양을 제공함으로써 우리나라 산업안전보건연구의 중심축으로 자리 잡았다. 산업안전보건법 선진화를 위한 연구, 위험성 평가제도 도입을 위한 연구, 유해물질 노출기준 제·개정을 위한 연구 및 산업안전과 보건에 관련된 각종 연구과제를 발주하여 산재예방 체계를 구축하는 한편 국내 산업안전보건연구의 기반을 조성하고 있다.

산업안전보건연구원은 성장과정에서 선진국으로부터 많은 도움을 받았다. 특히 한독 협력사업은 산업안전분야에, 한일 협력사업은 산업보건분야의 성장에 밑거름이 되었다. 미국의 국립산업안전보건연구원(NIOSH), 영국의 보건안전연구소(HSL), 독일의 연방산업안전보건연구원(BAuA), 스웨덴의 노동생활연구원(NIWL), 핀란드의 산업보건연구원(FIOH), 일본의 산업안전보건연구원(NIOSH) 등과의 교류를 통해 연구능력을 배양했다. 이제는 축적된 연구역량을 개발도상국에 전수하고 있다. 2007년에는 제2회 아시아 국공립산업안전보건연구원장 회의를 주관했고 베트남 국립산업환경보건연구원(NIOEH) 등 개발도상국의 산업안전보건연구기관과 교류하고 있다. 2008년에는 공단이 주관한 제18회 세계산업안전보건대회(World Congress on Safety and Health at Work)에서 연구원이 중심적인 역할을 했고, 2015년에 개최되는 제31회 세계산업보건대회(ICOH Congress)를 유치해 놓고 있다.

이제 연구원은 20주년을 맞이하여 새로운 도약기에 접어들고 있다. 세계 산업안전보건의 흐름은 과거 외상성 사고나 직업병의 범주에서 벗어나 직무스트레스, 나노물질에 의한 위험, 생물학적 유해물질에 의한 질환 등 새로운 유해위험요인에 대한 대처방향으로 확대되고 있다. 산업안전보건이 단순한 사고나 질병손실 예방에서 노동생산성 향상을 통한 경제적 이익창출과 근로자의 삶의 질 향상을 위한 건강관리 방향으로 변화하고 있다. 우리의 산업안전보건연구도 이러한 시대적인 흐름에 맞추어 방향을 설정해야 하고 각종 산업안전보건 사업을 선도해야 할 위치에 처해 있다. 그러나 아직도 추락, 협착, 전도와 같은 외상성 사고와 화학물질 급성중독 등 재래형 재해가 많이 발생하고 있다. 따라서 우리 연구원은 이러한 시대적 흐름에 맞추어 새로운 유형의 재해와 아직도 많이 발생하는 재래형 재해의 예방을 위한 연구를 함께 추진하려고 한다.

산업재해는 크게 사고에 의한 손상과 작업환경에 의한 질병으로 구분한다. 사고에 의한 손상은 외상성 손상과 비외상성 손상 그리고 교통재해로 구분할 수 있다. 작업환경에 의한 질병은 직업병과 작업 관련성 질환으로 구분하고 있다.

산재예방을 위해서는 어느 한 분야도 소홀히 할 수 없다.

외상성 손상을 줄이기 위해서는 먼저 외상성 사고원인에 대한 정교한 분석이 있어야 한다. 십 수 년간 집중적인 예방사업에도 불구하고 반복되는 추락, 전도, 협착, 충돌, 붕괴 등 외상성 사고의 원인이 무엇인지를 집중적으로 연구하겠다.

재해의 원인이 기계공학적 원인인지, 아니면 관리감독 차원의 원인인지를 구분하겠다. 기계공학적 원인이라면 선진 외국의 사례를 분석하고 관찰하여 근원적인 공학적 대책을 개발하도록 하겠다. 관리감독 차원의 문제라면 노동부가 우선순위를 정해 집중적으로 감독할 수 있는 자료를 개발하여 제공하겠다. 아무리 안전설비가 완벽하다 하더라도 부주의한 행동에 의한 사고는 계속 발생할 수 있으므로 근로자의 행위의식을 효과적으로 바꿀 수 있는 교육적 요소를 개발하는 연구를 하겠다.

사업장 내외의 교통재해가 사고성 재해의 5%에 이르며 점차 증가하고 있어 더 이상 방치할 수 없다. 통근재해는 어쩔 수 없다 하더라도 사업장 내에서의 교통사고나 배달원들의 교통재해에 대해서는 원인을 분석하고 예방대책에 대한 연구도 시작하겠다. 사고성 재해의 10% 이상을 차지하는 비외상성 사고에 대해서는 그동안 크게 관심을 가지지 않았다. 질식재해, 무리한 동작에 의한 손상, 고열과 화학물질에 의한 화상, 폭력, 동물 상해 등에 대한 조사와 연구도 시작하겠다.

직업병 연구는 저농도 장기노출에 의한 건강장해와 신산업에 의한 직업병 예방에 주력하겠다. 우리가 화학물질을 사용하는 한 저농도 장기노출에 의한 건강장해를 피해갈 수는 없다. 예를 들어 우리나라는 조선 등 제조업의 발달에 따라 용접작업자가 매우 많다. 용접작업을 할 때 발생되는 망간에 장기간 노출되면 파킨슨병을 유발할 수 있는 것으로 알려져 있다. 파킨슨병은 장애가 큰 병으로 노년기 삶의 질을 파괴하므로 예방이 무엇보다도 중요하다. 이처럼 현재에는 건강장해가 잘 알려져 있지 않더라도 저농도에 장기간 노출될 수밖에 없는 유해요인에 대한 연구를 계속하겠다.

산업구조 변화에 따른 새로운 산업에서 발생할 수 있는 직업병에 대해서도 연구를 하여야 한다. 예를 들어 반도체 산업은 우리나라가 선도하는 산업으로 다른 직업병과는 달리 기존 선진국의 사례에서 교훈을 얻을 수 없다. 직업병은 발생할 때까지 오랜 시간이 걸리고 일단 발생하면 사후비용이 매우 큰 점을 감안하여 신산업에서 발생할 수 있는 직업병에 대해서도 꾸준히 연구하겠다.

최근 증가하고 있는 작업관련성 질환에 대한 예방은 근로자의 건강보호는 물론 노동 생산성 향상을 위해 매우 중요한 과제이다. 출산율 저하와 평균수명의 연장에 따른 인구 고령화는 필연적으로 근로자의 고령화를 유발한다. 고령화된 근로자는 근골격계 질환이나 뇌심혈관계 질환이 다발하지 않을 수 없다. 평소에 체력강화와 같은 건강증진, 고혈압 관리 같은 보건관리 만이 고령근로자의 작업관련성 질환을 예방할 수 있다. 근로자가 생산활동에만 집중할 수 있도록 정신적 건강을 향상시키기 위해서 직무스트레스 관리방안에 대한 연구도 계속하겠다.

연구원이 중심이 돼 수행하고 있는 각종 사업성 업무에 대해서도 꾸준히 노력하겠다.

조사통계기능을 강화하여 단순한 재해통계 제공 수준에서 재해의 원인을 심층적으로 분석하여 예방방향을 제시하는 기능으로 발전시키겠다. 이를 위해서는 통계분석을 연구기능과 접목시키겠다. 연구가 실용성 있게 수행되고, 예방사업이 과학적으로 이루어지기 위해 필요한 재해원인 분석을 생산하도록 하겠다.

사회적 문제가 되고 있는 직업병에 대한 역학조사를 강화하여 직업병 판단에 학문적으로 타당한 조사결과를 제공하도록 하겠다. 그리고 현재 수행방식인, 문제가 발생한 직업병에 대한 역학조사에서 사전예방 역학조사로 방향을 전환하여 직업병 문제가 발생하기 전에 인과관계를 규명하고 대책을 제시하는 방향으로 역학조사를 발전시키겠다.

우리 연구원의 흩어져 있는 분석실 기능을 집중화하고 강화하겠다. 연구원에서는 새로운 유해물질에 대한 분석에 주력하고, 간편한 분석법을 개발하여 보급하겠다. 민간에서 분석하기 어려운, 고가의 장비를 이용한 물질분석에 대한 지원이 가능하도록 하겠다. 이제 안정적으로 정착된 작업환경측정 및 특수건강진단기관 정도관리는 산업보건기관이 작업환경측정이나 특수건강진단을 수행하는 데 필요한 질 향상에 초점을 두고 수행하겠다.

유해물질에 대한 정보제공을 다양한 각도로 제공하겠다. 실험과 자료분석을 통해 MSDS 자료의 신뢰성을 높여 근로자와 사업주가 사용하도록 하겠다. 근로자들이 쉽게 사용할 수 있는 간편 정보도 개발하여 보급하겠다. 연구원에서 개발한 MSDS 편집프로그램을 개발도상국에 제공하여 복합물질에 대한 MSDS를 쉽게 생산할 수 있도록 국제사회에 기여하겠다. 우리나라에서 미흡한 발암성이나 만성흡입독성 실험을 위한 실험실을 확보하여 화학물질의 독성에 대한 정보생산에 있어 우리나라의 국제적 위상에 맞는 역할을 하도록 하겠다.

우리 연구원이 세계적인 연구기관으로 도약하고, 국내 산업안전보건연구기관의 중심축이 되기 위해 자체 연구능력을 향상시키는 데 꾸준히 노력하겠다. 더 많은 우수한 연구논문이 국내외 전문학술지에 게재되도록 하겠다. 대학 등 연구기관처럼 연구원의 평가는 연구논문 게재실적이 중심이 되도록 하겠다. 연구기반을 조성하는 기초연구는 대학에 위탁하고 제도개선 등 공단 설립목적에 맞는 실용적인 연구를 강화하여 연구결과의 활용성을 높이도록 하겠다. 제도개선에 활용된 실적을 연구결과에 대한 평가에 반영하겠다. 각종 산업안전보건 사업에 대한 경제성 분석도 시작하여 노동부 및 공단의 사업이 산재예방에 효과적으로 기여할 수 있는 방안을 제시하겠다.

우리나라에 산업안전보건연구가 활성화될 수 있도록 학회 및 대학에 연구비 지원을 늘리도록 하겠다. 연구원의 성장과정에서 선진국의 도움을 받았듯이 우리 연구원도 이제까지 축적된 지식과 경험을 개발도상국과 공유할 수 있도록 국제협력사업도 강화하겠다. 매년 시기에 맞는 주제를 선정하여 1회 이상의 국제세미나를 개최하여 연구원은 물론 국내의 연구자에게 선진국의 우수 연구자와 교류할 수 있는 장을 마련하겠다.

이러한 노력을 통해 우리 연구원 30주년에는 연구실적 기준으로 세계 5위 이내에 드는 세계적 연구기관으로 성장할 수 있도록 노력하겠다.

3. 산업안전연구는 어떠한 방향으로 가야 하나?

　1년에 산업재해로 보상되거나 보고되는 숫자는 약 9만여 건이다. 이 중 업무상 사고로 인한 손상은 90% 정도가 되고, 비사망사고에 대한 산재보험금 지급액은 전체의 75% 정도가 된다. 업무상 사고에 의한 손상은 업무상 질병에 비해 보상비용은 상대적으로 적지만, 절대 숫자가 많기 때문에 재해율을 낮추려면 업무상 사고를 줄여야만 한다. 산업안전보건연구원은 업무상 사고와 업무상 질병을 예방하기 위해 설립된 조직이므로 연구의 근간이 업무상 사고나 질병을 예방하는 관점에서 벗어날 수 없다. 따라서 업무상 사고를 예방하기 위해 그동안 많은 산업안전분야에 대한 연구를 수행해 왔다.

　최근 10여 년간 정체되고 있는 재해율을 낮추기 위해서는 사업장에 대한 기술지원, 교육 및 홍보와 더불어 '업무상 사고' 예방을 위한 연구가 강화돼야 한다. 재해예방에 필요한 산업안전분야 연구를 수행하기 위해서는 우선 두 가지를 정확히 알아야 할 것이다. 첫째는 안전사고의 유형과 원인에 대한 파악이다. 사고유형을 잘 파악해야 그 유형에 적합한 연구를 수행할 수 있을 것이고, 사고유형과 원인을 정확히 알지 못한 채 연구를 수행하면 그 결과를 사고예방에 잘 활용하지 못할 수 있기 때문이다. 두 번째는 그동안 연구원에서 수행한 연구의 분야와 방향에 대한 분석이다. 연구원의 연구수행결과를 정확히 평가함으로써 연구원의 강점과 약점을 파악할 수 있고, 이에 필요한 연구분야를 보강할 수 있기 때문이다.

우리나라 업무상 사고의 경향

최근 5년간 업무상 사고는 전체 재해의 88.6%를 차지하고 있다. 우리는 업무상 사고를 뭉뚱그려 안전사고라고 표현하는데 발생원인과 예방방향에 따라 크게 외상성 사고, 비외상성 사고, 그리고 교통재해로 구분할 수 있다. 외상성 사고는 넘어짐, 감김·끼임, 추락, 부딪힘, 물체에 맞음, 절단, 감전, 무너짐 등의 사고에 의한 손상을 말하고, 비외상성 사고는 질식, 무리한 동작, 고온접촉, 체육행사, 폭력, 동물상해 등에 의한 손상을 말한다. 2007년에 발생한 외상성 사고는 전체의 77.2%였고, 비외상성 사고는 9.0%, 교통사고는 3.4%이었다. 비외상성 사고는 기계·설비적인 원인보다 환경 및 인간관계에서 발생하는 것이므로 주로 산업보건분야에서 예방사업을 수행하고 있고, 교통사고는 별도의 전문예방기관이 있으므로 산업안전에서는 크게 관심을 갖지 않고 있다.

외상성 사고는 주로 넘어짐, 감김·끼임, 추락, 충돌 사고 등 네

가지 유형이 전체의 61.3%를 차지하고 있다. 넘어짐 사고와 충돌 사고는 꾸준히 증가하는 반면, 감김과 끼임 사고는 감소하는 추세이다. 사고 건수는 적지만 감전, 폭발, 무너짐 사고도 꾸준히 감소하고 있다. 또한 추락 사고는 2003년에 가장 많았고, 이후 약간 감소한 수준에서 비슷한 수준으로 발생하고 있다. 그런데 4대 사고유형을 업종별로 보면 매우 뚜렷한 차이가 난다. 감김·끼임 사고의 67%는 제조업에서 발생하고, 추락의 50%는 건설업에서 발생하며, 넘어짐 사고의 40%는 서비스산업에서 발생하고 있다. 충돌 사고는 전 산업의 사고와 유사한 분포를 하고 있다. 감김·끼임 사고 및 절단 사고는 제조업에서 상대적으로 많이 발생하고, 추락, 무너짐, 감전은 상대적으로 건설업에서 많이 발생한다. 2007년 산업재해 원인조사에 의하면 부상자의 기인물은 건축·구조물·표면과 관련된 것이 30.9%, 기계·설비와 관련된 것이 24.4%이었다. 따라서 업무상 사고는 기계·설비에 의한 것뿐만 아니라 다양한 원인에 의해 발생하고 있다.

연구원에서 수행한 산업안전 연구

연구원은 1990년부터 2008년까지 343건의 산업안전 관련 연구를 수행했다. 분야별로는 기계안전분야 25.9%, 화공안전분야 24.5%, 건설안전분야 24.5%, 전기안전분야 15.5%, 안전정책분야 8.1% 순이다. 연구내용으로는 기술기준이나 지침개발이 104건으로 전체의 30%를 차지하고 있고, 건설안전분야는 50%가 기술기준 및 지침개발이었다. 기계·설비의 개발연구는 전체의 18%였는데, 기계안전분야의 연구에서 기계·설비 개선연구가 44%를 차지하고, 사고 유형별

조사분석은 16건으로 전체의 5% 이하였으며, 기인물별 사고 원인조사는 11건으로 3.2%였다. 따라서 그동안 연구원에서 수행한 산업안전 관련 연구는 대부분 기술지침개발과 기계 · 설비 개선에 대한 공학적 연구이었다.

　　연구원의 산업안전연구는 연구 자체보다 연구결과를 활용해서 작성하는 지침개발이나 표준개발 연구의 비중이 많았던 반면, 사고의 원인이 되는 다양한 요인에 대한 연구는 거의 없었다. 우리나라에서 발생한 사고원인에 대한 정확한 분석 없이 기술지침이나 표준개발을 하게 되면 자연히 외국의 자료를 많이 참조하게 되는데, 그렇게 되면 기술지침의 방향이 우리나라의 실정에 맞지 않거나 사고예방에 기여하지 못하는 경우도 생길 수 있다. 아울러 기계나 설비의 개선을 위한 공학적 연구는 많이 있었으나 그러한 연구가 왜 필요한지에 대한 연구, 즉 사고의 크기, 심각성, 유형별 특성 등에 대한 역학적 연구는 없었고, 사고의 원인에 영향을 주는 인적 또는 조직 문화적 특성에 대한 사회학적 연구도 없었다. 기계의 방호장치에 대한 연구는 많았으나 정책제도분야를 제외하면 보호구에 대한 연구도 없었고, 지속적으로 증가하고 있는 교통사고, 폭력 등 다양한 분야의 안전사고에 대한 연구도 아직 없다.

　　이에 비해 핀란드 산업보건연구원(Finnish Institute of Occupational Health)의 안전분야 연구는 매우 다양하다. 1991년부터 2008년까지 산업안전연구는 104건이 있는데, 이는 전체연구 건수 1,445건의 7.2%에 해당한다. 이 중 60%는 핀란드어로, 40%는 영어로 발표됐다. 영어로 발표된 40편의 연구내용을 보면 보호구 9편(22.5%), 넘어짐 사고 8편(20%), 업종별 사고위험 분석 5편(12.5%), 안전문화 4편(10%), 기타 교통사고, 제품설계안전 등이다.

연구원의 연구 성과와 미래 전략

그동안 연구원에서 수행한 산업안전연구는 기계·설비에 관한 공학적 연구와 기술지침 개발연구가 많았는데, 이는 다른 업무상 사고가 증가함에도 불구하고 기계·설비에 의한 감김·끼임 사고, 감전 사고, 무너짐, 폭발 사고 등이 지속적으로 감소하고 있는 것에 기여하고 있음을 부인할 수 없다. 즉, 안전한 기계·설비의 개발, 방호장치 개선 등이 제조업에서 많이 발생하는 감김·끼임 사고 등 기계·설비 관련 사고를 감소시키는 데 기여했다고 볼 수 있을 것이다. 기술지침의 개발보급은 사업장에서 안전작업 매뉴얼을 만들고 안전한 작업행위를 생활화하는 데 기여했을 것으로 본다.

그간 연구원에서 수행한 산업안전연구의 성과는 기계·설비에 의한 사고가 많았던 과거의 재해감소에 기여했다고 평가할 수 있으나, 사고의 유형이 변화하여 재해율이 정체하고 있는 오늘에 와서는 새로운 방향을 모색해야 할 시점에 와 있다. 따라서 기존 산업안전연구의 장점을 살리되, 그동안 부족했던 분야의 연구, 즉 사고의 유형과 원인에 대한 연구, 사고발생에 미치는 사회심리적인 영향에 대한 연구, 보호구에 대한 연구, 교통사고 및 폭력 등 새로운 유형의 사고에 대한 연구 등을 강화해야 할 것이다.

이를 위해 우리와 비슷한 한계를 극복하고 재해율을 낮춘 선진국의 연구기관과 교류하여 산업안전연구의 방향을 모색하려고 한다. 또한 제2차 산업안전보건연구원 국제학술대회의 일환으로 미국의 NIOSH, 영국의 HSL, 핀란드의 FIOH, 독일의 BAuA, 이탈리아의 ISPESL, 일본의 JNIOSH 등의 산업안전분야 연구자와 개발도상국의 연구자들이 참여하는 '업무상 사고 및 상해예방을 위한 국제학술대회'도 2010년 서울에서 개최할 예정이다.[99]

---

99) 2010. 10. 부산에서 공단과 안전학회가 주관하여 제1회 재해예방국제컨퍼런스를 개최했다.

4. 2009년 연구원의 활동을 정리하며

미래를 위해 정리해 두는 역사

시간의 흐름에 변곡점이나 단절은 없다지만 새해가 되면 항상 새롭게 방향을 설정하고 각오를 다지게 된다. 새로운 방향은 어떻게 설정해야 하는가? 사실 미래는 예측할 수 없기 때문에 어느 방향이 옳은지는 아무도 알 수 없다. 시간이 흘러야만 현재의 방향성이 평가받을 수 있기 때문이다. 그렇다 해도 지나온 길을 돌아보는 것은 새롭게 방향을 설정할 때 많은 도움이 된다. 지나간 발자취가 제대로 찍혀 있으면 그대로 가면 되고, 흩어졌으면 바로잡으면 되는 것이다. 우리 연구원도 1년 전 여러 가지 계획을 세우고 다짐을 했다. 이제 그것을 다시 돌아봄으로써 2010년의 새로운 방향을 잡아 보고자 한다.

작년은 연구원 개원 20주년이 되는 해였다. 연구원 설립 이후 여러 연구위원이 거쳐 갔으며 많은 사업과 연구를 수행했다. 하지만 설립 당시부터 근무하던 연구위원이 전혀 없어서 현재 근무하고 있는 연구위원들은 그간에 어떠한 일이 벌어졌는지 알지 못한다. 게다가 10여 년 전에는 경제위기 여파로 개원 10주년을 정리하지 못했다. 공식적인 자료가 남아 있지만 제한적이고, 각종 사건의 배경이나 관련 사진 등은 찾을 수 없었다. 겨우 20년이 지났는데도 어떻게 흘러왔는지 또는 무엇을 했는지를 잘 알 수 없어서 기억에만 의존하는 현상이 벌어졌다. 때문에 미흡하기 짝이 없었으나 남아 있는 자료를 가지고 『산업안전보건연구원 20년사』를 발간했다. 막상 발간하고 나니, 부족한 점이 많이 발견됐다. 뒤늦게 발견된 자료는 미래를 위해 정리해 두었다.

학문적 성과를 높일 수 있도록 노력

논문의 학술지 게재를 늘리고 연구결과에 따른 제도개선을 거듭하여 연구의 활용성을 높이고자 했다. 연구결과의 학술지 발표가 전년도에 비해 30% 증가했고 국내외 학회에서 연제 발표도 60%가 증가했다.

아쉬운 것은 국제학술지 게재 실적은 오히려 감소했다는 점이다. 국제학술지에 논문을 게재하기 위해서는 많은 시간과 노력이 필요하다. 그래서 연구원에서는 새로운 개인별 평가체계를 만들어 시범적으로 적용했다. 연구활동 실적과 성과를 계량화한 것이다. 국제학술지에 논문을 게재한 실적에 대해서는 가장 높은 점수를 주어 이러한 활동을 장려하고 있다.

우리 연구원은 학문적 성과를 높이는 동시에 산업안전보건행정의 정책적 지원기능을 수행했다. 연구과제 수의 40%가 법과 제도에 관련된 정책연구였다. 연구결과는 법규 등 제도개선과 노동부의 정책 방향 및 안전보건공단의 사업방향 수립에 활용했다.

연구방향을 보면 사고예방분야는 재래형 사고에 대해 사고원인 분석을 통한 개선대책 마련에 주력했다. 그러나 증가하고 있는 교통 재해나 비외상성 사고에 대한 연구는 아직 시작하지 못했다. 출퇴근 이나 출장 중 교통재해는 복지차원의 보상이고 이를 예방하는 기관이 있지만, 운송업무를 하는 근로자의 사고에 대해서는 원인분석과 예방 노력이 필요하다. 질병예방분야는 저농도 장기노출에 의한 건강장해 와 신산업에 의한 직업병 예방연구에 집중했다. 반도체 등 신산업에 대한 연구와 나노물질에 대한 연구를 시작했다. 직무스트레스에 대한 연구도 계속했다. 직무스트레스뿐만 아니라 이에 영향을 줄 수 있는 사업장의 조직문화에 대한 연구도 시작했다.

국내 산업안전보건 연구 활성화

우리 연구원에서 수행하는 연구과제는 통상 1년 전에 수립돼 계획에 대한 평가를 거치고 정부와 국회의 예산심의를 거친 다음에 확정되므로 당해 연도에 주제나 방향을 바꿀 수는 없다. 또한 연구직원의 전공분야가 있으므로 아무 주제나 주고 연구를 수행하라고 할 수도 없다. 그렇지만 개인의 연구능력과 연구원의 비전을 일치시키기 위해 연구직원이 자신의 전공과 전문성을 바탕으로 연구원의 연구방향에 맞는 연구주제를 선정하도록 권장하고 있다. 연구직원을 확보하지 못한 전문분야에 대해서는 외부 전문가에 위탁을 주어 수행했다.

국내 산업안전보건연구를 활성화하기 위해 국제학술지를 창간하기로 했다. 현재 국내의 각종 학술지는 한국연구재단에서 평가하여 등재잡지 또는 등재후보잡지로 구분하고 있다. 등재잡지나 등재후보잡지에 게재하기 위해서는 해당 분야의 전문가인 동료사독(peer review)이 필수적이고 연구의 방법이 잘못되거나 결과해석이 적절치 않은 논문은 게재가 불가능하다. 국제적으로 통용되는 것은 과학인용지수(SCI 또는 SCIE)에 수록되는 것인데, 국내의 1,000여 개 학술지 중 SCI에 수록된 것은 2009년 6월 현재 11종이고 SCIE를 포함해도 70여 종밖에 되지 않는다. 물론 산업안전보건분야에서는 전무하다.

연구수행 결과에 대한 평가는 우수학술지의 게재 여부로 판단할 수밖에 없다. 그래서 산업안전보건분야의 연구를 활성화하고 국내 연구자에게 더 많은 기회를 제공하기 위해 국제학술지 창간을 계획했다. 10여 개 관련 학회 임원진이 창간준비위원회에 참여했으며, 수차례의 회의를 통해 학술지 제호를 'SH@W(Safety and Health at Work)'로 선정하고, 연 4회 발간하기로 결정됐다. 모든 투고와 사독 및 발간은 웹을 이용하게 된다. 학술지 도메인은 shaw.kosha.or.kr로 정했다. 2010년 7월 발간, 2011년 7월 SCIE에 등재하는 것을 목표로 하고 있다.

2009년 정기 국정감사의 지적 사항들

이러한 활발한 연구활동에도 불구하고 2009년 정기국정감사에서 연구와 관련하여 호되게 질책을 받았다.

첫째는 명색이 연구원인데 자체 연구는 없고 외부에 발주하는 위탁연구의 비중이 너무 높다는 것이었다. 연구원의 인력은 149명이나 연구직 인력이 32명으로 전체의 20% 정도이고 연구 지원인력을 포함해도 80여 명밖에 되지 않는다. 인력 증원은 정부의 승인을 받아야 하니 현실적으로 어렵다. 부족한 부분은 외부로 위탁할 수밖에 없다. 또한 국내에서 산업안전보건분야의 연구비를 지원하는 기관이 없다. 취약한 산업안전보건분야의 저변확대를 위해서 산재예방기금을 주로 사용하는 공단연구원에서 위탁연구비를 늘리는 것은 당연한 일이다. 항변했으나 소용이 없었다.

둘째는 위탁연구의 질이 형편없다는 점이다. 내용은 차치하고 오자, 탈자와 잘못된 문장이 많다는 것 등이 지적됐다. 연구 상대역을 맡은 연구위원들이 제대로 감수를 하지 않는다는 것이다. 대부분의 위탁연구 보고서는 잘 작성됐다. 소수의 위탁과제에서 연구자의 성실성이 부족하여 문제가 있는 것이 발견됐다. 국회에서 정확히 그러한 부분을 집어서 이야기하니 할 말이 없었다.

셋째로 연구평가에 참여하는 외부 교수가 연구원이 발주하는 위탁연구도 수탁하므로 연구 수주에 유리하고 평가점수도 높을 것이라는 지적이다. 비단 우리뿐만 아니라 세계 어떠한 연구에서도 연구계획과 결과를 잘 평가할 수 있는 사람은 그 연구논문을 쓴 사람과 같은 분야에서 일하고 서로 잘 알고 있는 사람일 수밖에 없다. 전문성이 깊어질수록 이러한 경향은 심화된다. 그렇다고 해서 산업안전보건분야에서 정실에 얽매여 판단하는 연구자는 보지 못했다. 실제로 최근 3년간의 연구수탁률과 연구보고서 평가결과를 분석해 보니 연구평가에 참여하는 교수나 그렇지 않은 교수의 수탁률과 평가점수에서 유의한 차이는 없었다.

많은 성과를 올린 연구원의 전문사업

우리 연구원의 전문사업에서도 많은 성과가 있었다. 먼저, 굵직한 역학조사가 마무리됐다.

몇 년을 끌던 한국타이어 심혈관계 질환 집단사망 역학조사를 마쳤다. 심혈관계 질환의 집단사망은 화학물질 등 유해물질에 의한 것이 아니고 기초질환자에 대한 보건관리가 미흡하고 조직문화가 건강관리에 긍정적인 영향을 미치지 못한 것으로 확인됐다.

삼성반도체의 백혈병에 대한 역학조사도 마무리됐다. 조혈기 질환 발병률이나 사망률을 조사한 결과 반도체 업종 근로자에서 백혈병 발생이 증가한다는 증거는 없었다. 백혈병을 유발할 만한 벤젠 노출이나 방사선 피폭도 없었다. 사업장에서 자체적으로 실시한 위험성 평가에서 일부 물질에 벤젠이 함유돼 있다는 보고로 국회에서 논란이 됐다. 그러나 이는 무시할 수준의 낮은 농도로 공기 중 노출수준은 일반환경의 노출수준을 넘지 않는 정도였다. 다만, 일부에서 비호지킨 림프종의 발병률이 높은 점이나 우리나라 반도체 업종이 세계를 선도하고 있음에도 반도체 업종에서의 건강영향에 대한 연구가 거의 없다는 점에서 앞으로도 이와 관련한 지속적인 추적연구가 필요하다.

정도관리는 안정적으로 수행되고 있다. 지난해에는 석면 분석 정도관리를 새로이 시작했다. 아직 많은 기관이 석면 분석경험이 적어 분석의 안정성이 떨어지는데 실습실을 마련하여 분석교육을 제공함으로써 관련 기관의 분석능력 향상에 도움을 주었다.

작업환경측정이나 특수건강진단에 대한 정도관리는 체계적으로 운영되고 있다. 다만, 정도관리 교육과 현장조사에 연구원의 너무 많은 인력이 투입돼 일부 부서는 다른 업무에 지장을 받을 수준에 이르렀다. 이는 방문평가를 줄이고 교육은 학회나 전문기관에 위탁하는 방향으로 개선하여 해결할 것이다. 또한 정도관리에서 시료분석은 평소에 시료를 분석하는 것과 같은 방식과 노력으로 하여야 하는데, 일부 기관에서는 정도관리를 위한 시료분석을 '특별히' 하여 현장 시료분석의 정확도와 정밀도를 높이자는 정도관리의 본래의 뜻을 벗어나는 사례가 있어 아쉽다. 정도관리를 법적인 차원에서 수행하다 보니 사업수행부서에 대한 고객(참여기관)의 만족도가 상대적으로 낮아, 사업수행부서는 열심히 일을 하고도 정도관리 때문에 항상 부서평가에서 낮은 점수를 받는 안타까운 상황이 반복되고 있다.

성공적인 면모와 아쉬운 사항의 과제

화학물질에 대한 유해물질 정보제공은 성공적으로 유지되고 있다. 2009년에는 물질안전보건정보(MSDS)에 90만 명이 접속하여 관련 정보를 취득했다. UN의 화학물질 표지와 분류의 표준화에 맞추어 소위 새로운 물질안전보건정보(GHS MSDS)를 구축·제공하고 있다. 기존의 MSDS는 저작권이 외국의 회사에 있고 5인 이상 사업장에만 제공하도록 돼 있어 사업장이나 근로자들 또는 전문가들이 자유롭게 이용하는 데 한계가 있었다. 그러나 GHS MSDS는 연구원이 독자적으로 개발하여 모든 근로자가 자유롭게 활용할 수 있도록 했다. 2009년 10월까지 7만여 명이 이용했다.

조사통계사업은 특히 활발히 전개됐다. 재해분석을 기존의 단선적인 분석에서 벗어나 다각도로 분석하여 공단사업부서에서 예방사업에 활용하도록 제공했다. 아쉬운 점은 재해분석이 근로복지공단에 제출한 산재요양신청서의 제한된 정보만을 이용할 수밖에 없다는 것이다. 산재요양신청서는 보상을 위한 것이므로 재해발생 경위에 대한 기술은 잘돼 있지 않은 편이다. 사고가 발생했을 때 즉시 조사를 하여 사고발생에 대한 정확한 원인을 파악하고, 이를 모아 분석하는 작업은 산재예방 선진화를 위하여 반드시 해결해야 할 숙제이다. 그렇지만 제한된 정보라도 잘 분석하면 재해예방 전략수립에 필요한 자료는 생산할 수 있다. 담당부서에서는 새로운 형태의 분석자료를 내부고객에게 제공하여 재해예방사업에 활용하도록 했다.

흩어진 분석실에 대해서는 정리를 하지 못했다. 고도의 집중력과 세심함이 필요하고, 같은 작업을 수없이 반복해야 하는 분석업무는 연구원뿐만 아니라 모든 기관에서 가장 기피하는 업무가 되고 있어 새로운 전문인력을 양성하지 못하고 있다. 공단에 채용돼 연구원에 발령받은 신규직원은 업무를 익혀 분석경험이 축적될 만하면 일선사업부서로 전환을 원하는 경우가 많다. 따라서 분석업무를 담당한 고참 연구위원이 분석과정의 모든 것을 해결해야만 하는 어려운 처지에 놓여 있다. 외부기관에 비해 연구원의 가장 강점이라고 할 수 있는 분석업무가 위기에 처해 있는 것이다. 연구를 위한 분석과 사업성 분석을 구분할 수 없는 어려움은 있으나 분석실을 통합하여 분석업무 자체를 전문화시키기 전에는 현재의 문제를 해결하기는 어려워 보인다.

교류 확대와 연구 역량의 전수

외국의 산업안전보건기관과 교류를 활발히 하여 선진국의 지식과 경험을 배우고 개발도상국에 연구역량을 전수하려고 했다.

우리 연구원은 2010년 세계 산업안전보건연구기관 모임인 세필드 그룹에 17번째 회원으로 초청받았다. 세필드 그룹은 1984년부터 영국의 보건안전연구원(HSL)이 중심이 돼 매년 개최하는 세계안전보건연구기관장의 모임이다. 2010년에는 폴란드 노동보호중앙연구원의 개원 60주년을 기념하여 5월에 바르샤바에서 개최된다. 미국의 국립산업안전보건연구원(NIOSH), 독일의 연방산업안전보건연구원(BAuA)과 재해예방조합연구원(BGIA), 이탈리아의 산업안전보건연구원(ISPESL), 핀란드의 산업보건연구원(FIOH) 등이 회원이다. 아시아에서는 우리 연구원이 최초로 가입한다.

지난해 3월에 남아프리카공화국 케이프타운에서 개최된 제29회 국제산업보건대회에서 2015년 제31회 대회의 국내 유치에 성공했다. 회원들의 지역 선호도에서 불리한 여건임에도 불구하고 호주 멜버른과 아일랜드 더블린을 물리치고 회원투표에 의해 서울이 차차기대회 개최지로 선정됐다. 여기서는 약 3,000여 명의 국내외 산업안전보건 전문가가 모이고, 35개의 전문분과와 세계보건기구(WHO), 국제노동기구(ILO) 등이 주관하는 심포지엄, 세미나, 전문 세션에서 1,500여 종 이상의 강의, 연구 및 사례발표가 있을 것이다.

2010년 3월에는 ILO의 협조를 얻어 진폐판정을 위한 흉부엑스선 사진판정 워크숍을 개최할 것이다. ILO 표준필름 제작에 관여한 세계적인 전문가와 국내의 흉부엑스선 전문방사선과 전문의가 국내와 아시아 지역의 전문가를 대상으로 실습강의를 한다. 진폐증의 조기진단과 정확한 판정에 크게 기여할 것으로 기대한다.

석면 분석 인프라가 취약했던 우리의 경험을 바탕으로 현재도 석면을 사용하고 있는 개발도상국에 대해 석면 분석능력을 향상시켜 줄 교육과정을 준비했다. 지난 12월에 태국의 방콕에서 아시아석면선도그룹 워크숍에서 이와 관련한 내용을 발표하여 ILO와 WHO의 지지와 동남아 각국의 관심을 유도했다. 우리 연구원은 동남아 전문가들에게 석면 분석능력 향상을 위한 교육기회를 제공하기 위해 노력 중이다.

지난 한 해의 활동은 돌이켜 보면 적지 않은 성과도 있지만 아쉬움도 많다. 이루지 못한 것을 다시 살펴보면, 우리 연구원 혼자만의 노력으로 해결될 수 있는 것은 아닌 것 같다. 이 글을 읽는 모든 분은 산업안전보건분야에 애정과 열정을 가진 분으로 생각된다. 2010년에도 우리나라의 산업안전보건분야, 특히 연구분야의 발전을 위해 노사 및 학계의 질책과 협조는 물론 정부의 전폭적인 성원을 기대해 본다.

5. 2010년 연구원의 활동을 정리하며

산업안전보건연구원은 2010년 한 해에도 많은 연구사업과 전문 사업을 수행했다. 직업병 역학조사, 정도관리, 감시체계, 중대사고 조 사, 화학물질 유해·위험성 평가 등 기존에 수행해왔던 전문사업을 차질 없이 수행했다.

국제학술지 창간

9월에는 영문 국제학술지를 창간했다. 학술지의 제호는 'Safety and Health at Work'이고 약자로 'SH@W'로 쓴다. 홈페이지는 http://www.eshaw.org/이고, 모든 투고와 심사를 온라인으로 하고 있다. 2010년 9월에 제1호를 발간했고, 12월에 제2호를 발간했다. 연 4회 발간한다. 국내외에서 약 60편의 산업안전보건 관련 학술논문이 접수돼 해당 분야에서 세계적으로 유명한 학자 2명 이상의 동료사독

(peer-review) 후 30편이 게재 승인됐고 24편이 출간됐다.

그리고 20여 편이 심사 중에 있다.

모든 논문은 웹상에 출간돼 PDF이나 XML[100]로 게재돼 누구라도 전문을 쉽게 볼 수 있게 했다. 동시에 책자로 출간하여 국내의 학자는 물론 국외 주요 도서관과 해당 분야 전문가에게 배포하고 있다. 『SH@W』는 신생학술지이지만 산업안전보건분야에서는 국내 최초로, 국내 대학이나 한국연구재단에서 우수 연구논문으로 평가하는 기준이 되는 과학논문인용지표(SCI 또는 SCIE)에 등재되기 위한 노력을 하고 있다. 『SH@W』에 수록된 논문은 구글 학술검색에서는 이미 서비스되고 있다. 2011년에는 의 · 약학 분야의 데이터베이스(DB)인 PubMed Central에 등재하여 전 세계 모든 연구자가 쉽게 검색하여 인용할 수 있도록 하고, 유럽계의 학술논문인용지표인 SCOPUS에 게재되도록 할 것이다. 한국연구재단의 자료에 의하면 2010년 6월 현재 한국에서 발행되는 학술지는 SCIE 8,273종 중에 69종, SCI 3,776종 중에 9종이 등재돼 있다. 2010년 현재 한국연구재단에서 관리하는 등재학술지는 1,158종, 등재후보학술지는 574종이다. 신생학술지는 3년을 출간한 후에 등재후보 학술지심사를 신청할 수 있다. 『SH@W』는 국내 등재보다는 국제 등재를 목표로 하고 있다.

새로운 전문사업

3월에는 ILO와 협력하여 진폐판정을 위한 흉부엑스선 사진판정

---

100) XML(eXtensible Markup Language)은 인터넷 웹페이지를 만드는 HTML을 개선한 것으로 검색기능이 있어 본문의 참고문헌을 바로 찾아 확인이 가능하므로 수준 높은 학술 홈페이지에서 모두 채택하고 있다.

워크숍을 1주일간 실시했다. ILO 표준필름 제작에 관여한 세계적인 전문가가 직접 강의를 했다. 국내에서는 진폐판독에 관여하는 영상의학과 전문의와 건강진단에 참여하는 직업환경의학과 교수, 전공의 등 40여 명이 참석했고, 아시아 지역 개발도상국가의 의사 10여 명도 초청하여 같이 교육을 받았다.

8월에는 석면 정도관리를 공기 중 및 고형시료를 대상으로 처음 시작하여 안착시켰다. 석면의 크기는 밀리미터의 1/1,000인 마이크로미터 수준이므로 아주 잘 훈련된 전문가가 아니면 현미경으로 정확하게 분석하기 어렵다. 정도관리는 분석이 매우 중요한데, 분석과정은 현미경을 보고 주관적으로 판단하는 것이므로 결과만 보면 실제 누가 분석했는지 알 수가 없다. 그래서 처음 실시되는 정도관리이므로 시료를 각 기관에 배포하지 않고 분석자가 직접 산업안전보건연구원에 방문하여 주어진 시료를 분석하도록 했다. 한 번에 10여 명씩 와서 온종일 분석하여 결과를 직접 제출하도록 했다. 모두 200여 명이 내방 분석평가를 마쳤다. 연구원에서는 작년까지 실습교육을 했는데, 이로 인해 처음 시작하는 정도관리이지만 합격률이 70~80% 수준으로 비교적 좋은 성적을 보였다.

2010년에 물질안전보건정보(MSDS)를 완전히 국내형으로 정착시켰다. MSDS는 연간 100만 건이나 조회되는, 안전보건공단 연구원에서 제공하는 주요 정보자료이다. MSDS는 초창기에 미국의 MDL사의 자료를 구입해서 번역하여 제공했다. 계약조건이 5인 이상 사업장의 사업주나 근로자만 사용하는 조건이었다. 그런데 신상정보를 밝히는 사용자에게만 개방하던 공단 홈페이지를 누구나 접근이 가능하게 개편하면서 문제가 발생했다. MDL사 측에서 처음 계약과 다르므로 다시 계약을 하여야 한다는 것이다. 만일 이를 따르게 되면 막대한 비용을 추가로 지불하거나 사용자를 제한해야 한다. 마침 연구원에서는 국제적 분류체계 통일작업인 GHS MSDS를 만들고 있었다. GHS MSDS는 연구원들이 문헌검토를 통해 하나하나 새롭게 정리했다. 법률검토를 거쳐 GHS MSDS는 공단의 독창적인 정보자료임을 확인할 수 있었고, 그 결과로 공단의 GHS MSDS는 추가비용 없이 누구나 이용할 수 있도록 개방하게 됐다.

작년까지 공단 본부에서 수행하던 안전보건기술지침 제정사업을 2010년에는 연구원이 수행했다. 1995년부터 시작된 기술지침은 제정 및 개정을 통해 2009년까지 모두 443건이 등록돼 있다. 연구원에서는 2010년에 내부에서 56건, 외부에 위탁을 주어 150건 등 모두 206건을 제정했다. 안전보건기술지침은 외부 이용도가 매우 높다. 2009년에 28만 건의 접속 건수를 기록했다.

2010년에 두 번째 취업자 근로환경 조사를 실시했다. 취업자 근로환경 조사는 임금 근로자와 자영업자 등 취업자를 대상으로 산업안전보건과 관련된 근로환경실태를 조사하는 것이다. 이것은 유럽연합(EU)의 근로환경 조사(Working Condition Survey)를 근거로 한 것으로 조사결과는 EU 및 소속국가의 안전보건환경과 비교가 가능한 지표이다. 전국적으로 1만 가구를 선정하여 가구 내 취업자를 대상으로 근로환경에 관련된 조사를 한다. 이것을 통해 취업자의 안전보건실태와 건강상태를 파악할 수 있다. 아울러 산재 발생규모에 대한 추세를 알 수도 있다. 2010년 성과를 바탕으로 앞으로는 매년 취업자 근로환경 조사를 실시할 예정이다.

10년째 정체되고 있는 산업재해를 다시 정리하여 재해율에 미치는 영향요인을 분석했다. 이 연구결과에 근거하여 내년부터는 재해예방지표를 단순히 재해율로 산정하지 않고, 사망사고지수, 근로손실일수, 비사망사고지수 등으로 다양화해 재해예방의 효과를 쉽게 파악할 수 있도록 했다.

SCI 국제 학술지인 『Journal of Korean Medical Science』에 한국의 직업병을 특별호로 발간했다[J Kor Med Sci 2010: 25(suppl)]. 이 특별호는 압축된 경제성장과정에서 발생한 한국의 각종 직업병의 현황과 종류, 특성, 시사점 등을 정리했다. 연구논문은 ILO 직업병 분류기준에 따라 장기별로 수록했다. 총 17편의 논문 중 연구원에서 13편을 투고했다. 한 나라에서 재래형과 복지형의 다양한 직업병이 공존하는 사례도 드물뿐더러 이를 체계적으로 정리한 학술지도 없어, 이 별호는 국내는 물론 개발도상국 등 외국의 학자들에게도 많은 도움이 될 것으로 기대한다.

연구사업 및 방향

산업안전보건연구원에서는 연구방향을 크게 두 가지로 설정하여 수행하고 있다. 하나는 학술적 기여도가 높은 우수논문을 발표하는 것이고, 다른 하나는 산업안전보건에 관련된 정부의 정책에 기여하는 연구를 수행하는 것이다.

2010년에는 82건의 연구를 수행했다. 이 중 40%는 안전보건정책에 관련된 연구로 20%는 고용노동부에서 직접 요청한 정책 연구과제였다. 38%인 31건은 연구원에서 자체 연구로 수행했고, 51건은 외부기관에 위탁하여 수행했다.

학술논문 발표실적은 64편을 국내외 전문 학술지에 게재하여 지난해의 63편과 비슷하다. 그러나 질적으로는 매우 향상됐다. 2010년에는 국내학술지 게재는 감소한 반면에 SCIE급에 해당하는 국제학술지에 23건을 게재하여 전년에 비해 배 이상이 증가했다. 이는 국내 등재후보 이상 학술지에 발표실적이 연구위원 1인당 1.8편의 수준으로 외국의 유사 연구기관이나 국내의 다른 연구기관에 비해 떨어지지 않는 연구실적이다.

연구원에서 수행한 연구실적이나 정책지원 연구가 뒤떨어지지 않음에도 불구하고 2010년에 실시된 3년 주기의 산업재해 예방기금 평가에서 연구사업은 낮은 평가점수를 받았다. 이유는 연구원이 산업안전보건정책에 대한 기여가 없었다는 것이다. 사실 연구원으로서는 억울했다. 3년 전 기금평가 때는 연구실적과 정책에 기여한 실적을 제출했는데, 연구기관이므로 연구실적이 주된 평가대상이 돼야 한다고 하여 평가지표는 연구실적만으로 변경됐다. 그러나 이번 평가에서는 연구실적만으로는 기금운용을 제대로 수행한 것이 아니라는 이유로 낮은 평가점수를 준 것이다. 연구원은 연구 및 전문사업을 통한 정책적 지원실적이 많이 있었다. 연구과제 건수의 40%가 법과 제도에 관련된 정책연구였다. 연구결과는 법규 등 제도개선과 노동부의 정책 방향 및 공단의 사업방향 수립에 활용됐다. 그럼에도 불구하고 연구사업에 대한 평가지표가 연구실적이므로 정책지원 실적은 평가받지 못했다. 기획재정부에서도 연구사업에 대한 평가지표의 문제점을 인정하여 평가지표를 개선하고 2011년에 재평가를 받기로 했다.[101] 그러나 이미 받은 낮은 평가점수로 연구비는 크게 삭감됐다.

연구원의 일정은 고용노동부의 정책연구 발주시기와 일치하지 않았다. 연구원의 연구주제와 이에 수반되는 예산은 고용노동부, 기획재정부 및 국회의 심의를 거쳐 통상 12월에 이사회에서 최종 결정된다. 그런데 고용노동부에서 요청하는 정책연구는 통상 고용노동부의 인사가 끝난 연초에 연구원에 전달된다. 따라서 연구원에서는 그 연구를 자체적으로 수행하고 싶어도, 이미 선정된 과제를 수행하여야 하므로 여력이 없게 된다. 이 과제들은 대부분 위탁연구로 수행됐다.

한편으로는 연구원의 연구실적 중에서 위탁연구의 비중이 높은 것에 대한 지적이 뒤따랐다. 연구원이 국내의 산업안전보건분야에서 유일한 공공의 연구기관이므로 척박한 산업안전보건분야에 대한 연구환경을 지원하는 역할을 해야 한다는 지적도 있고, 그렇다 하더라도 60% 정도의 위탁연구 비중은 너무 높다는 지적도 있었다.

2011년 연구사업의 방향

그래서 고용노동부와 협의하여 2011년도 연구과제 선정방법과 시기를 개선했다. 2011년에 고용노동부에서 필요한 정책적인 과제를 2011년 사업계획 확정단계 이전에 선정해 보자는 것이다. 그러기 위해서 2010년 후반기에 그동안 연구결과를 바탕으로 현재 우리나라 산업안전보건에 필요한 정책 연구주제를 발굴해 보았다. 연구원에서

---

101) 산업안전보건연구원은 2011년에 다시 기금평가를 받았고 평가결과 고용부 산하 기금 18개 중 1위로 평가받아 2012년 연구예산이 약 20% 증액됐다.

선정한 정책 연구주제에서는 산업안전보건체계 또는 큰 틀을 바꾸는 정책적 연구주제는 배제했다. 이것은 연구원 차원에서 접근할 수 있는 것은 아니고 국가전체의 큰 방향과 같이 가야 하기 때문이다. 연구원에서 선정한 주제는 기존의 제도와 틀을 인정하고, 그 안에서 운용되고 있는 각종 제도와 정책이 애초의 목적대로 시행되고 있는지 또는 개선방향이 무엇인지에 대한 주제들이었다. 발굴된 주제에 대해 내·외부의 검토를 통해 50개 주제를 최종 선정하여 고용노동부에 전달했고, 고용노동부는 이것을 참고하여 필요한 현안과제를 선정한 후 연구원에 30과제를 제시했다. 연구원에서는 다시 이 과제를 검토하여 중복된 과제를 정리하고 최종 25과제를 선정했다. 25과제 중에 11과제는 연구원의 기존과제를 변경하여 자체적으로 정책연구를 수행하기로 했고, 14과제는 위탁과제로 정리했다. 이사회에서 2011년 사업계획이 확정되기 이전에 이 과정을 마쳤다.

2011년에는 위탁과제를 포함 총 61건의 연구과제를 수행할 예정이고 정책연구에 대한 자체 연구 비중을 높였다. 고용노동부와 안전보건공단의 업종중심 조직개편에 맞추어 서비스업, 건설업, 여성 다수 고용업 등 업종별 안전보건과제에 대한 연구를 강화할 것이다. 화학물질 관리체계에 대한 그간의 연구성과를 집대성하여 우리 현실에 맞는 화학물질 관리체계를 완성할 예정이다. 발암성 물질에 대한 분류도 재검토할 것이다. 안전보건 책임범위, 안전보건 문화 인증제, 요양보호사, 안전보건관리자 자격제도, 석면에 관련된 각종 제도에 대한 보완연구, 화학물질에 대한 연구, 위해도 평가기준 등은 위탁연구를 통해 수행할 예정이다.

산업안전보건연구원에서는 연구논문으로 나타나는 기술적 연구와 제도 개선으로 나타나는 정책적 연구에 대한 조화를 통해 정부와 공단의 안전보건사업이 바른 방향으로 갈 수 있도록 선도하는 연구를 계속 수행할 것이다.

● 2010년 폴란드 산업안전보건연구원 개원 60주년 기념 및 세필드 그룹 참가자

6. 2011년 연구원의 활동을 정리하며

연구사업

산업안전보건연구원은 연구방향을 학술적 기여도가 높은 우수논 문을 발표하는 것과 산업안전보건에 관련된 정부의 정책에 기여하는 연구를 수행하는 것을 우선순위로 잡고 있다.

연구사업은 학술적 연구와 정책적 연구의 균형을 맞췄다. 2011 년에는 72건의 연구를 수행했다. 49%는 안전보건정책에 관련된 연구 였고, 전체의 29%는 고용노동부에서 직접 요청한 정책 연구과제였다. 51%인 37건은 연구원에서 자체 연구로 수행했고, 35건은 외부기관에 위탁하여 수행했다.

학술적 연구성과는 동료사독 학술지에 게재하는 것으로 평가했 다. 2011년에 등재후보학술지 이상에 연구원 소속의 연구원이 제1저 자 또는 교신저자로 게재한 논문은 51편이었다. 이는 2007년과 2008

년의 28편, 22편은 물론 2009년과 2010년의 각각 47편, 42편보다 9～132%가 증가한 실적이다.

정책적 연구의 성과는 고용노동부의 정책적 활용도로 평가했다. 연구성과의 정책적 활용도를 높이기 위해 2010년 말 고용노동부와 협의하여 고용노동부의 정책연구 다수를 연구원에서 수용했다. 특히 국가전체의 현황파악이나 체계적인 정책관리가 필요한 과제를 수행했다. 2011년에 모두 12건의 연구결과가 법규 및 고시 제정 또는 정책사업에 반영되어 연구결과에 대한 정책반영률은 16.6%였다.

연구 성과와 평가

연구원은 2010년에 연구예산에 대한 정부기금평가에서 높은 연구 성과를 냈음에도 불구하고 행정적인 절차 미비로 매우 불량평가를 받았다. 그로 인해 2011년 연구예산이 크게 삭감됐다. 이는 2007～2009년에 대한 3년 단위의 평가이므로 그냥 놔두면 매년 연구예산이 20%씩 감축될 위기에 있었다. 2010년 평가의 문제점을 제기하여 2011년에 재평가를 받았다. 다행히 2011년 기금평가에서는 고용노동부 산하 기금 18개 분야에서 가장 높은 평가점수를 받았다. 평가 덕분에 2012년도 연구예산은 약 20% 정도가 증액됐다.

정부의 공공기관 경영평가에서 연구원의 활동 실적은 배제돼 있었다. 정부 경영평가에서 빠진다는 것은 그만큼 경영진의 관심이 멀어진다는 것을 의미한다. 2010년에 공단 본부와 경영평가단에 적극적으로 요구하여 2011년부터 연구원의 성과를 경영평가에 반영키로 하고 7점의 배점을 받았다. 3점은 연구논문 게재실적에 의한 계량점수이고 4점은 연구수행 및 질에 대해 심사위원이 평가하는 정성점수이다.

2011년부터는 공단의 사업에 대한 효과분석을 하기로 하고 예산을 확보했다. 공단사업에 대한 분석이 필요함에도 불구하고 기금평가나 경영평가에서 내부분석은 잘 활용하지 않는 경향이 있어 외부평가에만 의존했다. 그러나 공단 내부에서 각 사업을 분석하고 우선순위를 세우는 것은 산재예방기금을 효율적으로 사용한다는 측면에서 매우 필요한 사항이다.

연구보고서 검색기능 제공 및 영문 홈페이지 개설

연구원의 연구보고서를 인터넷에서 검색이 가능하도록 했다. 그간 일부 연구보고서는 홈페이지에 올려 있었지만 검색기능이 없어 원하는 자료를 찾기가 어려웠다. 2010년까지 연구원에서 발간한 연구보고서는 모두 1,208건이었다. 이를 모두 모아 요약문과 본문을 데이터베이스를 구축하여 누구나 인터넷에서 쉽게 연도별, 분야별은 물론 제목, 저자, 중심어로 연구보고서가 검색이 가능하도록 했다.

외국 연구자를 위해 영문 홈페이지를 개설했다. 그간 연구원의 영문 홈페이지는 공단 홈페이지에 연결되어 있어 외국인이 알고자 하는 연구원의 활동과 실적을 알려 줄 수가 없었다. 영문 홈페이지에는 연구보고서와 연구논문을 구분하여 올려놨다. 연구논문은 저작권 문제 때문에 초록만을 올려놨다.

『SH@W』의 안정적 발간

국제학술지『Safety and Health at Work』는 모두 4권이 발간됐다.

총 68편이 투고돼 38편이 게재했고 15편은 게재 불가, 15편은 심사 중으로 게재율은 71.7%이다. 창간 이래로 2011년 말까지 모두 127편이 투고됐다. 논문은 3,287번 다운로드도 됐고 한국이 42.4%로 가장 많지만 모두 70개 국가에서 1회 이상 다운로드됐다.

논문검색 색인인 KoreaScience(www.koreascience.or.kr)와 KoreaMed(www.koreamed.org)에 등재됐고 논문고유번호인 DOI를 부여받아 모든 논문은 세계 어디서든지 누구나 찾아볼 수 있게 됐다. 국제검색 색인인 crossref(http://www.crossref.org/citedby.html)과 화학물질 색인인 cas(www.cas.org)에 등재됐고 Google Science에서도 검색이 가능하다. 톰슨로이터사의 SCI나 SCOPUS에 등재는 최소 2년의 발간기간 규정 때문에 등재를 기다리고 있다. 2012년에는 미국 국립의학도서관이 운용하는 생의약계 논문검색 시스템인 PubMed Central에도 검색이 가능하게 할 예정이다.

국제학술대회 개최

연구원이 주관하는 국제학술대회를 개최했다. 세계유수의 연구기관은 자체적으로 주관하는 학술대회를 매년 개최하여 새로운 정보를 교류하고 있다. 연구원은 International Symposium on Safety and Health at Work 2012라는 대회명[102]과 Sharing Experience for Tomorrow라는 주제를 가지고 2011년 10월 24일부터 25일까지 인천의 송도 컨벤시아에서 학술대회를 개최했다. 외국인 33명을 포함한

---

102) 다음 연도부터는 대회명은 고정하고 뒤에 연도만 바꾸기로 했다.

13개 국가에서 162명이 참가했고 6개 세션으로 나누어 29개 주제발표와 55건의 포스터 발표가 있었다. 86명은 좌장이나 발표를 했고 76명은 일반참가자였다.

강성규

대전고등학교 졸업
충남대학교 의과대학 졸업
연세대학교 의과대학 가정의학과 전공의 수료
근로복지공사 직업병연구소 연구실장 역임
산업안전보건연구원 직업병연구센터 소장 역임
미국 국립산업안전보건연구원(NIOSH) 역학전문연구원(EIS)
스웨덴 노동생활연구원(NIWL) 객원연구원
베트남 노동보훈사회부 산업안전자문관 역임
한국산업안전보건공단 산업보건국장 역임
산업안전보건연구원 원장 역임
직업환경의학회, 산업위생학회 이사
국제산업보건위원회(ICOH) 이사 및 뉴스레터 편집장
『SH@W』(Safety and Health at Work) 편집위원장
2008년 제18차 서울 세계산업안전보건대회 국제조직위원회 위원
2015년 제31회 국제산업보건대회(ICOH) 유치위원회 위원
서울대 · 연세대 · 고려대 · 가톨릭대학교 의과대학 외래교수
현) 한국산업안전보건공단 서울지역 본부장
　　의학박사, 직업환경의학전문의, 가정의학전문의

강성규가 들려주는
안전보건
이야기

초판발행 2012년 6월 15일
초판 2쇄 2019년 1월 11일

지은이 강성규
펴낸이 채종준

펴낸곳 한국학술정보(주)
주소 경기도 파주시 회동길 230 (문발동)
전화 031 908 3181(대표)
팩스 031 908 3189
홈페이지 http://ebook.kstudy.com
E-mail 출판사업부 publish@kstudy.com
등록 제일산−115호(2000. 6. 19)

ISBN 978-89-268-3442-8 03330 (Paper Book)
      978-89-268-3443-5 08330 (e-Book)